# 再生名建築

時を超えるデザインⅠ

# まえがき

❖

初田 亨 HATSUDA Tohru

　時代の特徴を最もよく示す文化のひとつに建築があることは確かだが、建築物の実態をみると、なんと簡単に使い捨てられたりしているものが多いのだろうかと、愕然とすることがある。ことに近代建築においては、建設された建築の歴史が比較的新しいこともあって、あたかも消耗品であるかのように、大切に使い続けることよりも、建て直したほうが経済的に安いとの理由から、簡単に取り壊されてしまう例が多くみられる。大変残念なことである。

　このような状況の中で、日本建築学会歴史意匠委員会の近代建築小委員会では、全国の近代建築の保存・再生の事例について紹介していくことの必要性を考え、「近代建築保存・再生研究会」を結成した。近代建築のもつすばらしさや、各地で起きている保存・再生の事例について、より多くの人に知ってもらうことが、建築物の保存・再生の意味を理解してもらうことにつながっていくのではないかと考えたのである。

　近年は、建築物の保存・活用に理解を示してくれる人も多くなって、各地で保存運動もおきている。まちづくりにおいても、個性的な景観をつくっていくうえで、歴史が重要であると理解されるようになってきた。しかし一方で、古くなった建物は取り壊すのが当然であるかのように、何も問題にされることなく取り壊されている例も多い。せめて、建築物を取り壊す前に、取り壊すことが最善の方法なのだろうかと、考える機会をもってもらうことができたらと思う。

　幸いなことに、近代建築の保存・再生の調査・研究に対して、平成17年度に文部科学省から「科学研究費補助金」を頂くとともに、研究の成果を、雑誌『建築知識』や『住宅建築』に連載させていただき、さらにこうして一冊の本としてまとめることができた。改めて感謝の意を表する次第です。

目　　次

- 003 　まえがき

- **010** 　**建築家の提案した歴史的建造物の再生**
  国立国会図書館国際子ども図書館（設計：安藤忠雄建築研究所＋日建設計）
  旧帝国図書館（設計：文部省建築部）
  　　　　　文：内田青藏／安藤忠雄／横谷英之

- **022** 　**外構デザインで生かす保存再生**
  石の美術館（設計：隈研吾建築都市設計事務所）
  旧那須町農業協同組合 芦野支所事務所・穀物倉庫
  　　　　　文：初田 亨／隈 研吾

- **032** 　**歴史性と仮設性の融合**
  新風館（設計：NTTファシリティーズ＋リチャード ロジャース パートナーシップ ジャパン）
  旧京都中央電話局（設計：吉田鉄郎）
  　　　　　文：石田潤一郎／佐藤 敦

- **044** 　**新旧・内外のテクスチャーをつなぐ**
  神戸税関本関（設計：国土交通省近畿地方整備局営繕部＋日建設計）
  神戸税関本関（設計：大蔵省営繕部）
  　　　　　文：足立裕司／川島克也

- **056** 　**都市のコンテクストの再構築**
  サッポロファクトリー（設計：大成建設一級建築士事務所）
  旧大日本麦酒札幌工場貯酒棟ほか
  　　　　　文：角 幸博／町井 充

- **068** 　**風景を保全しつつ、機能を転用する**
  秋田公立美術工芸短期大学・秋田市立新屋図書館
  （設計：秋田市建設部建築課＋松田平田設計）
  旧国立食糧倉庫（設計：坂本吉松）
  　　　　　文：藤谷陽悦／小原正明・成田 治・松田知子

- **078** 　**三度めの人生を歩む地域のランドマーク**
  名古屋市演劇練習館 アクテノン（設計：名古屋市＋河合松永建築事務所）
  旧中村図書館（設計：名古屋市）／旧稲葉地配水塔（設計：名古屋市）
  　　　　　文：西澤泰彦／久保善史

- **090** 　**点から面へと活性化させるプラザ**
  函館ヒストリープラザ（設計：岡田新一設計事務所）
  旧金森倉庫
  　　　　　文：藤岡洋保／岡田新一

**102** 発電所の痕跡を保全したコンバージョン
入善町下山芸術の森 発電所美術館（設計：三四五建築研究所）
旧黒部川第二発電所
　　　文：中森 勉／矢後 勝

**114** 保存と再生のデザインバランス
大阪市中央公会堂
（設計：大阪市都市整備局＋坂倉・平田・青山・新日設設計共同企業体）
大阪市中央公会堂（設計：岡田信一郎［原案］辰野金吾＋片岡 安）
　　　文：山形政昭／宍道弘志

**126** 「町の顔」から「街の顔」へ
京都芸術センター（設計：京都市＋佐藤総合計画 関西事務所）
高倉西小学校（旧明倫小学校／設計：京都市）
　　　文：中川 理／吉田諭司

**138** F.L.ライトを忠実に修復した人気施設
自由学園明日館（設計：財団法人 文化財建造物保存技術協会）
自由学園明日館（設計：フランク・ロイド・ライト）
　　　文：初田 亨／若林邦民

**150** 現代建築のコンバージョン
アートプラザ（設計：磯崎新アトリエ）
旧大分県立図書館（設計：磯崎新アトリエ）
　　　文：足立裕司／太田 勤

**162** 凍結保存した「神聖なガランドウ」
太郎吉蔵（設計：中村好文／レミングハウス）
旧酒米貯蔵庫
　　　文：角 幸博／中村好文／五十嵐威暢

［資料編］

**174** 再生建築小史　　内田青蔵

**190** 再生建築の分類・類型　　足立裕司

**194** 再生建築117

**221** あとがき

足立裕司
内田青藏
大川三雄
初田 亨
藤谷陽悦
【編著】

石田潤一郎
角 幸博
千代章一郎
中川 理
中森 勉
西澤泰彦
藤岡洋保
山形政昭
【著】

# 再生名建築

時を超えるデザインI

鹿島出版会

# 国立国会図書館
# 国際子ども図書館

**安藤忠雄建築研究所＋日建設計**(2002年)

## 建築家の提案した
## 歴史的建造物の再生

**旧帝国図書館**
文部省建築部(1906年)

国立国会図書館国際子ども図書館

The International Library of Children's Literature

国立国会図書館国際子ども図書館

The International Library of Children's Literature

**A** 3階の庭側に増築したガラスボックス。
当初の外壁であるタイル張りの重厚で厚い壁が内壁に転化し、
新たな外壁としての薄くて透明なガラスの壁の対立的構成が
独特の緊張感のある空間をつくり出している

**B** 庭側の外観。ガラス越しにかつての外観が透けて見える。
こうした庭側からの見え方を意識するように、

# 次世代に繋ぐ
# 新たな時を重ねる

**安藤忠雄** ANDO Tadao
❖
安藤忠雄建築研究所

　計画にあたり、われわれが提出したのは既存建築に敬意を払った上で、あえてまったく新しい現代性を対峙させる、つまり新旧の衝突する空間イメージである。その〈衝突〉は、2本のガラスボックスの挿入によって実現される。1本は地上レベルにおいて図書館へのアプローチの用にあてられる。もう1本は3階レベルにおいて既存部を突き抜けるように配置され、新たなプログラムに対応する主動線として機能する。既存の煉瓦壁と規代的なガラスに挟まれたスペースは、内においては新旧を緩衝する縁側空間となり、外においては新旧の対立的な共存を象徴する存在となる。

　既存部分についても、基本的には竣工当時の状態を忠実になぞることを第一としたが、ミュージアムとして再利用される旧閲覧室については、空間を覆う内壁を古いままに、その内壁に囲まれた空間の利用形態、インテリアを既存部分とは完全に自立させる、新旧の〈入れ子状の〉空間構成を試みた。具体的には、部屋の中ほどに挿入された展示用の円形シリンダーによる空間の再構築である。シリンダーは、ときに旧い壁面と刺戟的に対立するオブジェとなり、ときに既存の漆喰壁を円形に切り取る額縁となる。

　文化財級の歴史的建造物の再生としては、より博物館的に凍結的に保存するという選択肢もあろうが、過去の記憶の継承の上に現代の視点が介在してこそ真の意味の再生だと私は考えている。図書館が、現代社会において息を吹き返し、都市文化の一つの拠点として、活発な賑わいを取り戻すことを期待している。

西側立面図

# 帝国図書館から
# 国際子ども図書館へ

横谷英之 YOKOYA Hideyuki
❖
日建設計

　国際子ども図書館の前身である旧帝国図書館は、当初計画規模の1／4と建物としては未完ではあるが、その威厳に満ちたファサードと職人技の集積がつくり出した内部空間は、明治の気概を感じさせる創建当時の姿を今日に伝える貴重なものである。平成8年に行われた建設省（現国土交通省）のプロポーザルにおいて免震レトロフィット工法を採用する構想を提案し設計者として選定された。後に安藤忠雄氏に加わっていただき、新築部分のデザインと家具デザインを担当していただいた。

　保存は、神戸芸術工科大学の坂本勝比古名誉教授にお願いし具体策の検討を行った。増築部分のファサードには最新のテクノロジーを用い、カーテンウォールの方立をそのまま柱とした透明性の高い構造とし、歴史的洋風建築が持つ蓄積された時間の経過や豊富なディティールがつくる圧倒的な重厚さに対比させた。

　貴重な内装の残る諸室を子どもたちが直接利用できるよう構成し、天井や壁の漆喰彫刻、木製の腰壁、床の寄木細工などを補修復原した。工事中はこの歴史的建造物内が、さながらワークショップの状態となり、熟練工から若い職人に伝統的な技を継承する場ともなった。

　また、安藤氏に加わっていただいたことで緊張感のある設計チームとなり、デザイン的な課題、技術的な課題を一つひとつ乗り越えながら着実に成果に結びつけることができた。保存再生利用というテーマが、コラボレーションの新たな成果を生み出した。

**C** ジャッキアップして
既存のれんが基礎を解体撤去したところ。
（写真提供：国土交通省関東地方整備局）

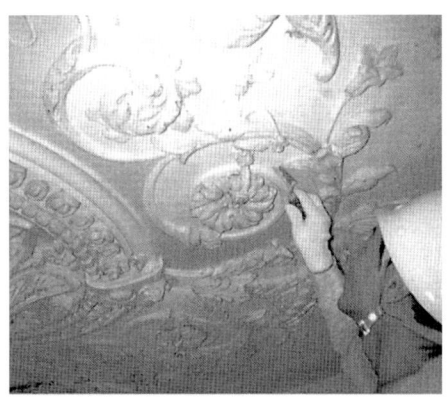

**D** 天井漆喰装飾の復原作業。
汚れを落とした後での仕上げ塗り作業。
（写真提供：国土交通省関東地方整備局）

国立国会図書館国際子ども図書館
The International Library of Children's Literature

E 正面外観。外観はほとんど当初のままで、わずかにエントランスとしてのガラスボックスが建物を裏側まで突き抜けるかのように設けられている

F 庭側に新たに設けられた現代風の四阿。正面に設けられた小さなガラスボックスの新しいエントランス空間が、庭側に入り込んで大きく膨らんだような新旧の建築の構成が、ここからよく見える

G 3階は本のミュージアムとして職人芸を駆使して復原された旧普通閲覧室の双子柱と天井。図書館の命は書庫。その書庫の出入口を守る門番のように双子の柱がそびえ立つ

H 庭側のガラスボックスの3階部分は、1・2階部分よりさらに外側にせり出ている。そのため、3階から外を眺めるとあたかも空中に浮かんでいるような視界を得ることができる

I 中央階段。アメリカ・カーネギー社の鋳鉄製の階段。子どもの利用が多いことによる安全性の確保などから厚い強化ガラスが手摺の内側に付く。ガラス越しに見る鋳鉄製の部品たちは、芸術品のようにも見える

J 3階・本のミュージアムの内部。この巨大な空間に現代の建築家は二つの円筒形状の展示空間を設けた。そこから見る風景は、まるで望遠鏡から見た天空をイメージしたとも聞く。新しい機能と古い建築の融合により新たな風景が生まれた

K 1階の旧貴賓室。貴賓室といっても、その室内装飾は質素で2・3階の閲覧室のほうがインテリアの迫力が感じられる。そこに設計者の姿勢がみてとれる

国立国会図書館国際子ども図書館

The International Library of Children's Literature

国立国会図書館国際子ども図書館

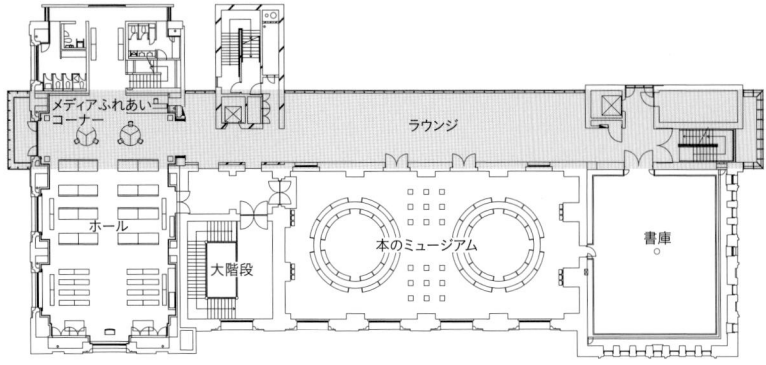

3階、書庫4階

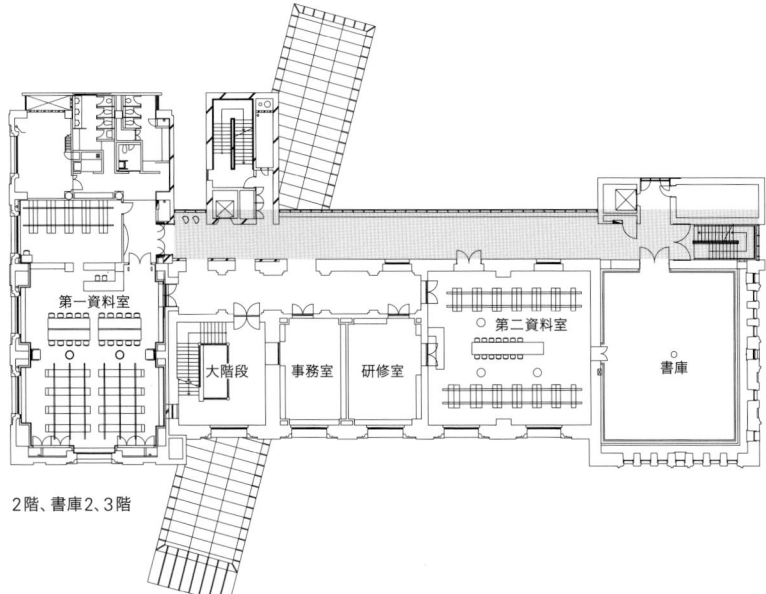

2階、書庫2、3階

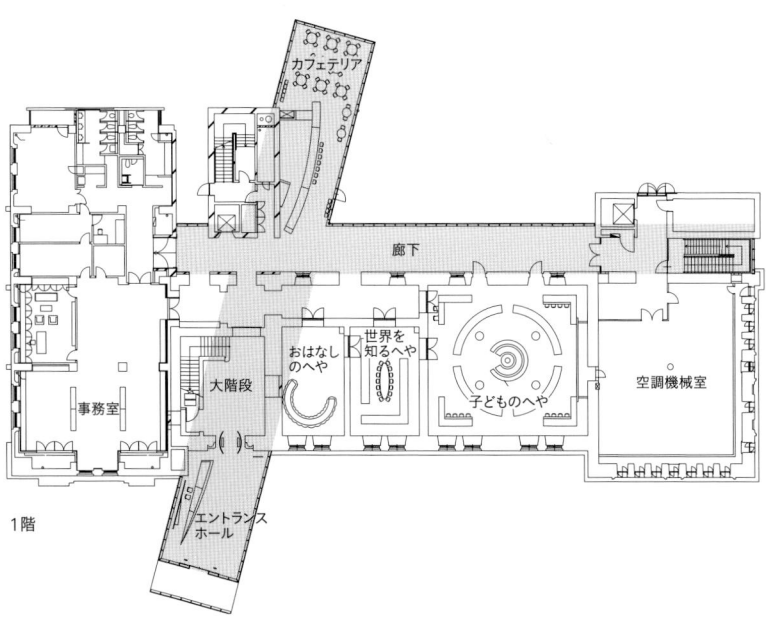

1階

平面図（S＝1:600）

The International Library of Children's Literature

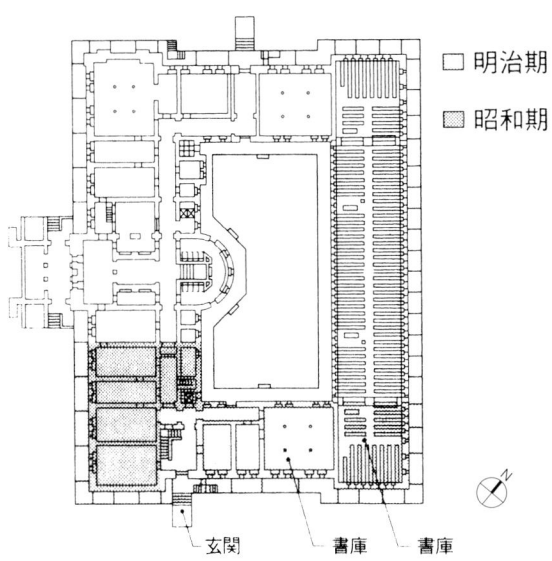

明治期の全体計画（1階平面図、S＝1:1,500）
（図面提供：国立国会図書館）

大階段手摺詳細図
既存の鋳鉄製階段手摺は、高さが低く現在の建築基準法に適合していないばかりではなく、格子が子どもの足がかりとなり乗り越えやすい危険な形状であった。その問題に対して、取り付け方法を工夫し手摺の内側に強化ガラス製の手摺を新設したが、その固定のために貴重な鋳鉄製手摺の原型を損ねることは避ける必要があった。強化ガラスは既設の鋳鉄格子のリング状の部分をポリカーボネート製の厚いワッシャーで挟み込み、ボルトで締めこむことによりガラスの固定個所を設けた。これにより将来この強化ガラスを取り外した場合には、完全に創建時の姿に戻ることが可能となり、可逆性にも配慮した。

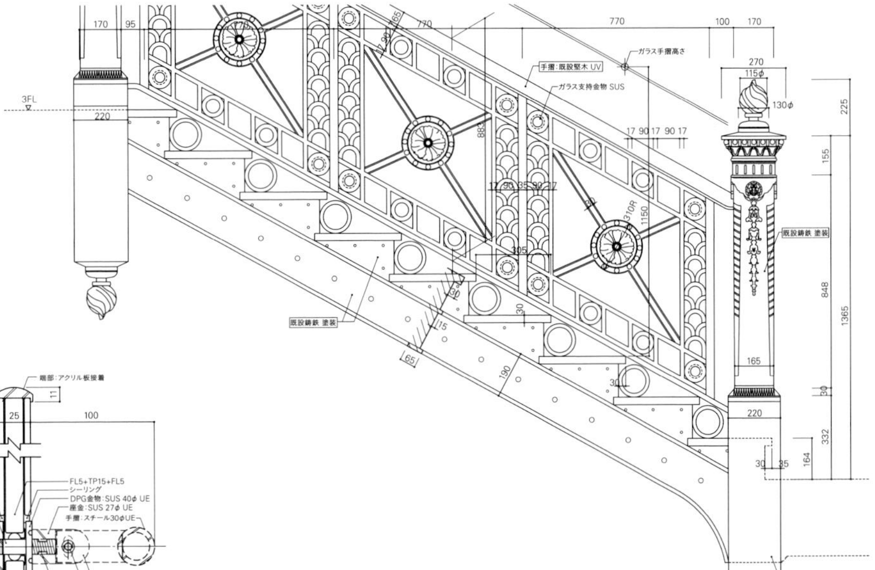

国立国会図書館国際子ども図書館

The International Library of Children's Literature

中央階段詳細図 3階 1/10

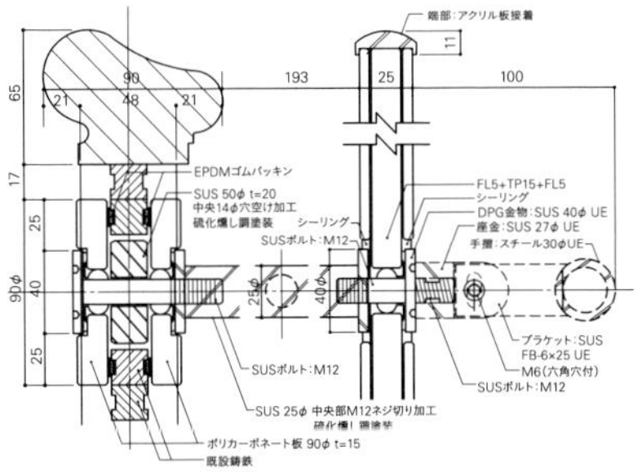

手摺ガラス取付部 A部詳細図 1/2

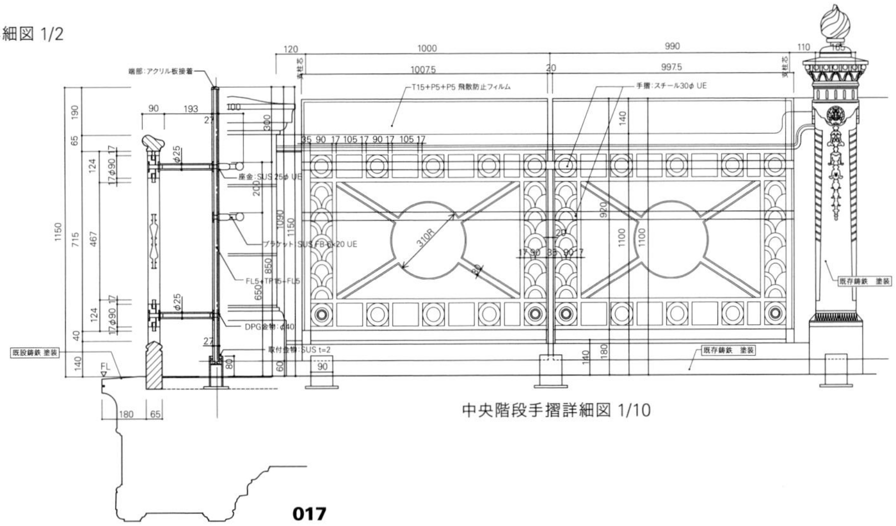

中央階段手摺詳細図 1/10

# 建築家の提案した
# 歴史的建造物の生かし方

内田青藏 UCHIDA Seizo

　上野公園一帯は、日本建築の歴史を知るのには絶好の地だ。寛永寺をはじめ伝統建築から近代そして現代の建築まで揃っていて、一巡すれば、永い時のなかで少しずつ姿かたちを変えてきた日本の建築の歴史をうかがい知ることかできるのだ。こうした建築群の仲間として2002年に、新たに現代建築の動向を伝える最先端の建築が加わった。建築家・安藤忠雄氏と日建設計のコラボレーションによる「国際子ども図書館」である。

　この「加わった」ことの意味は、明治建築の好例として知られる旧帝国図書館が、その姿を維持しながら新しい機能の場に生まれ変わったことを指す。言い換えれば、明治建築が現代の建築家たちにより、姿かたちを捨て去ることなく、有機的な増改築を経て、現代という時代と再びハーモニーを奏でる魅惑的な建築に蘇ったのである。それは、これまでの保存・再生という建築の文化財的価値を重視して行われてきた建築行為とは明らかに異なるもので、古い建築の価値の維持を目的とするのではなく、その価値をより発展させる創造行為といえるのだ。

　いまや、世界の建築行為の趨勢は、既存の建物をできるだけ生かし、新しい用途に対応させることに向かっている。そして、著名な建築家もそのような建築行為に積極的に関わっている。筆者は、そのような既存の建物を生かし（キープ）、現代でも新たな機能の場として使い続ける（チェンジ）行為を「キープ・アンド・チェンジ」と勝手に称しているが、国際子ども図書館の出現は、まさしく世界の潮流をいち早く日本で実践した画期的な出来事であり、これからの保存・再生という建築行為の新たなる方向を示しているともいえる。

## 旧帝国図書館の生い立ち

　旧帝国図書館は、1906（明治39）年に竣工した部分と昭和4年に増築された二つの部分からなる。この旧帝国図書館の建設は、明治30年の勅令により公布され、目的は「文部大臣ノ管理ニ属シ、内外古今ノ図書記録ヲ蒐集保存シ、及衆庶ノ閲覧参考ノ用ニ供スル所トス」とされた。そして、同図書館の設立は、当時の識者から喜ばれ、速やかに建設を求められた。そのような気風を受けて文部省では、帝国図書館設計委員として東京帝国大学工科大字教授辰野金吾（1854-1919）と文部技師久留正道（1855-1914）を含む5名の委員に、敷地選定・設計の方法を審議させた。その結果、敷地は1899（明治32）年7月に文部大臣の裁決により現地に決定された。

　設計は、帝国図書館設計委員で文部省建築課長の久留正道（工部大学校1881年卒）の下で、文部技師の真水英夫（1866-1938）が担当した。ちなみに、真水は東京帝大の第12回生（1892年卒）で、同期には法隆寺研究者で建築史家の伊東忠太（1867-1954）や司法省技師として刑務所建築で名を馳せた山下啓次郎（1867-1931）らがいた。久留や真水が在籍した文部省建築課は、ほかに山口半六（パリ工業中央専門学校卒、1858-1936）、中條精一郎（1868-1936）も籍を置くなど、質の高い建築を残した官庁の建築組織の一つであった。

　真水は、1898年の夏から翌1899年2月までアメリカに渡り、1892年に竣工したボストンの公共図書館や1893年竣工のシカゴのニューベリー図書館、さらには竣工直後のワシントンの米国国会図書館（1897年）を調査し、具体的な設計にとりかかった。設計にあたっては東洋一の国立図書館の体裁を備えることを意識し、中庭を配した口の字型とした。南側は大アーチのエントランスを中央に配し、左右対

L 1929（昭和4）年の増築により多少の細部の違いはあれ、ようやく左右対称の重厚な雰囲気を漂わせる様式建築が出現した。（写真提供：国立国会図書館国際子ども図書館）

M 3階の旧普通閲覧室。巨大な折り上げ天井を周囲の巨大な柱が実際に支えているかのような緊張感のある構成が見てとれる。こうした巨大な空間をいっそう引き締めるように奥には双子柱に挟まれて書庫への出入口を示すアエディキュラが見える。なお、普通閲覧室は、男子のみの利用が可能で、女子の部屋は別にあった。（写真提供：国立国会図書館国際子ども図書館）

N 2階第二資料室は、かつては身分の高い人などが利用する特別閲覧室であった。中央に4本の簡素な柱頭の柱があり、細やかな天井模様を支えている。今回、こうした漆喰による装飾が丁寧に復原された。（写真提供：国立国会国際子ども図書館）

O 2階第二資料室。室内の漆喰装飾はすべてオリジナルに復原。空調設備は他の部屋同様に床下に配されたため、床が高くなっている。

称の大オーダーの並ぶ三層構成のファサードからなるルネッサンス様式の重厚な建築が計画された。

　構造は鉄骨補強煉瓦造で、鉄骨はアメリカ・カーネギー社製を用い、外壁の表面は白色の釉薬付きの煉瓦、ゴマ掛けの煉瓦と安山岩仕上げで、軒飾りには銅製の装飾がみられる。全体は落ち着いていながらも繊細な装飾がちりばめられた建物といえる。前述の調査を行ったニューベリー図書館はシカゴで電気設備を取り入れた最初期の建物として知られ、三連アーチのエントランスや、2層分の窓を一体とする開口部の扱いや、壁面の凹凸など帝国図書館と共通するデザインから、その影響関係が想起される。

　さて、壮大な計画案に合わせ予算も巨額の150万円、これを各50万円の3期に分けて建設することとした。ちなみに、この設計の始まる4年程前の1894（明治27）年に完成した辰野金吾の日本銀行の総工費が80万円、また、1904（明治37）年に完成した大阪中之島図書館の建築工事費はおよそ15万であったという。このことからも、この総工費150万円がいかに驚愕するような金額だったか分かる。結果的には

この金額が災いして、この帝国図書館の計画は今日まで未完のままとなるのだ。つまり1期工事の建築費は32万円しか受け入れられず、当初の坪数を削減して建設せざるを得なかったのだ［P17上平面図］。

この建築は1906年8月に竣工し利用されたが、その後の2期工事は予算化できず、建物としては、既存部分を本館として未完のまま使用され続け、関東大震災と遭遇することになる。巨額を投じた建築であったため、被害は極めて軽微で済んだが、ほかの図書館の被害で利用者が集中したことから、それに対応すべく増築が認められた。増築部分は、1期工事で予算削減されて建設できなかった部分であり、1929年8月の増築の完成により、部分的ではあるがようやく現在の左右対称の外観が出現したのである。

## 様式建築としての姿とその新たな旅立ち

1929年に出現した現在の建物は、予算の関係から当初案のほぼ4分の1のものでしかなかったが、それでも当初は東洋一の国立図書館であった。そして、今回の大修理を経て、そのことをしのぶことができる空間が蘇ったのだ。3階の旧普通閲覧室である。天井までの高さが最高部で約10mという巨大な空間で、漆喰による見事な中心飾りのある折り上げ天井を支えているのは壁面周囲に配された巨大な柱である。このような装飾や構成は現代建築にはほとんど見られなくなったものである。

しかも、この部屋を復原するばかりではなく足元の床を少し上げ、そこに配線や空調のダクトを通し、旧来の壁や天井はできるだけ手を加えずに「見せるもの・触って感じるもの」として扱った。図書館という機能を考えれば、壁は本の設置場所として生かされるべきだが、ここでは違った処理がなされているのである。この発想は、この建物に一貫して見られるもので、これまでの文化財的復原とその維持をめざした建物とは一線を画すほど異なったものといえる。

もう少し具体的にいえば、漆喰で復原された見事な柱は、そのうち人々の手あかで汚れることは確実なのだ。あるいは階段室の壁もすべて漆喰で復原されている。階段室の窓は少し高く、子どもは外を覗くためには幅木の突出部に足をかけるだろう。白い漆喰の壁はたちどころに汚れてしまい、汚くなる。しかし、国際子ども図書館の大塚晶乙氏によれば管理者側も、この点は心得ている様子である。汚くなることを惜しまず、むしろそうした行為によって、五感を通してこの建物を感じてもらうことを求めているようだ。それが、設計を担当した安藤氏と日建設計の狙いともいえるのだ。

さて、改めてこの「国際子ども図書館」の計画を簡単に振り返ってみたい。基本的には、この計画は1996年に保存を前提としたプロポーザルをもとに開始された。日建設計の提案した免震工法の採用と、西面へのガラスファサードによる増築といった基本計画をもとに保存・再生計画が進められ、1997年には新たに安藤忠雄氏の参画を得て、より質の高いデザインの追求が進められた。構造補強材としては、公共建物ゆえに安全性を第一と考え、建物全体に免震レトロフィットを導入し、煉瓦造であることや基礎新設の手間を省くために地下1階部分に免震装置を設置した［C］。

平面計画は当初の建物のエントランス部分をガラスボックスとして少し斜めに裏の庭側まで貫通させている。さらには庭側に2ヶ所の階段とエレベータを中心とする垂直シャフト部、その間にはラウンジとしてのガラスボックスが増築されている。その意味では、正面側には当初の姿をきっちりと優先させているのに対し、斜めに突き刺さるエントランスの存在に見えない庭側にダイナミックな計画の展開を暗示させるプログラムが見てとれる。

一方、復原計画では、明治期の竣工部分はダイナミックで時代を感じさせる鋳鉄製の階段のある中央階段［I］、旧普通閲覧室［J］、旧特別閲覧室［O］、および旧貴賓室の内装保存［K］、書庫を除くそのほかの部分は室内の模様替え、書庫部分は床を取り替えて、書庫面積を確保するための改修が行われた。昭和初期竣工部分は全て室内の模様替えである。

このように基本的には、最も古い明治期の空間をできるだけ復原して今に生かそうとする姿勢が見て取れる。そして、その具体的な復原作業に関しては、全面的に漆喰仕上げで、多くの漆喰専門のベテラン職人が結集し、若い職人への技術伝承の格好の機会

P 床の位置によりキー・ストーンが分断されている。

にもなったという[D]。こうして建築の存在が、伝統的な技術の確認とともに継承にも大いに役立つことが想像されるし、このような伝統技術の持続という問題を引き起こすことにもなる。これは、改めて考えるべき重要な問題である。

## 建築家に求められること

いずれにせよ、この建物には古い建物を尊重した考えがはっきりうかがえ、建築史を専門とする一人としても嬉しく思う。あえて個人的な感想をいえば、庭側のガラスボックスであるラウンジの設け方にやや疑問を感じた。

庭側には大きなキー・ストーン(*)を配したアーチがあり、2階の床の位置によっては、そのアーチを上下に分断せざるを得ないからだ[P]。この建物では、キー・ストーンの直下に2階の床を設けている。それはそれで納まりはよいが、知らない人はラウンジの床上に見えるキー・ストーンを見て、「何かな?」と不思議に思うのではないか。

この巨大なアーチは、庭側立面の大きな見せ場であると個人的には思う。やはり、ここはそのままのスケールで全体の姿を見せるべきであったと思う。そのためには、ラウンジの床を古い建物に接するのではなく、空中に浮かぶブリッジのように外壁から離すべきではなかったか。そうすれば、ラウンジからも、下の廊下からも大アーチの姿がはっきりと見えるだろう。そのことが新旧の取り合いで最も気になったところである。ただ、それはミスではないし、解釈や手法あるいは表現の問題である。ラウンジはガラス越しに光が差し込んだときが美しく、とりわけ、夕刻の光はやさしく幻想的でもある。この建築を見ていると改めて、美しさを引き出すのは建築家の技量の問われるところだと思う。古いところを尊重しながらその美しさを見出すことが、建築家に求められるのだ。そして、また、「保存は創ること」という言葉の意味を改めて感じさせる建築の出現といえるかもしれない。

ともあれ、これからのわが国においてもこうした古い建築を生かして使うことが、建築家の新たなテーマとして出現することは十分想起される。それは言い換えれば、古い建物を生かすも殺すも建築家の技量に委ねられる可能性が高くなることを意味する。旧帝国図書館は、子どもを対象とする図書館という新たな機能のプログラムの挿入において、感性豊かな建築家との出会いによって見事に蘇ったのだ。それは幸せなことだし、そうした幸せな出会いの魁として、この建築は、上野の森の建築歴史散歩ルートの一つになることは確実である。

*要石のこと。アーチの頂部に入るくさび形の迫り石

[参考文献]
『上野図書館八十年略史』上野図書館(1953年3月)、『「国際子ども図書館」の建築 明治の煉瓦建築の保存・再生』国土交通省関東地方整備局営繕部(2002年3月)、『AIA GUIDE TO CHICAGO』(1993年)

| 再　生　前 | |
|---|---|
| 建物名 | 帝国図書館(国立国会図書館支部上野図書館) |
| 所在地 | 東京都台東区上野公園12-49 |
| 建築主 | 文部省 |
| 設計者 | 文部省建築部 |
| 竣工年 | 1906年3月　1929年8月 |
| 規模 | 地下1階　地上3階　書庫部地上8階 |

| 再　生　後 | |
|---|---|
| 建物名 | 国立国会図書館国際子ども図書館 |
| 所在地 | 同上 |
| 建築主 | 国土交通省関東地方整備局 |
| 設計者 | 安藤忠雄建築設計研究所＋日建設計 |
| 保存指導 | 坂本勝比古神戸芸術工科大学名誉教授 |
| 竣工年 | 2002年3月 |
| 規模 | 地下1階　地上4階　書庫部地上7階<br>延床面積6,671.63m²(内増築部分2493.92m²) |
| 再生工事費用 | 94億円 |

石の美術館

隈研吾建築都市設計事務所(2000年)

# 外構デザインで生かす保存再生

旧那須町農業協同組合
芦野支所事務所・穀物倉庫

**A** アプローチ。エントランスホールの四角い枠の出入口は新しくつくられたもの。敷地の境界は石のルーバーで軽く区切られている

石の美術館

B ギャラリー1。スライスした薄い石を積んでいる。壁面によって厚さの違う石を積むことで光の入り方を変えている

C エントランスホールの内観。正面にみえるアーチの出入口は既存のもの

STONE PLAZA

D 茶室の前から展示室1（中央）とショップおよびエントランスホール（右側）を見る

(S=1:500)

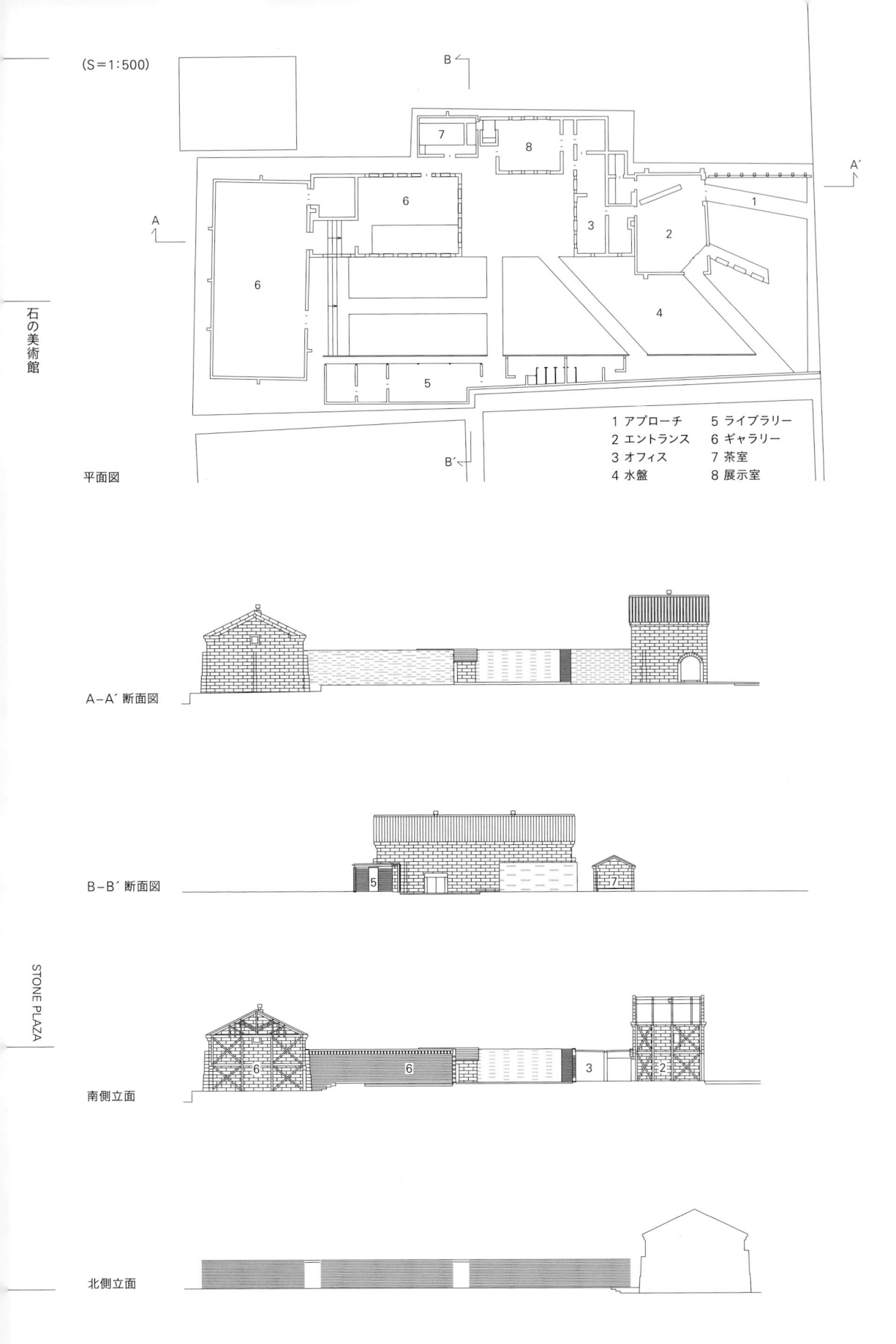

石の美術館

平面図

1 アプローチ
2 エントランス
3 オフィス
4 水盤
5 ライブラリー
6 ギャラリー
7 茶室
8 展示室

A–A' 断面図

B–B' 断面図

STONE PLAZA

南側立面

北側立面

E ギャラリー2の室内。壁内側の木のフレームは、地震などで石蔵が壊れたときにも屋根が落ちることがないよう新しく組んだもの

F 池の展示場。点在するギャラリーや展示室をつなぐ散歩道が池の上に渡されている

# スローにデザインし、スローに工事する

隈 研吾 KUMA Kengo

隈研吾建築都市設計事務所

大正期に米の蔵として建てられた石蔵を、美術館として再利用したいというのが、依頼の与件であった。依頼主は地元の芦野石の石切場をもつ、白井氏で、蔵も同じ芦野石を積んだものであった。まず注意した点は、外構をきっちりデザインしようということ。古く、ぼろぼろな建物でも、よくデザインされた外部空間によって、見違えるほどのものとなる。今回は外構に水をはって、その水の中に、石蔵が立つようなセッティングを構想した。新築でももちろん外構は大事だが、保存・再生においてはなおさら大事である。

一番苦労したのは、実はコストである。解決策は、可能な限り白井石材の職人だけで建築をつくるという、ある種野蛮な方法であった。職人がヒマなときに、現場に呼んで石を積んでもらうのである。また、石以外の材料を極力排除することとした。ガラス、鉄、コンクリートなどをなるべく使わずにどこまでできるか。結果として、近代建築の工法そのものに挑戦するような仕事になった。とはいっても、近代建築の特質である透明性はなんとしても失いたくなかった。無謀な挑戦ではないかと、中途何度も投げ出したくなったが、おかげで、石のルーバー、ポーラスな組積造、薄い大理石の透光パネルなど、新しいディテールをいくつも発見することができた。

そんなことをしているうちに4年の歳月が経過した。保存・再生を成功させるコツは、なんといっても時間をゆっくりかけて、デザインし、工事することである。

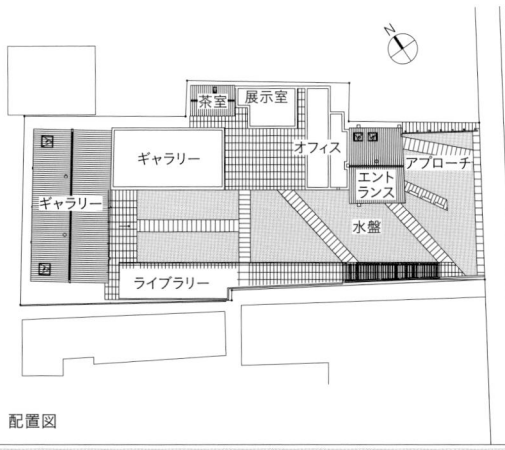

壁面断面詳細図　　配置図

**G** 道路から見た外観。
街並みに開かれた空間がつくられている

**I** 茶室。高温で焼き、赤みをおびた40×80cm角の
芦野石が壁の内側に並ぶ

**H** プラザ。展示室1(左)とショップ(中央)の石壁の奥に
エントランスホールの石蔵が見える

**J** プラザから茶室を見る。小さな蔵だが、左側のギャラリー1と
右側の展示室1の間で存在を強く主張している

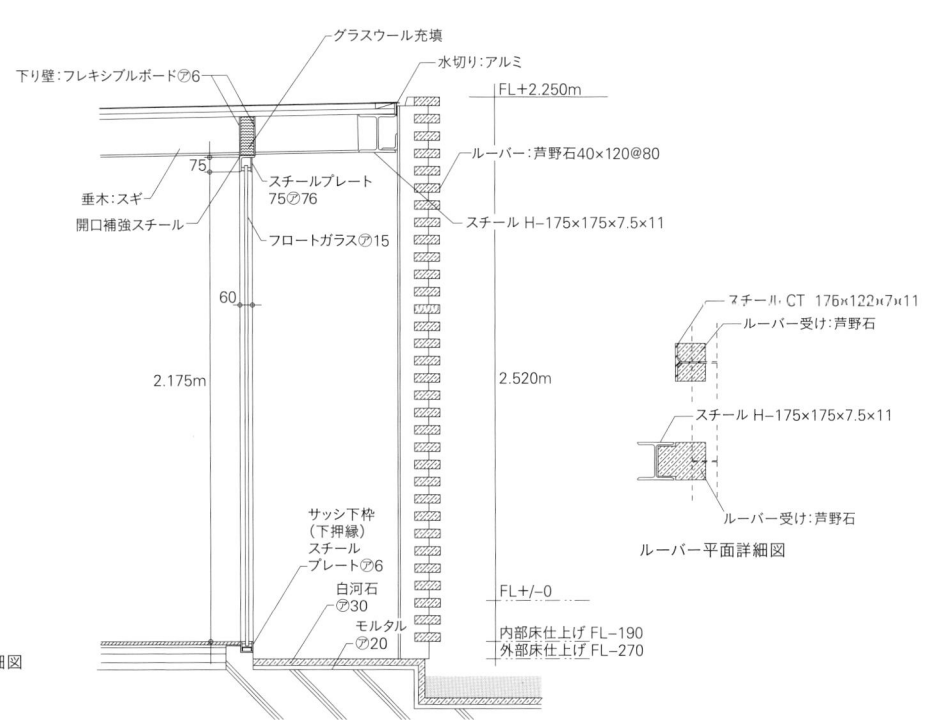

# 著名建築家による
# 無名建築の再生

❖

## 初田 亨　HATSUDA Tohru

　本施設は栃木県那須町の芦野地区のほぼ中心に位置し、石材店のショールームを兼ねた石の彫刻や、クラフトを展示するギャラリーである。建物は、芦野石を積んでつくられた大正時代の穀蔵であったが、その石蔵を保存・再生して、小さな美術館として生まれ変わった。付近には、同じように芦野石を積んだ石垣や石蔵などがいくつかみられる［L］。

### 芦野の歴史と芦野石の盛衰

　芦野は、江戸時代の五街道の1つとして整備された、旧奥州街道（現在の国道294号線）沿いの宿場町で、城下町の面影を残す地区である。また、米作を中心とした農業地帯で、木材や石材の産地でもある。付近には、芦野氏の陣屋跡（御殿山・桜ヶ城・芦野城などとも呼ばれる）や、松尾芭蕉が「奥の細道」で立ち寄り俳句を詠んだ遊行柳がある。

　付近で産出される石には、芦野石のほかに白河石もある。芦野石と白河石は同種の原石で、芦野地区および福島県白河地区で産出する石を指して、それぞれ称している。火山岩の一つである石英安山岩質溶結凝灰岩で、準硬石で、比較的加工しやすいが、空気に触れて硬化するなどのすぐれた特質をもっている。色はともに暗灰色をしているが、白河石のほうがやや濃い。芦野石はこれまで、鉄道や土木工事

K 石の美術館全景。
既存の石蔵を活用したエントランスホールが中央に、
ギャラリー2が左奥に見える。
新しくつくられた部分は、石を使いながらも
既存の石蔵と異なり軽い表現をもっている

L 芦野町に今も点在する石蔵(著者撮影)

M 芦野石の採掘現場(写真提供：白井石材)

をはじめ、石垣、墓石、門柱、灯籠、石塀、石蔵などに用いられてきた[M]。

芦野石が採掘されるようになったのは1879年(明治12年)ころからである。当時は白河石と称され、わずか3軒の石材業者によって手掘りの採掘・加工が行われ、土木工事用の石として付近の黒磯や白河で販売されていた。その後、明治中頃に東北線(東北本線)の鉄道工事の縁石やトンネルなどに使用されるようになり、石材業者もやや増えていった。昭和のはじめには、土木工事用だけでなく、石蔵や墓石の材料として、京浜地区への販売の開拓も試みられたが、大きく展開することなく、戦争に伴う統制に巻き込まれていった。

芦野石の生産が飛躍的に伸びていくのは戦後、1960年頃からである。6軒の業者が「芦野石材任意組合」を発足させ、京浜地区への積極的な売込みが再開されていた。1970年代には、石材の出荷が、毎年1割程度ずつ増え、1982年には採堀量が約57,000tを記録している。この頃が芦野石の最盛期で、石材業者も20軒近くあった。しかしその後、韓国や中国から輸入する石材に押され、芦野石の需要が減り、1997年には組合を解散するまでに追い込まれている。従来の芦野石は、おもに花崗岩の代用品として使われてきたが、新たな需要を開拓することに迫られていったのである。

### 芦野石の魅力を伝えるための美術館整備計画

そこで新しい需要を開拓すべく、石の魅力を伝えるギャラリーをつくることを、白井石材の2代目社長・白井仲雄が思いついた。石蔵の建っていたかつての農協の建物を買い取り、保存・活用することで美術館はつくられたが、その時の気持ちについて白井は、「かつて賑わいをみせていた芦野が、活気を失っていくのが、なんとも寂しく感じられた。また、かつての宿場の本陣跡でもあるまちの中央に、使われなくなった石蔵が、雑草が生えるままの敷地内に

建っているのが、まちが寂れていく象徴のように感じられ、石を扱う人間として放っておけなかった」と述べている。

当初、石蔵は農協の所有で、敷地内には4つの石蔵があった。かつては、米など穀物を貯蔵する蔵として使われていたが、農協の合併に伴い、倉庫がほかの場所につくられ、空家のままになっていたのである。白井は、那須町が古くからの石の産地にもかかわらず、町にそれを伝えるものが何もないことをつねづね残念に思っていたともいう。

具体的な計画は、白井がこの建物と敷地を手に入れてから始まった。これらの石蔵を生かすのに、何が可能かについて白井は考えたという。計画は、「ストーンプラザ・プロジェクト」と称して、今までの石と違う使い方、芦野石の新しい可能性を広げる方法がないかについて、検討しながら進められた。町と共同で計画を進めることも検討した。また、一企業の展示場とする案もあったが、それでは、石屋のショールームに終わってしまうと危惧し、やめたという。

1994年に、建築家・隈研吾に、この場所で何が可能か、石蔵を保存・活用する計画の提案を依頼している。隈研吾に依頼をしたのは、白井の友人の紹介による。建築家に依頼したものの、それまでは、建築家とは新築のみに興味をもち、古い建物の保存・再生には関心を持たないものと思っていたともいう。隈研吾からは、レストランと美術館をつくる提案もあったが、営業面を考え、レストランは困難と判断した。また飲食関係と美術館の組合わせに、なんとなくしっくりいかなかったこともあり、いろいろ検討して、建築と文化の接点になる施設、石材の可能性を広げる美術館をつくることを決めている。

## 6年かけて整備された石の美術館

しかし、建物が具体的な形を見せはじめるまで、家族や石材店に働く職人たちは、美術館の建設に猛反対であったという。ほかの人には、白井の計画が、突拍子もないものとしてとらえられたのであろう。建物は、具体的な計画から完成までに約6年間かかった。

設計にあたり隈研吾は、現存する石蔵を使いながら、敷地全体を一つのアートを鑑賞する散歩道として再構成することを考えたという。その結果、既存の石蔵の周囲に低い塀をまわし、この塀の内側に部屋をつくったり、通路として使用したりする設計を進めていった。

石蔵は大きな蔵が3つと、小さな蔵が1つあった。このほかに鉄骨蔵の建物もあったが、この建物については取り壊している[N]。大きな石蔵のうちのひとつは、基礎の状態が悪く、取り壊さざるをえなかったが、ひとつはエントランスホールに、もうひとつはギャラリー2として活用している。ふたつの石蔵とも、外壁や、屋根、小屋組はそのまま使用している。屋根はセメント瓦で雨漏りがあり、屋根葺き材料を変えることも考えたが、近年はセメント瓦の使用例が少なくなっていることもあり、このことから保存を決め、近くで不要のセメント瓦をもっている人から譲り受けたりして、補修をしている。

床には、30〜40mm厚の水磨きした白河石を新しく使用している。石蔵の構造はそのまま使っているが、基礎の一部を補強するとともに、壁の内側に木のフレームを組み、地震などで石蔵が壊れたときにも、倒壊して屋根が落ちるのを防ぐ支えとしている。取り壊した石蔵については、同じ場所にギャラリー1をつくり、古い出入口を、ギャラリー2とのつなぎにそのまま利用している。

小さな石蔵は、茶室として再生している。外壁は既存のものをそのまま使っているが、屋根は簡易なトタン葺きで傷みも激しかったので、8mm厚の白河石で葺き直している。また、茶室の内部には、高温で焼くと色が微妙に赤みを帯びて変化するという、芦野石の特性を生かして、異なる温度で焼いた細長

**N** 改修前。左側の石蔵はギャラリーに、右側の石蔵は茶室に再生された（写真提供：白井石材）

い石板を、既存の石壁の内側に並べている。

　建物を保存しながら、新しく活用する場合、既存の建物がもっている質感とまったく異なる材料を用いて、建物を増築していく例はいままでにもみられる。実際、隈研吾も、最初は重量感のある石蔵とまったく反対の、存在感の希薄なガラスを用いる方法を考えたという。しかし、あえて既存の蔵と同じ、地元の芦野石を使いながら、石がもっていた従来のイメージとまったく異なる、軽やかで曖昧な空間をつくることを目指して、計画は進められた。隈研吾が考え出した方法は、石を使ったルーバーでの半透明な表現と、構造上、支障がない範囲で石壁に穴をあけたり、ところどころへこませたりする方法（隈はポーラス（多孔質）な組石造と呼んでいる）であった。

　ともに石を薄くスライスし、薄い石を積み上げていくため、通常の何倍もの手間を要したが、既存の建築と同じ石を使いながら、従来の石がもつイメージとまったく異なる空間をつくりあげることで、既存の石の存在感を強めることに成功している［O］。

## 同じ芦野石を使っても手を加えた個所をわかりやすく

　保存・再生において重要視されることの一つは、保存した部分を、新しい建築のなかで、どのように生かしていくかという点にある。当然ながら、その建物がもつ歴史性も大切にされなければならない。その意味では、古い建物に手が加えられつつも、どの部分が古く、どの部分に新しく手が加えられたかをわかるようにしておくことは、建物の歴史性を尊重することにもつながる。

　また、新しく付け加えられた部分が、どの個所であるかわかるようにしておくことは、再生した施設の来訪者に対しても親切なことでもある。

　石の美術館には現在、芦野石や白河石でつくった、コースターや一輪挿し、ペン立て、石の鉢、照明器具など、新しく開発された商品が展示・販売されている。なかには、芦野石をガス炉で焼いてつくりだした、レンガのような赤い色をした商品や、釉薬を塗って新たな付加価値を取り込んだ、石の商品もみられる。白井社長のところには、建物の内外装や別

O　ポーラスな組石造。薄くスライスした大理石から光が入る

荘の建設、ギャラリーの作成などに、石材を使いたいなどの話が持ち込まれてくるようになったという。

　さらに、石の美術館の竣工後、芦野の人たちのなかに、町をもっときれいにしていこうといった動きや、芦野の風景を大切にして、地域を活性化させていこうといった動きが出てきたともいう。石蔵を大切にしていきたいという、町の人の話を聞くこともできた。町づくりにとっても、石の美術館が果たした役割は大きかったのだろう。また地元の若い人たちが中心になって「芦野石振興会」という組織もつくられ、新たな活動が始められつつある。

| 再　生　前 | |
|---|---|
| 建物名 | 空家(旧那須町農業協同組合芦野支所事務所・穀物倉庫) |
| 所在地 | 栃木県那須郡那須町大字芦野中町2717-5 |
| 建築主 | 不明 |
| 設計 | 不明 |
| 竣工 | 不明 |
| 構造 | 組積造 |

| 再　生　後 | |
|---|---|
| 建物名 | 石の美術館 |
| 所在地 | 同上 |
| 建築主 | 白井石材 |
| 設計 | 隈研吾建築都市設計事務所 |
| 竣工 | 2000年 |
| 構造 | 組積造・鉄骨造 |
| 面積 | 建築面積：532.91m$^2$ |
| 再生工事費用 | 約2億6千万円 |

# 新風館

NTTファシリティーズ
リチャード ロジャース パートナーシップ ジャパン（2001年）

## 歴史性と仮設性の融合

旧京都中央電話局
吉田鉄郎（1931年）

A 北面に開く当初の主玄関。
半円アーチとオリエル・ウィンドウが寡黙な立面の中で
精一杯正面性を訴える。なお、アーチの両脇の窓は
当初は来客用の出入口であった

**B** 中庭に向かう南側入口を西から東にみる。
正面の棟が新たに増築された部分。右手のスクリーンの裏に、
1959年建設の京都支店ビルがある

## 幅広いコラボレーション により実現した保存再生

発想の原点としての旧京都中央電話局

**佐藤 敦** SATO Atsushi

❖

NTTファシリティーズ

大正末期に建てられた旧京都中央電話局建物は、本施設計画の発想の原点である。この建物の保存再生は、周辺地域の街並みを継承するという社会的意義のみならず、アイデンティティをもった商業環境を求める要求にも合致するものであった。

既存建物については、ファサードおよび内部空間の保存、耐震補強、商業用途への転用などさまざまな課題があり、それらを合理的かつ経済的手法で解決することから検討が開始された。

施設デザインは、ヨーロッパでの修復実績をもつ「リチャード ロジャース パートナーシップ」との協同設計により、「伝統」と「革新」の対比と融合をテーマとして、外観および既存建物のコンテクストを活かしつつ新旧建物をバランスよく際立たせるデザインと空間構成を模索した。L字形の既存建物に対してコの字形に増築建物を組合わせ、中庭を口の字形に囲む配置とすることで、中心性・求心性をもった商業空間を生み出すとともに、外観と内包空間の劇的場面転換を狙うなど、驚きと感動を与え、心に残る空間を目指している。

またこのプロジェクトは、企画段階から専門店経営者、アーティスト、都市計画家、商業コンサルタント、ITプランナーなどジャンルを超えたコラボレーションチームによって推進された。これは、「運営」という視点から施設をつくり上げていこうという試みであり、そのなかで新風館のシンボルともいえる半屋外ホールが生まれた。このプロジェクトスタイルは、たびたび設計者を悩ませたが、このような過程を経てこそ真の再生が可能になったのである。

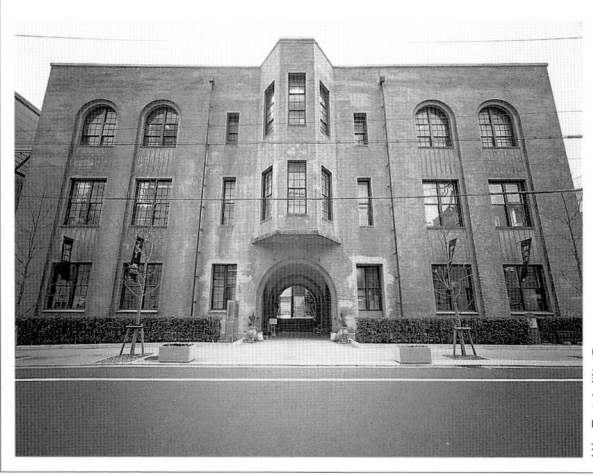

C 建物北側の立面をみる。
当初は中央に開くアーチがメインのアプローチだった。
中庭に抜ける通路の天井は交差ボールトをかたどる

新風館

**D** 回廊3階から西側の保存棟をみる。
並んでいる開口はすべて窓だったもので、
床のレベルを上げることによって
出入口にも使えるようになった

**E** 西側立面の詳細。
スパンドレル部分のタイルのパターンに
変化をもたせている。吉田鉄郎は、
タイルの割付けには
終生ひとかたならぬ情熱を注いだ

SHIN-PUH-KAN

新風館

F 南西部分を烏丸通りに沿って、南から北に見通す。
ホームページのアドレスが書いてある縦長の窓の右側は、
当初は階段室を収めた棟が続いていた

G 中庭側を北から南にみる。右手の棟が保存部分。
正面奥に頭をのぞかせるのが支店ビル。
最終的にはこの建物まで含めた再開発が想定されている

SHIN-PUH-KAN

H 烏丸通り越しに北西部分をみる。
左手の街路が姉小路。町家を多く残し、
町づくりに熱心な地域

036

| 円形ステージ。
紺と黄の対比は、この作品で
もっとも印象的な要素である

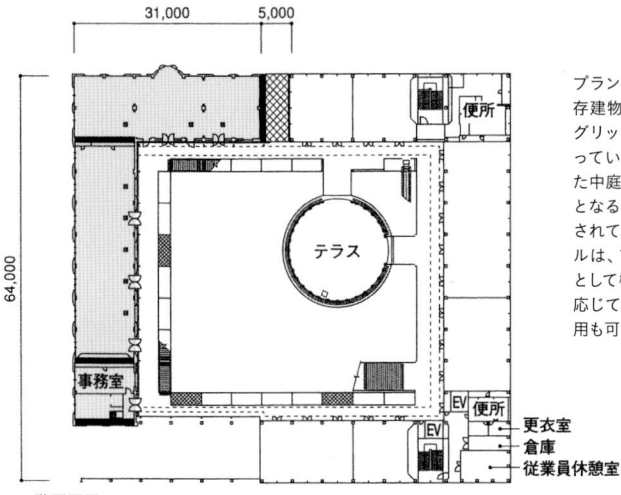

プランを構成するモジュールは、既存建物のモジュールを踏襲した5mグリッドとし、施設全体の整合を図っている。また、新旧建物に囲まれた中庭は、この施設のアンカー機能となるイベントスペースとして設定されている。その核となる円形ホールは、フルオープンの野外ステージとして機能するほか、天候や目的に応じて室内型ホールとしての単体利用も可能なしかけとなっている。

3階平面図

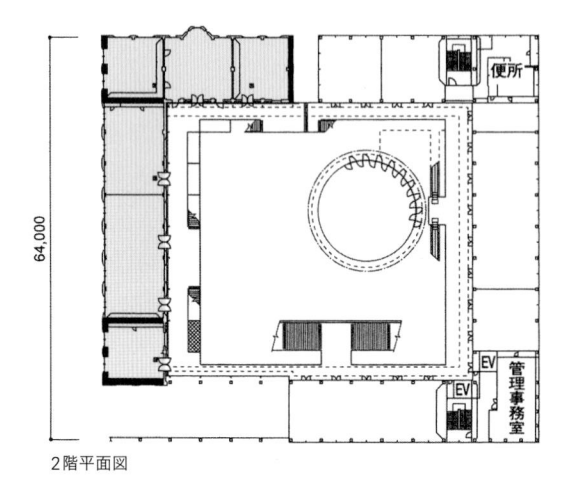

歩廊の躯体は透過性のある軽快な印象を与えるため、FR鋼による無耐火被覆とした。FR鋼の採用については、改正基準法による性能評価を受け、FR鋼第一号物件として大臣認定を取得。

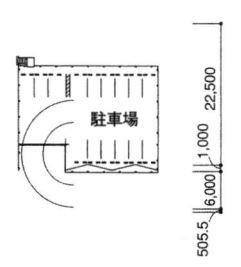

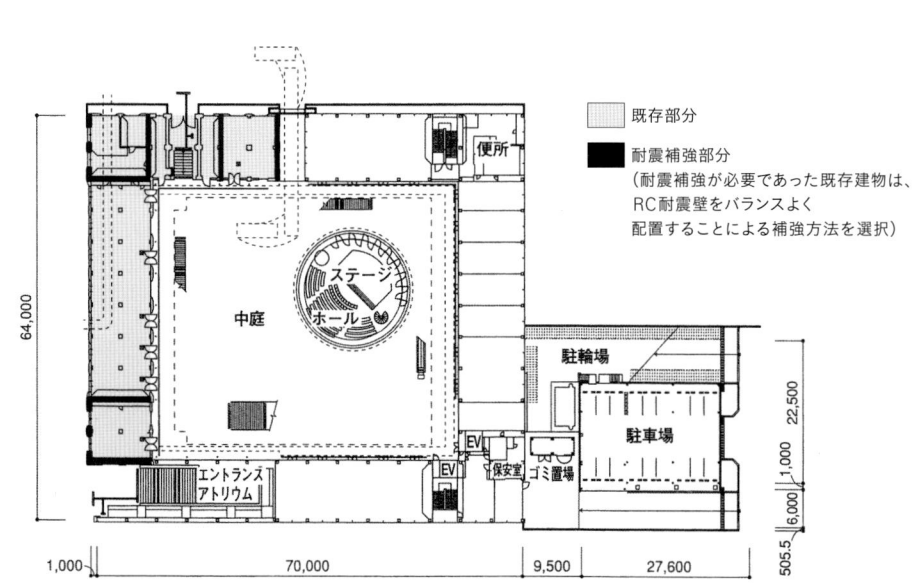

2階平面図

既存部分

耐震補強部分
（耐震補強が必要であった既存建物は、RC耐震壁をバランスよく配置することによる補強方法を選択）

再生後1階平面図(S＝1:1,000)

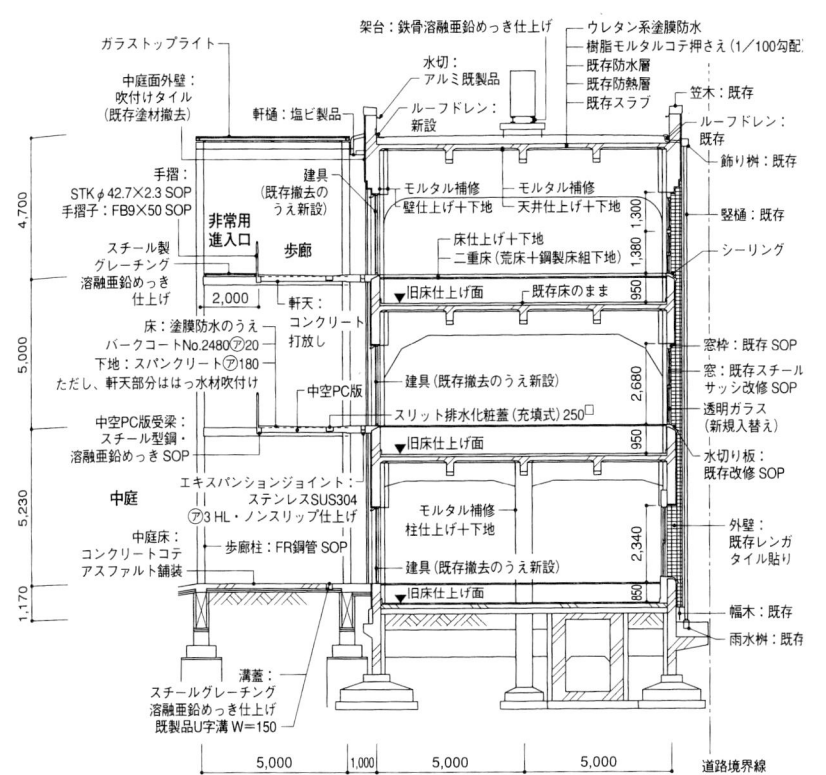

保存個所矩計図(S=1:250)

建物内部は、交換機を収容するための機械室として設計されているため、各階とも約5mの階高を有するまとまった大空間であり、各階異なる形状をした梁型が特徴である。特に3階は、アーチ状の梁型が連続する、この建物の内部で最も印象的な空間となっている。

こうした当時の空間的特徴を活かした店舗空間を実現するため、既存床の上に新たな床レベルを設定することにより、既存床との間を各種設備の配管スペースとして利用している。また、新たな床レベルを既存の腰窓レベルとし、既存の腰窓開口を店舗出入口として転用を図った。既存棟に取り付く歩廊はFR鋼を採用した無耐火被覆とし、構造体を極力細く見せるとともに、既存棟とは別構造として地震力を負担させない計画としている。

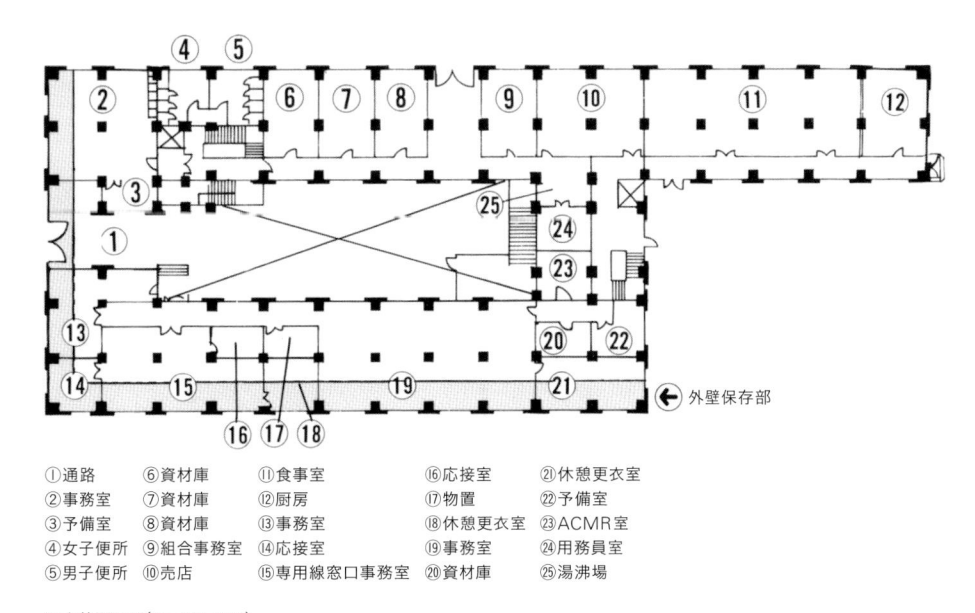

新風館

SHIN-PUH-KAN

① 通路
② 事務室
③ 予備室
④ 女子便所
⑤ 男子便所
⑥ 資材庫
⑦ 資材庫
⑧ 資材庫
⑨ 組合事務室
⑩ 売店
⑪ 食事室
⑫ 厨房
⑬ 事務室
⑭ 応接室
⑮ 専用線窓口事務室
⑯ 応接室
⑰ 物置
⑱ 休憩更衣室
⑲ 事務室
⑳ 資材庫
㉑ 休憩更衣室
㉒ 予備室
㉓ ACMR室
㉔ 用務員室
㉕ 湯沸場

再生前平面図(S=1:1,000)

# 旧さの力をビジネスに

## 石田潤一郎 ISHIDA Junichiro

　新風館は、京都中央電話局舎の一部を保存しながら、新築部分を組み合わせて商業空間として再生した施設である。

　まず、母体となった京都中央電話局の建築とその設計者であった吉田鉄郎について簡単に説明し、そのうえで、新風館への改築に至る経緯を述べていこう。

### 京都中央電話局舎の沿革

　京都電話交換局は1896年8月に設置された。翌1897年5月から交換業務を開始し、京都市で電話がかけられるようになった。局舎は三条東洞院にあった京都郵便電信局の東洞院通りをはさんだ西側に置かれた。ちなみに三条通は東海道の終点として江戸時代には飛脚問屋が集積したことから、明治以降も情報の拠点となっていた。なお上記の郵便電信局舎は1899年に全焼し、1902年にれんが造で新築されたが、その遺構がファサード保存の第一号として知られる中京郵便局である。このレンガ造局舎の新築にともなって電話交換局はその2階西側にも場所を占めるようになった。

　1903年には電話交換局はいったん郵便局と統合され、電話課と工務課が置かれたが、1911年7月に再び京都中央電話局として独立する。日露戦争後の電話需要の急増を受けての改組である。1916年以降、逓信省は全国的に電話設備のさらなる拡張を開始し、電話局舎の新築も進行することとなる。京都市内では、まず1921年に岩元禄の設計で西陣分局が設置される。裸婦のレリーフを前面ファサードに貼った大胆なデザインで、日本のモダンムーブメントの先駆的存在となった作品である。1924年には、上分局が鴨川のほとりに姿を現わす。吉田鉄郎の設計で、ドイツ表現主義の影響を思わせる。これも現存しており、シーフード・レストランなどが入っている。

　これに続くものが、今回の主人公の中央電話局である。先に触れた三条東洞院西入ルの局舎の北西、烏丸通りと姉小路通りとに面する一角には局長官舎などがあったが、これを取り壊して、鉄筋コンクリート造3階建および4階建（一部地下1階・屋階）の新庁舎を建設することとなった。工事は2期に分かれ、第1期は1925年2月に起工し、翌年9月に竣工した。工費は44万2千円と記録されている。第2期は1929年5月に起工し、1931年1月に竣工した。

### 旧中央電話局舎の様態と吉田鉄郎

　延床面積は6,739㎡。平面形状は中庭をもつロの字形で、東側の南北方向の棟だけ南に伸ばす。数字の9を角張らせたようなかたちである。1期工事ではロの字の西側と南側の辺、それに南側に突出した棟が建設され、2期で北・東棟ができた。

　西は烏丸通りに面し、11個のアーチを連続させる。北は姉小路に面し、中央部2・3階には窓を台形に張り出し、これを庇代わりにして、1階部分には半円アーチをいただく入口を開く。入口奥は交差ボールト状の天井をもつ通路となり、南北に細長い中庭に至る。中庭に面するファサードは、西側の棟は烏丸通り側と同様に3階を半円アーチとするが、東側の

**J** 旧京都中央郵便局当時の中庭。
正面・左側が撤去された部分
（写真提供：NTT都市開発）

K 3階北側のショップ。
梁型は各階形状を違えているが、
3階はハンチを円弧状にして
アーチを近づけている

L 保存建物3階のショップ。
ベイウィンドウ部分。
窓下端に新しい床が納まる。
防火シャッターもそのまま残す

M 階段下に支柱を並べたくないという
考えから、回廊の構造体から斜材を出して
支えるデザインとなった。中庭のすっきりした
雰囲気を生むのに効果がある

棟は、1階部分に半円アーチを並べて吹き放ちのロッジア（＊1）とし、上階の窓は長方形とした。中庭の南端は南棟が5層分立ち上がり、5層目には半円アーチを縦に3分割したテルマエ窓（＊2）と小さな楕円形の窓が開いていた。

外壁は、外周面には茶褐色のタイルを貼り、中庭側はモルタル吹き付けとした。装飾的要素はほとんどないが、外周面のタイルはスパンドレル部分だけ縦横の向きを変えたり、矢筈に貼ったりしている。半円アーチの連続や、タイルの貼り方の変化は、設計者の吉田鉄郎がこの時期心酔していたストックホルム市庁舎（1923年、ラグナル・エストベリ設計）に触発されたものとみられる。

吉田鉄郎（1894年、富山県生まれ）は、1919年に東京帝国大学建築学科を卒業して、逓信省に入った。学生時代から吉田の設計能力は目立っていたが、しかし彼は独創性を重視しはじめていた時代の風潮に逆らって、むしろ多くの参考資料に徹底的に目を通し、そのなかから自分の理想とする建築像をつかもうとした。吉田がまず惹かれたのは、北ドイツの風土性と表現主義とを重ね合わせて独自の世界をつくっていたフリッツ・シューマッハーの作品で、先に触れた上分局はその影響が色濃い。しかし、これが完成するころ、吉田鉄郎は雑誌発表されたストックホルム市庁舎の写真に感動し、以後1930年ごろまではエストベリの影響下にあった。やがて東京中央郵便局の設計を通じて、ラーメン構造の柱・梁をデザインに生かす新境地を開く。それは「構造即意匠」というモダニズムの理想を具現化したものとして高く評価されることとなる。そして、吉田鉄郎は、その真摯な人柄に対する尊敬も加わり、日本の近代主義建築を代表する建築家と目されるに至った。

## 新風館への変身

中央郵便局は太平洋戦争中には迷彩を施され、また鉄柵を供出させられたりしたが、無事終戦を迎えた。1959年に三条通に面して7階建ての電電京都総合ビル（現NTT京都支店ビル）が完成し、これによって中央電話局舎は西館と呼ばれるようになる。

さて、1982年に京都市は、長く懸案だった文化財制度をつくる。そこで特に注目されたのは、一般的な指定文化財とは別に、登録文化財という枠組みを設けたことである。これは、増改築などにあたって許可が必要な「指定文化財」に対して、「届け出」だけでよいとする「ゆるやかな保存」の先駆けであった。すでにモダン・ムーブメントの重要な里程標という位置づけを得ていた京都中央電話局は、この登録文化財の第1号となる（1983年6月）。

一方、電話交換機は1960年代後半以降小型化が進み、多くの電話局でスペースがあまるようになり、さらには電話局自体が不要となる場合さえ生じることとなった。

旧京都中央電話局も、1990年代初頭には電話局舎としての価値を認められなくなっていた。このためNTT（1985年に民営化）は、いったんは烏丸通り・姉小路側の外壁2面だけを残してすべて改築する計画を立てる。しかし、京都市との協議のなかで、文化財保護課から出された「主な要素は現状維持」という方針で進めることとなった。そこで、街路に沿った棟は保存しつつ、裏手にあたる東・南棟を撤去した。東側に隣接していた戦後建築の都市管理部庁舎も撤去された。

企画設計の主体はNTTファシリティーズが担当することとなる。商業施設への変身は当初からの目論見で、第1段階では三条通り沿いの京都支店ビルまで含めた巨大複合施設も構想された。しかし、大規模な再開発となると、電信電話事業全体との調整が必要になるという問題があった。それにもまして烏丸三条という場所はオフィス街であって、商業地としては「1.5等地」という判断があった。そこで、「段階開発」という方針が立てられたという。つまり、まず商業立地としての認知度を高める手段を講じ、並行して周辺環境にふさわしい次の開発のあり方を探るという方法である。

こうして新風館の基本線が固まっていく。まず、10年間の暫定的なプロジェクトとして考える。そして、入居予定テナントを中心にアーティスト、都市プランナー、商業コンサルタントら12名からなる「新風社中」という運営会社を別に設立する。ここにおいて「新風社中」は「『旧建物の存在』こそが魅力の源泉」であるということを計画の原点としたのである。

**N** 旧京都中央郵便局当時の屋階にあった体操室。
壁・天井をトンネルボールト状に仕上げる（写真提供：NTT都市開発）

　幸いなことに、保存部分は要所に耐震壁を増設するだけで構造耐力は確保できた。このL型の保存部分に対してどのような増築を加えるかが最大の問題となった。NTTファシリティーズは、「古い建物の再生を実践している」建築家として、共同設計者にリチャード・ロジャースを選んだ。重責を担ったリチャード・ロジャース・パートナーシップ・ジャパンは3つの基本的なコンセプトを提示する。保存部分のアーチ窓は残す、増築部分はあえて鉄骨とALC板を使う、新旧の建物を歩廊でつなぐという3点である［平面図］。そして最終的に、保存部分と向かい合わせに東・南側からコの字形の新築棟を配し、これらで囲まれた約40m四方の中庭を生み出す。そして中庭に沿って、各階に約5m幅の回廊を1周させる。また、半径約18mの円形ホールを中庭に設置するという構成ができあがる。

## 存在の力

　保存部分の扱いで特徴的な手法が2点ある。ひとつは、設備スペースを確保する方法として、本来のスラブの上方約950mmの位置に新たな床を設けて、この空隙を利用している点である［保存個所矩計図］。このため当初窓だった開口部がそのまま出入口に変わることになる。局舎の天井高が電話交換機を入れるために約5mと高かったことがここで生きた。もう一点はあえてオリジナルの梁型をみせていることである。天井を張らないだけでなく、既設のダクトを外した痕跡もそのまま修理せずにみせる。場所によっては内壁もわざと荒れたままにする。
　NTTファシリティーズで設計を統括した蜂須賀達志氏は、保存部分の「伝統」、増築部分の「革新」に中庭・回廊の「融合」が加わって、全体として「継承」を達成するというダイアグラムを提示している（日本建築学会第5回設計方法シンポジウム資料、2002年1月）。たしかに、中庭を「主役」とすることで、単純な「伝統」と「革新」の二項対立ではない、都市的なアクティヴィティを誘発することに成功している。実際、この中庭の居心地の良さを口にする人は多い。京都には、寺社の境内や鴨川の河原のような、領域の曖昧なオープン・スペースは多く存在するが、閉じられた内側に展開するヨーロッパ的な広場は少ない。新風館の中庭は京都市民が初めて知った「スクエア」なのであり、その新鮮さは10年たっても失われていない。
　ただ、梁型を見せるといった先述の工夫にもかかわらず、回廊の華やかさに比べて、保存部分はうつむいた青年のように寡黙である。保存部分には歴史的景観の一要素というのにとどまらない働きをもう少しさせてほしいという不満は否めない。姉小路側からの通路の交差ボールトをもう少し強調できないだろうかと思うし、あるいは失われた屋階のトンネルボールトを復原するといった演出も考えてほしかったところである［N］。
　とはいえ、既存建物の過半を壊したこの作品をそれでも支持したいのは、「旧建物の存在の力」を正当に評価し、正面から向かい合っているからである。

*1 連続した柱で支えられた屋根を持つ、開放的な連絡路・ギャラリーを指す。
*2 半円アーチを方立で縦に3分割する窓の形式。古代ローマの大浴場に由来し、浴場窓ともいう。

**再　生　前**
建物名　　京都中央電話局
所在地　　京都市中央区烏丸通姉小路下ル場之町586-22
建築主　　逓信省
設計　　　吉田鉄郎
竣工　　　1期：1926年9月　2期：1931年1月

**再　生　後**
建物名　　新風館
所在地　　同上
建築主　　NTT都市開発
設計　　　NTTファシリティーズ＋リチャード ロジャース パートナーシップ ジャパン
竣工　　　2001年1月
規模　　　地上3階、地下1階
面積　　　延床面積：8,233.60m²

# 神戸税関本関

国土交通省近畿地方整備局営繕部＋
日建設計（1997年）

## 新旧・内外の
## テクスチャーをつなぐ

**神戸税関本関**
大蔵省営繕部（1927年）

**A** 旧棟の圧巻は正面の時計台。こちらを艫先とすると新棟上部は艦橋にあたり、確かに船のイメージを彷彿とさせる

**B** 旧通関事務室が中庭に変わり、列柱がその名残を伝える。中庭中央の噴水は、旧館外構に用いられていた敷石を利用し、長年の使用により醸し出された存在感ある風合いを生かすため、そのまま塔状に組み上げた。旧館の軸線にあわせ大小の石を配した形態は、旧館の建築構成そのものを表現しており、石柱の頂部からあふれ出る水は、神戸税関の魂として新館エントランスへと導かれ、伝統の継承と新たな発展をイメージさせている

**C** 旧通関事務室を支えていた列柱と、内壁の間にガラスのスクリーンが設けられた

**D** 中庭となった通関事務室の旧状。2階吹抜けとなっており、手前の柱列が独立柱として残された（写真提供：日建設計）

神戸税関本関

Kobe Customs

# 旧館と新館が呼応する中庭

川島克也 KAWASHIMA Katsuya
◆
日建設計

　真に市民の財産となる建築を目指し、建物全体が育んできた「物語」が生きつづけ、未来に展開していく「生きた建築」として旧本館を再生させる道を模索した。

　旧本館はロの字型片廊下の4階建で、1、2階の中央部は吹抜けの通関事務室であった。1、2階の吹抜け空間とロの字の一翼である西ウイングを撤去して中庭とし、南北4層のウイングを片廊下事務室として敷地に沿って延ばす。そしてこの新しいウイングによって挟まれる不整形でフォーカスな空間を吹抜けのロビーとし、中庭を通して旧館と新館を呼応させる構成とした。旧通関事務室の美しい漆喰壁のインテリアと、その屋根を支えていた柱列が融合した中庭は市民に開かれ、新しい歴史の「物語」を語りはじめることになる。

　低層部の外装は旧館の大型せっ器質タイルとテラコッタの構成を踏襲することとした。70年の風雪に耐えた外装の汚れは激しかったが、慎重に洗浄すると、汚れは完全に除去できないもののタイル一枚一枚の微妙な凹凸、色合いなどが、深みある風合いとして蘇った。このイメージに合わせたタイルの製作には多大なエネルギーを伴ったが、5度にわたる試作を繰り返し、ようやく実現することができた。

　旧本館の両翼がおおらかに延び、あたかもずっと以前からこの地に息づいてきたかのように、街の景観にとけ込む。船をイメージしたモダンな高層部が対比的にそびえ、周辺の歴史的な建物群と連携して、神戸のまちに深い厚みを加えることとなった。

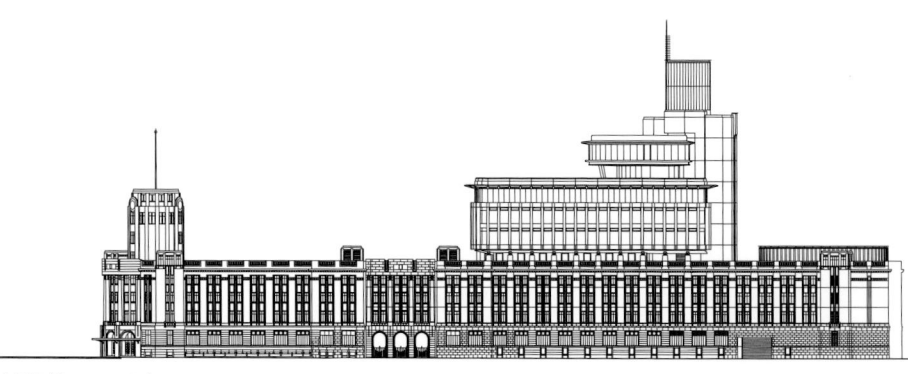

北立面図（S＝1：1,500）

神戸税関本関

Kobe Customs

**E** 増築された新棟から旧棟をみると、4階までは旧状を踏襲して連続感を保持しているが、5階以上は新しいデザインで処理している

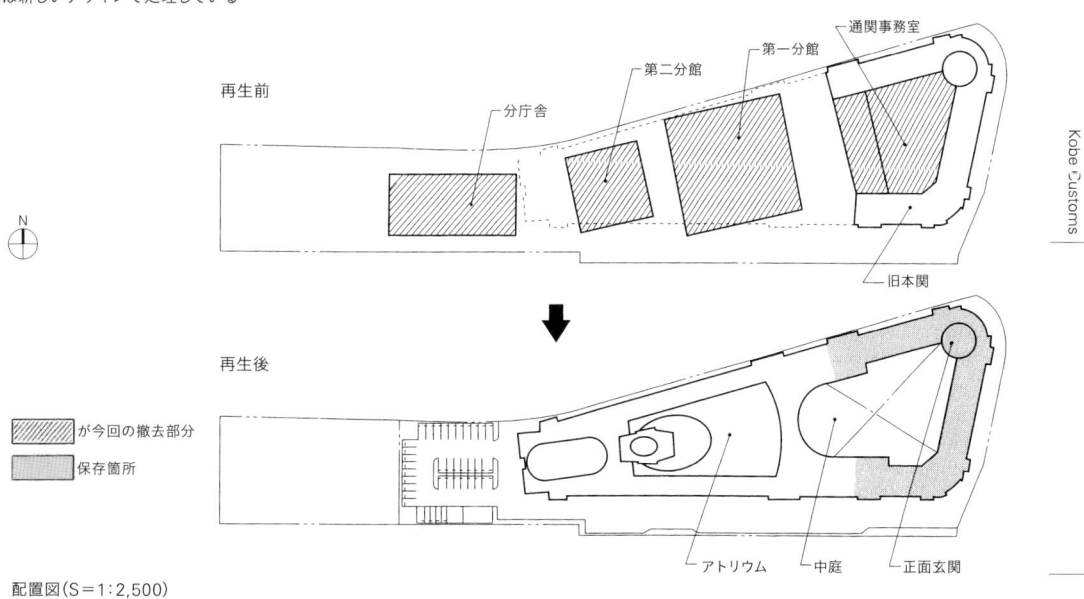

再生前
- 分庁舎
- 第二分館
- 第一分館
- 通関事務室
- 旧本関

再生後
- アトリウム
- 中庭
- 正面玄関

が今回の撤去部分
保存箇所

配置図（S＝1：2,500）

神戸税関本関

F 旧棟が角柱を用いているのに対して
新棟では円柱が用いられている。下部の石張り、柱頭部などには
旧棟のデザインが反映されている

G 円形の玄関ホールはこの建物のもっとも美しい空間。
床のモザイクタイル、八角形のセセッション式の柱、
手すりなど質の高い意匠に目を見張る

H 旧棟南東の通用口。正面玄関と比較すると、
壁柱が少ないだけでまったく同じデザイン構成をとっている

I 復元された旧税関長室（貴賓室）。
マントルピースのかたちがユニーク

J 新棟のアトリウム越しに中庭をみる

K 旧館玄関ホールの吹抜けは、旧状のまま保存された

L 玄関ホールのドア越しには
旧通関事務室の柱が並び、その影を落としている

J K L

神戸税関本関

Kobe Customs

049

旧館のロの字型平面の中央部にあった2層吹抜けの業務空間(通関ロビー)は、屋根を撤去したあと中庭とし、ガラススクリーンでギャラリー化した。また、吹抜けを支えていた柱は独立柱として再生させ、かつての空間の記憶を残している。空間イメージをそのままに、外部空間へと再整備した中庭は、税関職員と特定の専門業者だけが出入りしていたスペースを一般市民に開放することで、"開かれた税関"を象徴する空間となっている。
増築した新館低層部は、柱間、階高、そして外観も全て旧館に合わせてデザインした。旧館の軸線に沿ってつくられた新館のウイングに挟まれるかたちで生みだされた新館玄関アトリウムは、旧館中庭と呼応しながら新しい神戸税関の顔として、市民に親しまれるものとなっている。

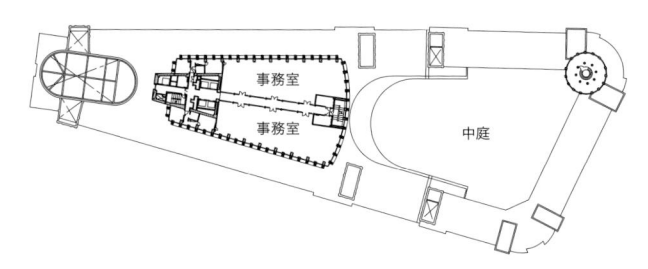

神戸税関本関

6階平面図
(S＝1:2,000)

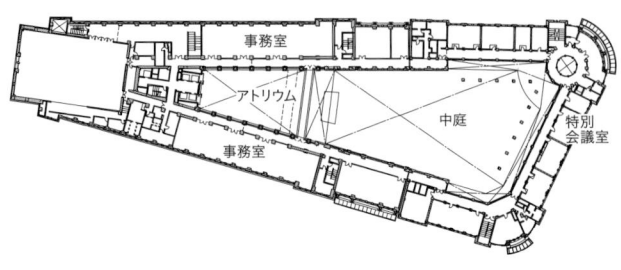

2階平面図
(S＝1:2,000)

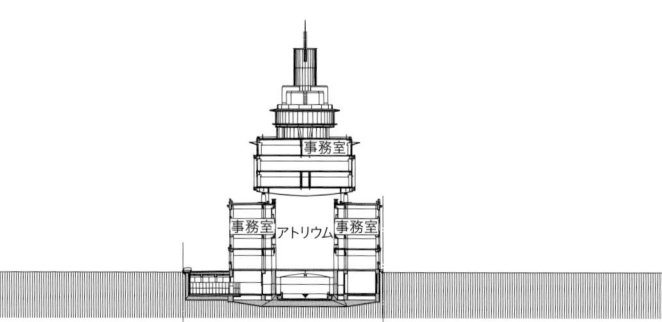

南北断面図(S＝1:2,000)

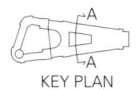

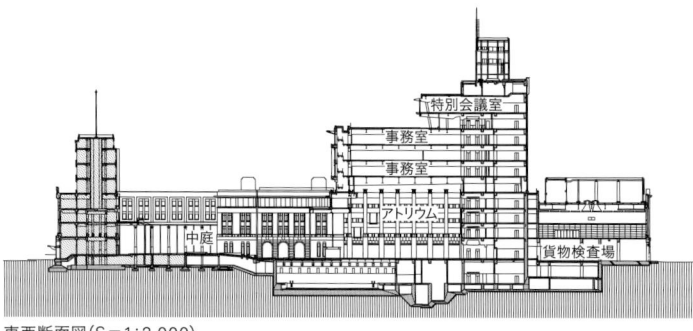

KEY PLAN

Kobe Customs

東西断面図(S＝1:2,000)

KEY PLAN

配置兼1階平面図

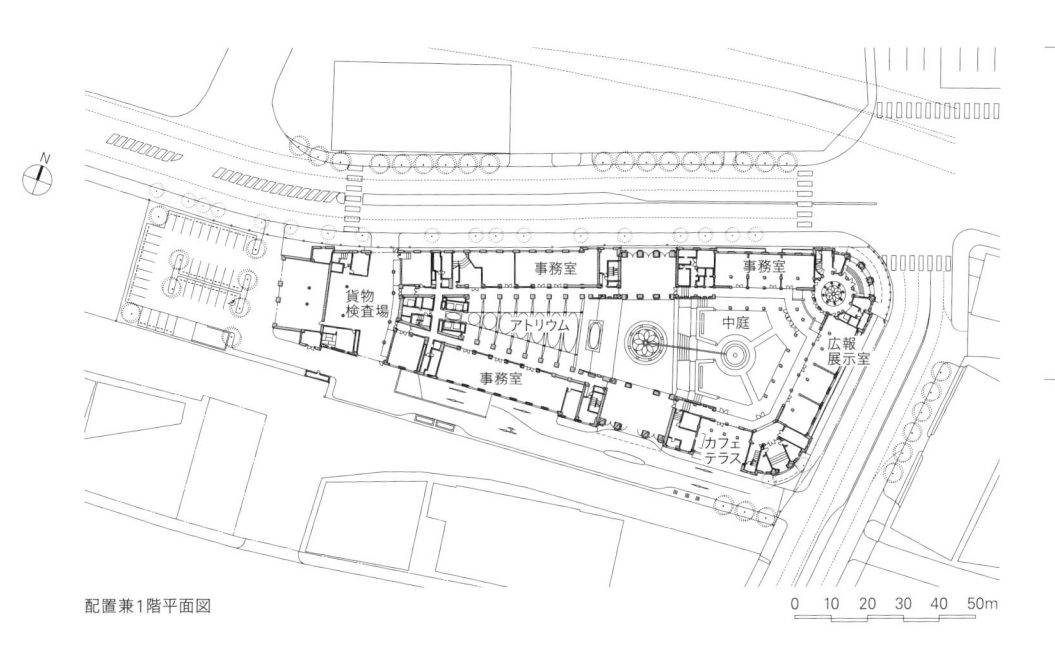

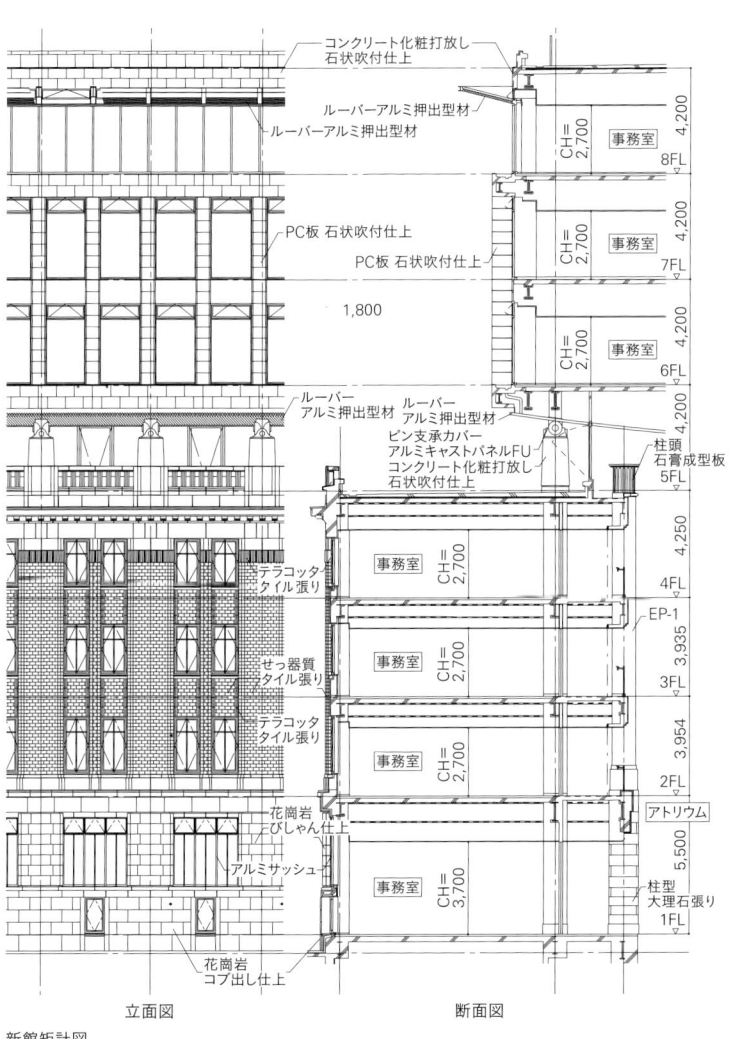

0 10 20 30 40 50m

神戸税関本関

Kobe Customs

立面図　断面図

新館矩計図

主な記載:
- コンクリート化粧打放し 石状吹付仕上
- ルーバーアルミ押出型材
- PC板 石状吹付仕上
- ピン支承カバー
- アルミキャストパネルFU
- 柱頭 石膏成型板
- テラコッタタイル張り
- せっ器質タイル張り
- 花崗岩びしゃん仕上
- アルミサッシュ
- 花崗岩コブ出し仕上
- 柱型 大理石張り

平面図記載: 貨物検査場、事務室、アトリウム、中庭、広報展示室、カフェテラス

断面図階高: 1FL 5,500 / 2FL 3,954 / 3FL 3,935 / 4FL 4,250 / 5FL・6FL・7FL・8FL 各4,200  CH=2,700（1FLのみCH=3,700）

# デザインからみた保存と再生

## 足立裕司 ADACHI Hiroshi

　ひとくちに「保存」「再生」といってもその内容にはかなり幅がある。文化財指定建築物のように保存することが第一義の目的となる場合から、利活用を目的とした保存とは名ばかりの改造までさまざまである。

　おそらく、保存と再生には諸刃の刃のような両面性がある。ベストの解決は求めにくいとしても、保存と再生の問題を妥協の産物ではなく、ひとつの建築課題として捉えるなら、その最終的な評価は、やはり建築の質に帰すべきではないだろうか。どの程度残せるか、改変できるかという議論ではなく、建物として何が本質なのかを考えていく必要がある。

　ここでは、比較的大規模な近代建築の保存と再生にとって重要なテーマとなるデザイン上の処理について神戸税関を例に考えてみたい。

### 神戸税関旧庁舎の建設

　明治期に急速に発展した神戸は、その中心をJR神戸駅近辺においていた。その後、旧居留地の開放により業務ゾーンとして開けていくに従い、神戸市は元町から三宮へと発展し、戦後に神戸市役所が旧居留地の東端に移転すると中心は完全にこの地に移った。

　現在の賑わいからは想像できないことだが、明治初頭の旧居留地は街外れの隔離されたような場所であったという。神戸税関の前身である運上所は、関税を上納させる役割上、当初からほかの役所とは離れた外国人居留地に接して設置された［M］。明治政府樹立後も江戸末に建設されたこのコロニアル・スタイルの建物を引き継ぎ、神戸税関と名称を変えたのは1873（明治6）年のことである。1922年に初代の建物が焼失し、少し東の現在の地に新庁舎が建設された。この場所は、前年の1921年に海を埋め立てて新突堤が建設されたこともあり、税関業務には最適の場所であった。設計は大蔵省営繕課が担当し、1927年に竣工している。

　建物は変形の台形、あるいは四辺形平面をもち、四周に小部屋と廊下が配されていた［P47 配置図、N］。北東隅には建物全体のスケールよりも高く設定された筒状の塔屋が設置されている。港のランドマークとして、時計台の機能が求められたのであろう。現在はコンパクトな電気式だが、かつては機械仕掛けの時計が3面に取り付けられていた。

　神戸税関の意匠は、ひと言でいうなら大正期に爆発的に流布したセセッション式といわれるものであ

**M** 初代の神戸税関の建物
（写真出典：『生田いまむかし』生田振興連絡協議会刊、1975年）

**N** 分庁舎側からみた再生前の神戸税関（写真提供：日建設計）

る。だが、その特徴である幾何学的装飾も控えめで、建物外観も平坦さや簡素さが強調されているとはいえない。むしろ、全体の構成や雰囲気は官庁建築の威厳を保ちつつ、ディテールだけ簡略化したといったほうが正確かもしれない。

塔と塔屋を除き、基本は半地下室のある4階建の鉄筋コンクリート造であるが、仕上げは粗石積みのベースメント上に切石積みの1階を設け、2～4階までは簡潔なタイル張り、最上階の軒を再び石張りとしている。

玄関は塔の足下に取られ、1階に三連のアーチをかけた開口をとり、その上階には簡略化されたセセッション風のオーダーを付して正面性を強調している。外部階段と一体に構成された玄閉を過ぎ、玄関ホールに入る。ちょうど塔の下がこの玄開ホールに当たり、内部は3階分を吹放ち、列柱を巡らしてギャラリー状に処理している。この円筒状の吹き抜けを支える柱もセセッション風で、その天井には漆喰細工が施されている。この建物のもっとも圧巻といえる場所である[G、L]。

この玄関ホールの先に、四辺を廊下で囲われた2階吹抜けの通関事務室[D]があったが、再生後は取り払われて中庭になった。もし、再生案の賛否が分かれるとしたらこの中庭の扱いをおいてはなく、これについては最後にもう一度検討することとしよう。

## 神戸税関と神戸の街

神戸税関の道を隔てた東側には、同時期に神戸市の生糸検査所が竣工した。1935年前後には税関と突堤の間に三菱や住友の大きな倉庫群が出現し、税関から西には神戸商工会議所、水上警察署など港湾関係の官公庁の建物が次々と建設されていった。ちょうど業務地域に変貌しつつあった旧居留地と官公庁の建物群が海岸通を挟んで向かい合い、新しい神戸のイメージを形成することになったのである。

さらに神戸税関の北には、国鉄三宮駅、阪神電車三宮駅、1936年には阪急が開通し、アールデコ調の駅が竣工することで、現在フラワーロードとよばれる南北軸を挟んで円形の塔のある建物が対峙することになった[O、位置図]。神戸税関は海岸通りと呼ばれる大通りと、現在の神戸市街の中心軸ともいえる

改修前後の庁舎の位置図

フラワーロードの交点に位置し、街の要の位置を占めることになる。

しかし、この税関の北側に海岸線と高架の阪神高速が走るようになると、この税関が位置している臨港一帯は中心街から切り離され、景観行政からもその重要性が徐々に省みられなくなった。旧神戸商工会議所が惜しまれつつこの場所から姿を消したのも、道路による寸断の影響が大きいと考えられる。特に埋め立てにより海との接点を失ったことは、歴史的に形成されてきたこの場所の特徴を大きく損ねることになった。

今後のウォーターフロントの開発を視野に入れる

O 阪急三宮駅。震災で被害を受け、取り壊された

と、この税関のある位置は重要な接点となり得る。今回の保存・再生案でも、設計者は将来の神戸の発展に考慮したという。おそらく、設計者が建物全体を船に見立てたのも、この立地に起因していると思うが、将来の新たな地域再生を願って込められたこの再生計画のメッセージは重要である。

建物の保存と再生には、周辺環境が大きく影響するが、高架道路という障害を乗り越え、街との接点を取り戻しただけでなく、景観上でも一層強化しえたことはこの計画の最大の寄与といえる。

**P** 耐震壁補強工事の様子（写真提供：日建設計）

## 再生の基本と保存

この神戸税関の再生案は、この敷地に隣接して建っていた旧庁舎と増築された戦後の3棟を統合したものである［P47配置図］。外周の部屋列を三辺残し、底辺に当たる西棟と中央のカウンターを取り壊して、中庭を取り囲むように新旧を接合したのが今回の改修の特徴である。高架道路で姿の大半が隠れてしまうのは残念だが、一番東に位置する旧庁舎を船の舳先とマストに見立てると新しく増築された新棟と併せて確かに船にみえる。

旧庁舎中央に当たる通関事務室を取り払ったことで、当然ながら構造のバランスを欠くことになる。通関事務室は2階吹抜けなので、四周の棟は、通関事務室の屋上に2階分が建ち上がっていたが、改修後は西棟が取り壊され、4階分が地上に建ち上がったわけであるから、当初に比べると構造的にはずいぶんと不利側に寄ったことになる。

今回の工事では、その補強のために一定間隔で壁の打増しを行っている［P］。もし、内部に壊すことが惜しまれるような漆喰細工がある場合には、躊躇される方法である。

全体の面積からすると、再生案としてはやや壊しすぎのきらいもあるが、この建物の特徴であるコーナーの時計台を残し、規模からみても圧倒的な新棟のスケールを中庭として受け止めたことはうなずける。しかも旧棟の階高は新棟でも踏襲され、それを超える階高については、旧の壁面からセットバックさせ、新しい造形として位置付けていることも新旧のつながりを保つうえで重要な処理と考えられる。

新旧の棟は階高を合わせることで連続性が保たれ、その結果として当然求められることになる素材と形態上の調和から、新棟のほぼすべての形態言語は旧棟で使われたものが踏襲されている。

## 形態言語の再利用

この神戸税関再生案のデザイン上の特徴は、外観を旧庁舎に徹底して合わせていることにある。たとえば、新旧のつなぎの部分は三連のアーチとしているが、これは正面玄関の構成をふまえている。さらに、その三連のアーチ上の付柱も、玄関上部に付けられたセセッション風の柱が反復的に使用されている。基礎、窓まわり、コーニスの構成もそのまま旧棟を踏襲しているために、外観は新旧を見通しても一体の建築物としかみえない。

新しく増築した外装部分には等圧工法が用いられ、石と石の間（目地）が透けているといった微妙な差異が生じているが、一般の利用者にはほとんどわからないほど一体化されている。逆に、ここまで古い建物に似せてつくれるなら、わざわざ古い建物を保存しなくてもいいのではないかといった疑問も出そうである。

しかし、保存の最大の効果は、実はこの徹底した作業にこそ現れる。もし、旧庁舎がこのように残っていなければ、計画上もデザイン上も、これほど徹底した要求を課す必要がないし、どこかで筆が滑るということも予期される。厳然として存在する古い「もの」の秩序、構成が残っているからこそ、新しく付加する作業の「作家心」を抑えることが可能に

なる。その相乗効果にこそ、つくりものにはない説得力が現れてくるといえる。

残念なことだが、昨今のポストモダニズムによる表層的な解釈が、歴史様式の使用を安直なものにしてしまった。そのため建築家はあえて歴史様式に距離をおき、歴史様式を使わないことで自己の保身を図るようになっている。しかし、本来ポストモダニズムが求めたプログラムには、歴史的環境の保持が謳われている。モダニズムの自律性から一歩退き、歴史的な細部や形式を用いることで場所としての一体性、連続性を求めるということが求められていたはずである。

その場合の連続性の確保にはいくつかの選択肢があるが、歴史的細部を用いずに、高さや大きさといったスケールやテクスチュア上の配慮をするモダニズムの流儀によっても可能である。しかし、この神戸税関のような一体的な新旧の統合を目指す場合、旧の形態言語の使用はもっとも安定した手法であり、そのためには書割りとならないような厳密さが求められるのである。

## 中庭側の斬新な対比

一転して、中庭側からは新旧棟がガラスの皮膜越しに対峙している。道路側と異なり中庭側は通関事務室を取り除いたあと、現れてきた2階までの内壁の露出を覆うことが必要となったための処理である。ガラスのスクリーンで内壁を覆い、以前は通関事務室を支えていた柱を独立した列柱として残すことで、かろうじて以前の空間の布置が思い起こされる。おそらく内壁を外壁に変えることも可能であっただろうが、それでは建物の変化が大きくなりすぎたであろう。

この旧棟の展開を受けているのが、新棟にV型に挟まれたアトリウムである [J]。V型に配された新棟の廊下はアトリウムに面し、そのショートカットとして設けられた前面のブリッジからは旧棟の時計塔を間近に望むことができる。さらに新棟のもっとも奥まった位置からは逆透視図法の効果でアトリウムを望むことができ、その延長上に中庭、円形の塔屋が展開する。中庭側ではすべてが新旧の対比として扱われている。

この大きなアトリウムを支えるために、上部の構造は鉄骨造に変えられている。遠目にはちょうど艦橋のようにみえるまったく新しい表現をもつ塔屋状の上階は、大きなピン構造の支持によってアトリウムの間を無柱で渡されている。

## 再生のもつ可能性

この再生のポイントは、都市のなかに設けた静寂な中庭ともいえそうである。旧棟の間取りの維持と、快適な中庭とどちらを取るべきかは意見が分かれるだろう。理想をいえば通関事務室も残しつつ屋上を開放するといった提案もあり得るのであろうが、このような官公庁の建物では、ただでさえ贅沢に取られた共用空間が大きくなりすぎるといった逆の制約もある。独立柱(モニュメント)として柱を残し、中庭をやや控えめな表現によって旧棟の存在感を主張したのは、設計者のぎりぎりの選択だったのだろう。

この中庭によって機能的には新棟の税関業務を離し、旧棟に市民も気軽に入ることのできる開放的な空間を創造したことは、こうした再生案の魅力をアピールするうえで重要であったと考えられる。これまでの税関のイメージを払拭しつつ、しかもその業務の重要性を、新棟によって威圧的に表現するのではなく、歴史ある旧棟の保存によって達成していることも、官庁建築の新しい可能性を示したものとして注目される。

| 再生前 | |
|---|---|
| 建物名 | 神戸税関本関 |
| 所在地 | 神戸市中央区新港町12-1 |
| 建築主 | 大蔵省 神戸税関 |
| 設計 | 大蔵省営繕部 |
| 竣工 | 1927年 |
| 規模 | 地下1階、地上4階、塔屋4階 |
| 面積 | 延床面積約：10,000m² |

| 再生後 | |
|---|---|
| 建物名 | 神戸税関本関 |
| 所在地 | 同上 |
| 建築主 | 財務省 神戸税関 |
| 設計 | 国土交通省近畿地方整備局営繕部＋日建設計 |
| 竣工 | 1997年 |
| 規模 | 地下1階、地上10階 |
| 面積 | 延床面積：24,145m²(うち5,500m²が保存再生個所) |

A 煙突広場とアトリウム。札幌開拓使麦酒醸造所（旧汽罐室）と大煙突は1915年に建設された

サッポロファクトリー

# サッポロファクトリー

大成建設一級建築士事務所（1993年）

## 都市のコンテクストの再構築

旧大日本麦酒札幌工場貯酒棟 ほか
1892年

Sapporo Factory

**B** サッポロファクトリーレンガ館（旧貯酒発酵室）西面。丸窓の星章は改修時に取り付けられた。ツタの絡まる夏も、イルミネーションで縁どられる冬も、個性ある存在を主張する

サッポロファクトリー

# 都市のコンテクストの再構築

町井 充 MACHII Mitsuru
❖
大成建設設計本部

　れんが造建築は、西洋では数千年の歴史をもつが、日本では明治時代に集中して建てられた。前後にはない明治時代に特有な建築という意味で、赤レンガは文明開化の象徴であり、1869（明治2）年、何もない原野を切り開き、れんがを積み上げることで本格的な開拓を始めた北海道にとって、赤レンガは歴史と都市の原点なのである。サッポロファクトリーの計画地には、明治25年に建てられ、その後大日本麦酒、サッポロビール札幌第二工場として1世紀にわたりビールを製造してきた赤レンガ建物があった。

　また、この建物は開拓使（北海道庁）に正面からアクセスするかつてのメインストリート（札幌大通り）に面していた。サッポロビール社にとっても同社発祥の場所であり、事業企画の段階から当然のようにこの赤レンガ建物の保存再生、札幌市の歴史的都市軸の復権が大きなテーマとなった。われわれもこの建物を札幌の都市を構成する貴重なランドマークとして再生するために、「サルベージ作業」と称する大規模な調査を行い、配置計画からインテリア、ハードの補強まで、細心の注意をはらいながら計画を進めた。

　問題は商業という用途と工場として建てられた建物のマッチングだった。今でこそ動態保存が普通になったが、当時は可能な限り原型を再現して保存することが正しいという義務感と闘いながら、商業に必要な機能をもたせる努力を続けた。結果として、この赤レンガは市民の集う場所となり、本物のランドマークとして機能していると感じている。

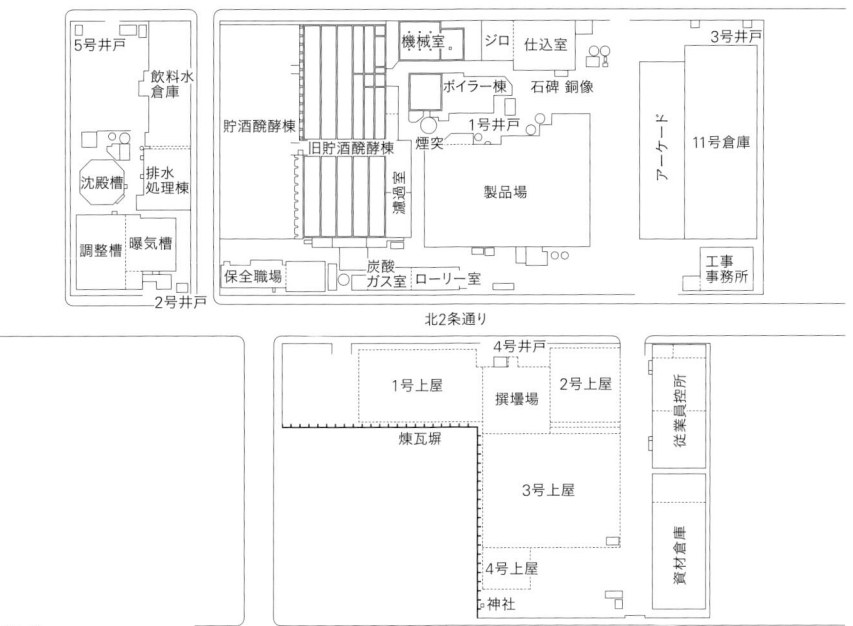

再生前

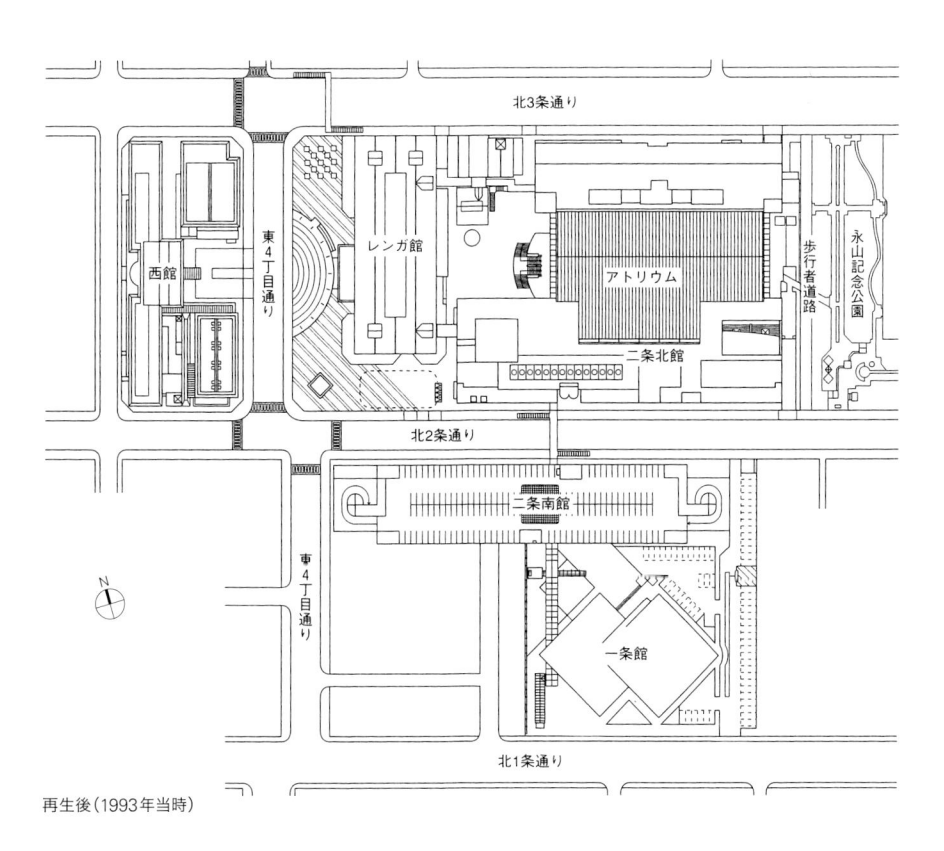

再生後（1993年当時）

再生前配置図・再生後配置図（S＝1:3,000）

サッポロファクトリー

Sapporo Factory

C 旧貯酒発酵室を転用した
ビヤホール（ビヤケラーサッポロ）。
巨大なビール樽が並んでいた
長さ44mのボールト天井をもつ
4つの蔵を利用している

D 旧汽機室北面1階開口部

E 隣接する旧永山記念公園から
アトリウムを望む

F 1993年竣工当初のアトリウム
（写真提供：大成建設）

G レンガ館内部の保存された
れんが壁を見上げる

H レンガ館（旧汽機室）北面の
バトルメント（鋸壁）飾り

I レンガ館、二条館、三条館、
アトリウムに囲まれた煙突広場の煙突。
手前れんが造建物は
1915年建設の気罐室

J 竣工当初のサッポロファクトリー
全景（写真提供：大成建設）

G

H I

J

サッポロファクトリー Sapporo Factory

061

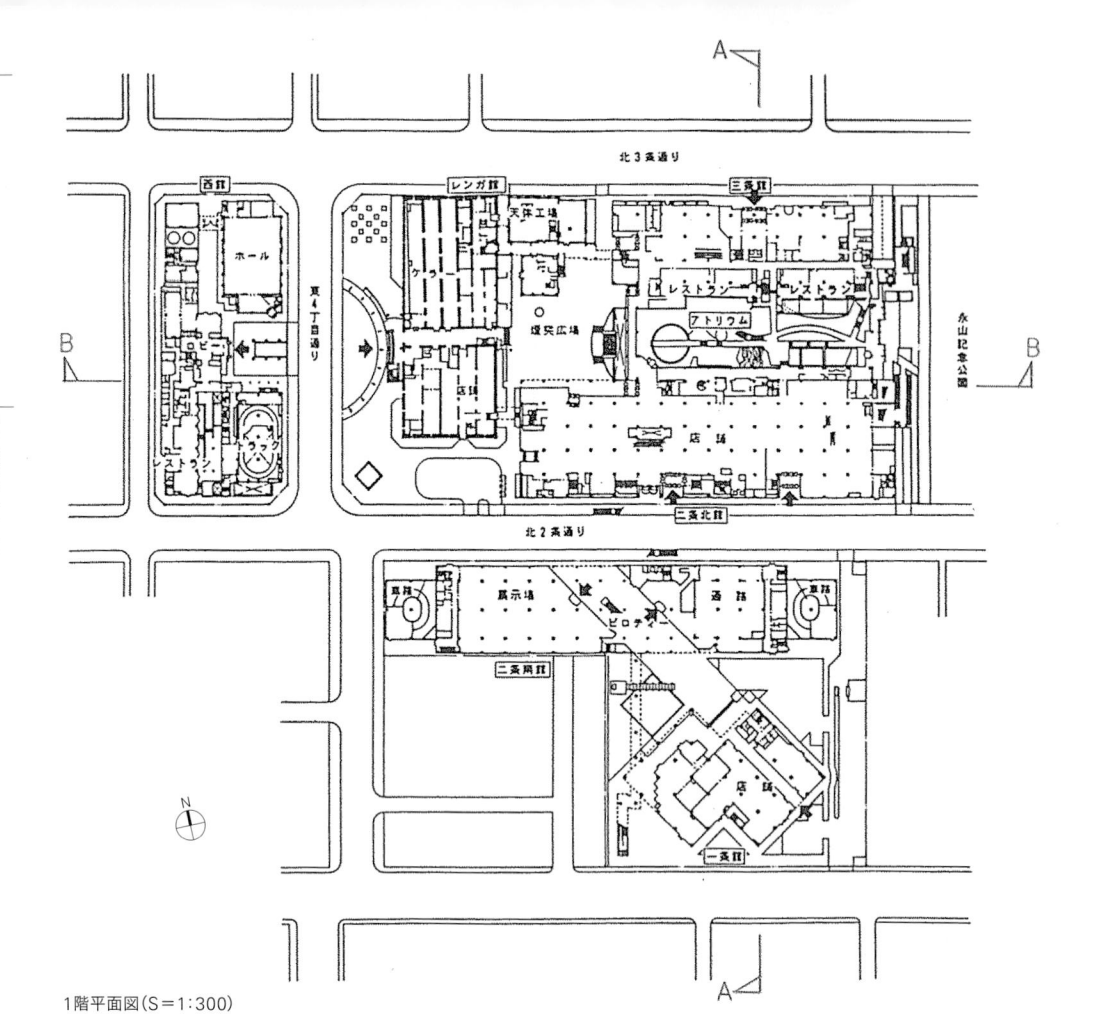

サッポロファクトリー

1階平面図(S＝1:300)

Sapporo Factory

土間補強

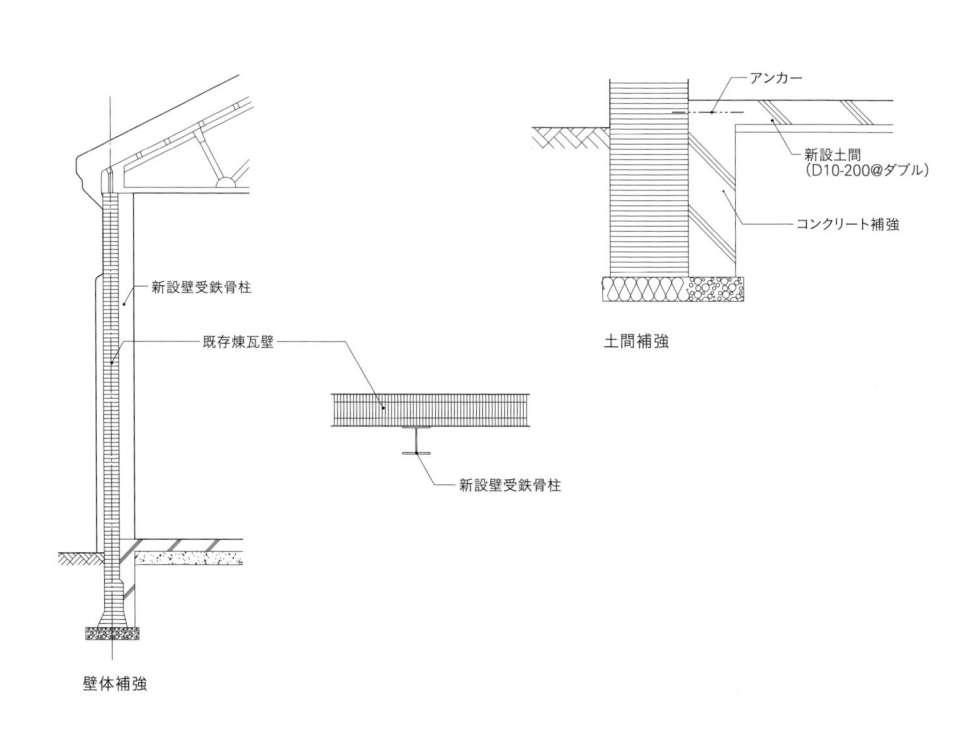

壁体補強

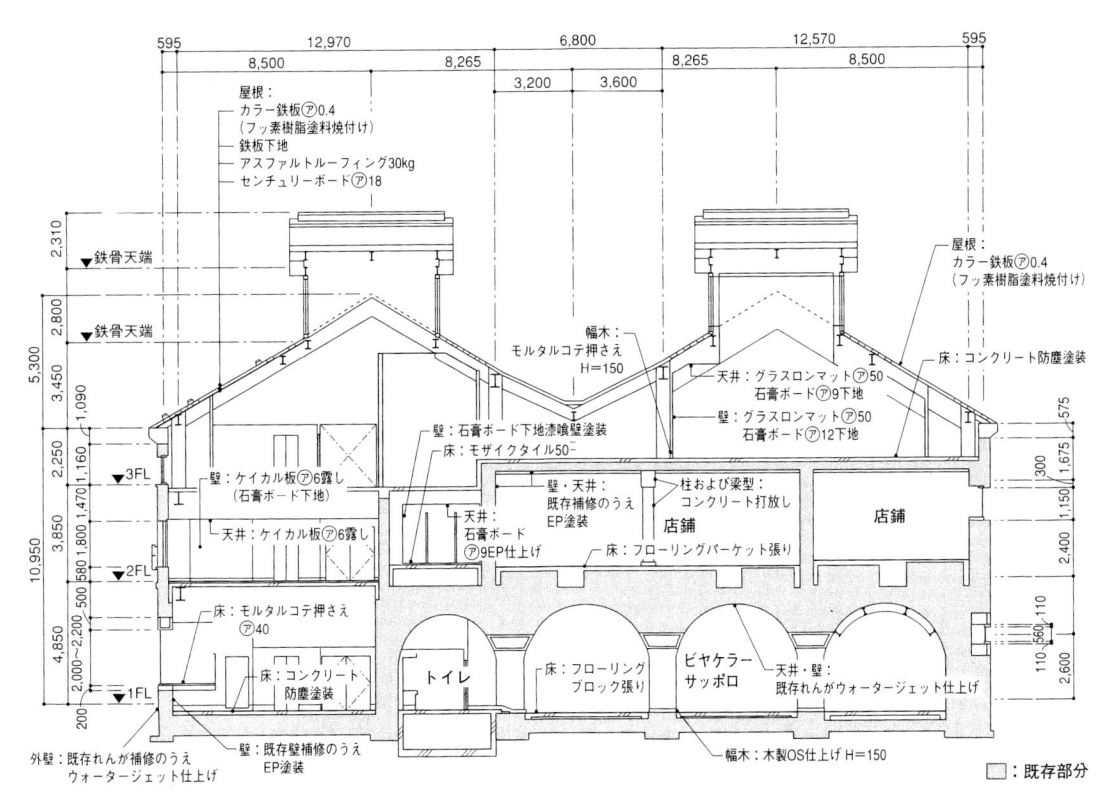

レンガ館矩計図

壁補修

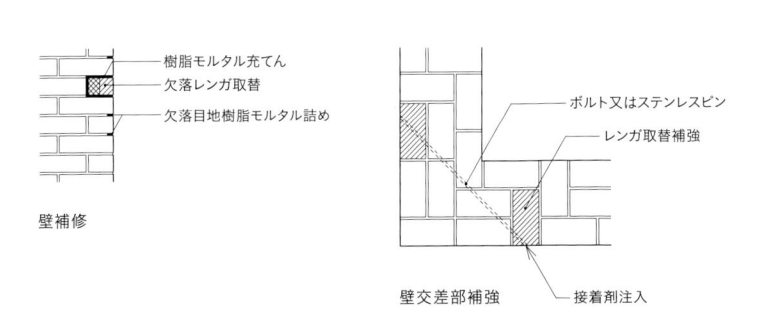

壁交差部補強

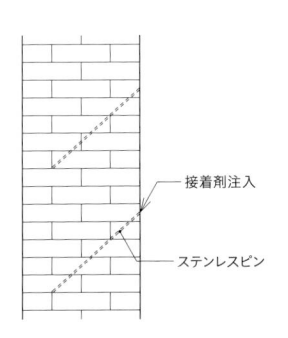

壁ピンニング補強

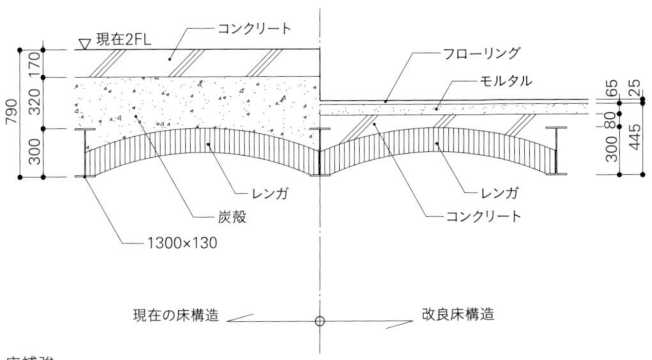

床補強

レンガ造の保存にあたって、建築基準法、および構造計画規準における組積造規準では、ほとんどそのまま利用することは不可能であり、保存を前提としての超法規的扱いが必要となる。最も問題となったのは地震に対する構造安全性である。行政とは綿密な打ち合わせをし、レンガ単体の品質、およびピンの引抜き試験強度試験などの調査のほか、特に重要な項目として、目地の強度について、コアサンプルと載荷状態での強度を調査した。これらのデータをもとに、図示するような各種補強計画を作成し、予想される地震レベルに対して保有耐力のシミュレーションを行って安全性を確認した。

# 産業遺産の保存と再生

## 角 幸博 KADO Yukihiro

　1993年4月9日、旧サッポロビール第1工場跡地に、生活工房・サッポロファクトリー（以下、ファクトリー）がオープンした。この地の開発計画案が産まれたのは1986年2月のこと。1988年9月基本計画書第1次案が承認されてから、第7次案まで曲折を経て、さらに修正第1、第2次案によって1991年6月に、5年の歳月を経て計画がまとまった。

　設計は大成建設、施工は大成・伊藤組土建・西松・地崎工業・前田建設工業・三井・鴻池組・日本国土開発・飛鳥・飛島・岩田・日産・カブトデコムJVで行われた。設計期間は、1989年5月から1991年11月まで、施工期間は1991年11月から1993年3月までである。

　敷地面積4万1,199㎡、建築面積2万6,041㎡、延床面積12万3,322㎡におよぶ巨大な再開発事業は、「北の・あたらしい・くらし」の発信、生活文化創造の工場を目標としたものである。竣工当初は全幅34m、全長84m、高さ39mの大規模なアトリウム空間［E、F］が話題となったが、ここではれんが造工場群の全面保存活用に注目したい。

K　レンガ館（旧貯酒発酵室）西面

## レンガ館の歴史と再生

　ファクトリーの北側、北三条通りに面するれんがファサードの連続は、東側から麦芽貯蔵室、汽機室と大きな切妻屋根が連続する貯酒発酵室であった。

　北三条通りは、北海道庁「赤レンガ」の正門からまっすぐ東に伸びている。「開拓使通り」と命名されたこの沿道には、サッポロビールの前身である麦酒醸造所（1876）のほか、葡萄酒醸造所（1876）、味噌醬油醸造所（1875）などの官営工場が広がる工業団地であった。さらにファクトリーの南側にある永山記念公園内に保存されている住宅は、屯田兵司令官、第2代北海道庁長官であった永山武四郎の自邸である。

　このようにファクトリーの敷地は、開拓使時代のシンボルロードともいうべき地域の一角を占めているのである。ファクトリー開発理念のひとつに「都市の忘れられかけた文脈の再発見」が挙げられているのも、このような背景があるからであろう。サッポロビールのマークとして定着している星印は、もともと開拓使（北海道の開拓にあたった明治期の行政機関。1869年創設、1882年廃止）の紋章であった。開拓使が関与した建築物、時計台（1878年、北1条西2丁目、国指定重要文化財）や、豊平館（1880年、中島公園内、国指定重要文化財）、水木清華亭（1880年、北7条西8丁目、札幌市文化財）などに、必ずといっていいほどこのマークが見られる。この開拓使が官営で「札幌冷製麦酒」製造を開始するのは、1876（明治9）年のことであった。冷製麦酒とは現在の生ビールのことである。

　その後民間に払い下げられ、1888

年札幌麦酒会社として再発足し、1906年、札幌、日本、大阪麦酒会社が合併して、大日本麦酒会社が創立している。木造施設のれんが造施設への転換は1892年頃に行われ、この時期に完成したのが現在のレンガ館施設群である。

麦芽貯蔵室、および汽機室は、ビール発酵に必要な冷却水をつくったり、工場に電気を供給したり、原料となる麦芽の保存などに使われていた。汽機室正面の豊かな装飾妻壁は、1915年に改修した部分が1968年の十勝沖地震で一時崩壊したが、再度復原された［H］。改修工事の際、道路拡幅計画にこの部分がかかり、曳き屋も検討されたが、コスト面から建物を縮めてファサード壁面を数m後退させる解決策をとっている。

ビールを醸成する空間である貯酒発酵室は、1892年創建時は梁間の広い切妻平屋であったが、1909年、梁間をそのままに2階を増築し、切妻2連屋根に改造された。1912年には南側に新貯酒室（別資料では1920年ともいわれている）が増築され、現在の姿［B, J］になっている。途中2連の切妻破風は失われていたが、やはり再生工事の際に往事の姿に復原されている。切妻破風面のれんがの色調が異なるのはそのためである。

麦芽貯蔵室、汽機室の南側にある小レンガ館（現札幌開拓使麦酒醸造所）は、ビール瓶の殺菌や麦汁の仕込み用の蒸気を石炭ボイラーで発生させる汽罐室で、1915年に建設された。この際に取付けられた鉄製大煙突［I］は、煙突広場のシンボルとして、またファクトリーのランドマークともなっている。

旧貯酒発酵室はレンガ館の中心的空間で、1階はビヤケラーやワインセラーに利用された。500名を収容する大ビヤホール「ビヤケラーサッポロ」部分は、長さ44mのボールド天井をもつ4つの空間を再生した部分で、巨大なビール樽が並んでいた貯酒蔵の雰囲気を楽しみながら、ビールを堪能することができる［C］。

ビヤケラーの南側に開館当初、ワインセラーが設置されたのにも理由がある。麦酒醸造所と同じ1876年、わが国初の官営葡萄酒工場、開拓使葡萄酒醸造所が麦酒醸造所の東側に誕生している。現在の永山記念公園とアトリウムとの間の位置である。レンガ

L 再生された1993年当時のレンガ館（写真提供：大成建設）

館内のワインセラー札幌葡萄酒館は、かつてワイン産業がこの地にあったという、忘れられつつある歴史を蘇らせることを意識したものでもあった。ハードの保存だけではなく、この地にまつわる歴史の保存にもレンガ館は一役買っていたのである。

この地にこうしたビールやワイン醸造が開始されたのは、良質な地下水の存在がある。敷地内にはかつて5ヵ所の井戸があり湧水を利用していたが、ファクトリー開発では、そのうち4つの井戸を残し現在も利用している。これもまた歴史的遺産の活用といえる。

開拓使は公式記録手段として多くの写真を残したため、歴史研究の貴重な史料となっている。その精神を継承する施設として、3階には札幌市写真ライブラリーが置かれている。開拓使以来の文化の伝承と、市民の共有財産としての写真史料の収集・保存・展示・公開の場として歴史的連続性の上での活用法である。

また、サッポロビールは、東京・恵比寿に1887年完成の大きな工場跡地も有していた。ここで1890年に発売されたのが、「恵比寿ビール」である。

こちらは、恵比寿ガーデンプレイスとして再開発されたが、れんが造の歴史的建造物群は残されていない。しかし恵比寿のれんが工場解体の際にファクトリーでのレンガ館保存再生技術の検討、検証が行われたのである。そこで実験されたれんが壁の破壊、支持、保存に関連するさまざまな技術的な険討結果が、ファクトリーのレンガ館保存に大きく貢献している。ファクトリーのレンガ館は、恵比寿工場解体を礎として実現しえたプロジェクトともいえるのである［G］。

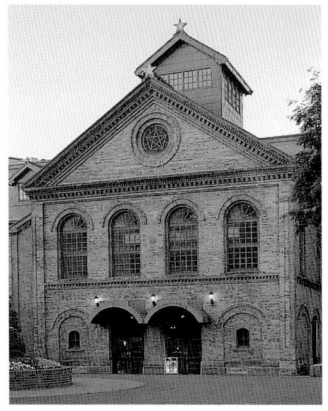

M 開拓使麦酒記念館開拓使館。
ペディメント（三角破風）上の星マークは
開拓使の紋章でもあった

N 開拓使麦酒記念館南側玄関棟北面。
内部はジンギスカンホールとなっている

## ファクトリーに生かされた
## 開拓使麦酒記念館の再生

　ファクトリーのレンガ館再生のコンセプトや技術に寄与した要因のひとつに、旧サッポロビール第2工場（現サッポロビール開拓使麦酒記念館［サッポロビール博物館＋開拓使館］）[M、N]の再生ノウハウもあった。れんが外壁の全面保存のために、ここでは鉄骨ラーメン構造を採用している。

　ファクトリーの北東、東区北7条東9丁目に位置するこの建築は、1889年建設の札幌製糖工場を1903年にサッポロビールが買収し、1905年から1965年まで製麦工場として使われていた。この際に部分的改造が加えられ、2階防火構造の床が新設された。I型鉄骨梁間にれんが造ボールトをかけるもので、産業革命期のイギリスの多層耐火工場建築で発明された技法である。同様の防火床は、ファクトリーのレンガ館内部でも随所で観察することができる。

　製糖工場時代の基本設計は、ドイツのサンガーハウゼン社、実施設計は北海道庁建築課、製麦工場の改造は大倉組が担当した。建物規模は、桁行84.4m、梁間16.5m、一般外壁高9.5m、中央棟16m、後方の排気筒をもつ旧乾燥室棟の壁高は18.2mある。ランドマークとなっている独立煙突は高さが48.5mである。

　1966年に南側半分をサッポロビール園、北側をサッポロビール史料館として公開した。さらに、1986年から創業110年を記念して、大成建設札幌支店設計室の設計、大成建設札幌支店・伊藤組の施工で内部の改装工事と保存工事が行われた。

　ビール園側の第1期工事は、設計期間1985年6〜8月、工事期間1985年9月〜1986年6月にかけて、博物館側は2期工事として設計期間1986年5月の1ヵ月、工事期間1986年8月〜1987年6月にかけて実施され、翌1987年「サッポロビール開拓使麦酒記念館」としてオープンした。

### 工場の機械を生かすサルベージアート

　工場で稼動していた機械たちは、通常大半はスク

O ドア引手に組み込まれた旧ビール工場の機械パーツ

P サルベージアートで機械パーツを再生した椅子

Q 「コズミック・ファクトリープリズム・エニグマ」と「サンダーバード」（著者撮影）

ラップになる運命である。しかし、サルベージ品とよばれる廃品となった機械を、ファクトリーではコンテンポラリーアーティストである日比野克彦、タナカノリユキ、ピーター・シャイアーら「サルベージプロジェクトチーム」を中心に、インテリアデザインに生かされることになった。

ドアの取手に組み込まれた歯車などの機械部品、各種サイン、床に埋め込まれた工具や部品［O、P］、二条館北館吹抜けのビール釜などを利用した「コズミック・ファクトリープリズム・エニグマ」と名付けられたピーター・シャイアー作の巨大なサルベージモニュメント［Q］、タナカノリユキ作の二条館北館階段室の「サルベージプラネット」など。サルベージアートを探索するのも、またファクトリーの楽しみ方のひとつである。

残念なのは、日比野克彦作の二条館床のサルベージモザイク「サンダーバード」が新しい床材で隠されてしまったことや、旧機械室および麦芽貯蔵室を転用し、多くのサルベージモニュメントを展開した天体工場の閉鎖などの変更により産業遺産が失われたことである。商業建築ゆえの変化の激しさではあるが、オープン当時の精神を再考し、単にエンターテイメントの追求だけでなく、サルベージモニュメントに再生された機械たちももっと大切に扱われるべきであろう。今後も増える産業遺産の転用・活用プロジェクトの大きな課題として受け止めたい。

## 語り部としてのレンガ館の役割

楽しさやコミュニケーションを創造するエネルギッシュな都市空間の創造と歴史的建物群の共存。こうした企業コンセプトの理想が現実とのギャップを埋めていく過程のなかで、ここファクトリーでは誕生当時の理念や目標が徐々に薄まっていっているような感じがするのは私だけだろうか？

それを受け入れるだけの意識やキャパシティが、いまだ市民側に醸成されていなかったからなのか。超えるべき大きな課題は今も残されている気がする。

しかし、レンガ館の全面保存と再生への挑戦は、正解であった。この地の歴史と、場のもつポテンシャルを維持しつつ、風格ある都市空間を形成することができたと評価したい。レンガ館の随所で出会える歴史の重み。レンガ館自らが語り部として、市民に、観光客に、そしてここで働くすべての人に、この場が有する歴史や意味、近代遺産のパワーを伝えてくれる。歴史的資産・空間の大いなる意義がここにある。

［参考文献］
『サッポロファクトリー オフィシャルガイドブック』サッポロビール開発株式会社（1993）、越野武＋坂田泉『近代建築ガイドブック 北海道・東北編』鹿島出版会（1985）、越野武ほか『北の建物散歩』北海道新聞社（1993）、北海道近代建築研究会『札幌の建築探訪』北海道新聞社（1998）、『日経アーキテクチュア』日経BP社（1993.5.10号）、『新建築』新建築社（1987.12）

| 再　生　前 | |
|---|---|
| 建物名 | 大日本麦酒札幌工場貯酒棟ほか |
| 所在地 | 札幌市中央区北二条東4、5丁目 |
| 建築主 | 大日本麦酒 |
| 設計 | 不明 |
| 竣工 | 1892年 |
| 構造 | れんが造 |
| 面積 | 建築面積：3,670m²、延床面積：9,066m² |

| 再　生　後 | |
|---|---|
| 建物名 | サッポロファクトリー |
| 所在地 | 同上 |
| 建築主 | サッポロビール |
| 設計 | 大成建設一級建築士事務所 |
| 竣工 | 1993年 |
| 構造規模 | RC造＋鉄骨造＋れんが造、地上6階、地下2階塔屋2階 |
| 面積 | 建築面積：26,041m²、延床面積：123,322m² |

# 秋田公立美術工芸短期大学・秋田市立新屋図書館

秋田市建設部建築課＋松田平田設計（1996年）

## 風景を保全しつつ、機能を転用する

**旧国立食糧倉庫**
坂本吉松（1934年）

秋田公立美術工芸短期大学・秋田市立新屋図書館
Akita Municipal Junior College of Arts and Crafts, Akita Municipal Araya Library

**A** 6号棟、大学開放センターももさだの軽食・喫茶コーナー。ひとつの建物に大学アトリエ棟・市民交流施設・地域図書館という3つの機能が複合している珍しい例

B 東側全景。
8棟の蔵が南北に連なる。左手にある
ガラス張りの通路は、手前の蔵を改修した
図書館と新設の図書館を結ぶ

C 新設の図書館から改修した8号棟
（図書館として使用）をみる
（写真：川澄建築写真事務所）

秋田公立美術工芸短期大学　秋田市立新屋図書館　Akita Municipal Junior College of Arts and Crafts, Akita Municipal Araya Library

## 保存再生による
## 地域風土と文化の継承

**小原正明** OBARA Masaaki
❖
秋田市建設部建築課

**成田 治** NARITA Osamu（元所員）
**松田知子** MATSUDA Tomoko
❖
松田平田設計建築設計部

### 全体のコンセプトと
### 秋田公立美術工芸短期大学

　秋田公立美術工芸短期大学と秋田市立新屋図書館からなる「ももさだエリア」は、地域に根ざした人と文化の交流の場として計画された。美術短大は「美の心」を基本とした「ものづくり」を目指し、伝統技術・技法の継承、最新技術との融合を図るため、市民のための「開かれた大学」として設立された。整備にあたり、解体を余儀なくされていた1934年竣工の国立食糧倉庫を保存再生し、次代を表現する新築棟と共生を図ることにより、地域の風土と文化を表現するとともに、その保存活動と建築自体が、美術工芸の教材、発想の媒体となっている。倉庫や秋田をイメージさせる原風景の杉の森から共存させるキーワードとして連続性・垂直性を抽出し、デザインに取り込んだ。倉庫群と対峙する研究棟の列柱などに連続性を表現し、垂直性を表現するアトリウムギャラリーの八角形の列柱へと継承された。この連続性と垂直性の継承は人々に「光と影」が織りなす豊かな心象と記憶を与えている。

### 大学開放センター「アトリエももさだ」と
### 秋田市立新屋図書館

　倉庫の一部は市民の多様なニーズに対応した生涯学習の拠点「アトリエももさだ」に生まれ変わった。外観をそのままに、内部は地元新屋の商家をモチーフに再生することにより、地元市民の脳裏にある記憶の継承を図っている。図書館は8棟目の倉庫と新しい建物とが共生した地域社会に密着した公共図書館である。倉庫棟は高い天井を生かした書物を保存する静寂な空間とし、RC造の新築棟は新刊本を置く活動的な空間とした。渡り廊下によりふたつの建物が結ばれ、利用者は施設を回遊しながら本と接することができる。

D かつての米倉庫
（『秋田県の近代化遺産—日本近代化遺産総合調査報告書』より）

断面図

秋田公立美術工芸短期大学・秋田市立新屋図書館 Akita Municipal Junior College of Arts and Crafts, Akita Municipal Araya Library

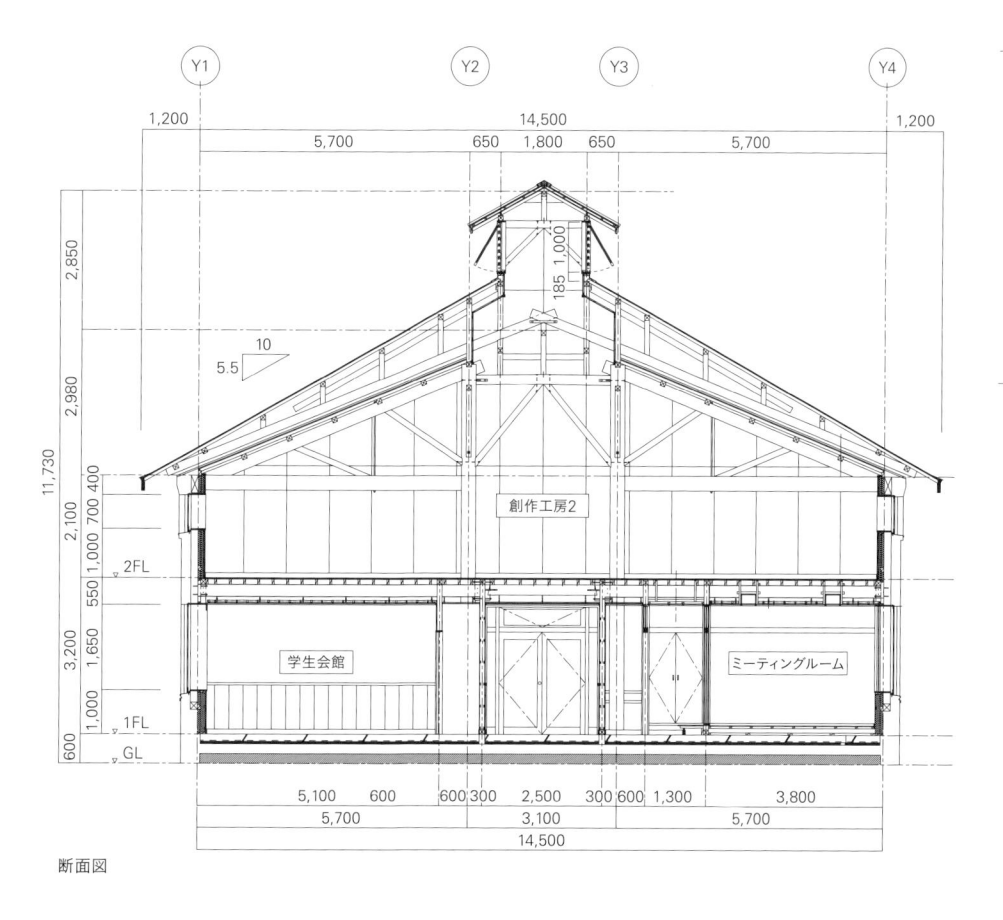

E 倉庫の軒下は、「記憶のストリート」と名付けられた、羽越本線からの引込み線のプラットホーム

秋田公立美術工芸短期大学・秋田市立新屋図書館
Akita Municipal Junior College of Arts and Crafts, Akita Municipal Araya Library

配置図

改修後平面図(S＝1:800)

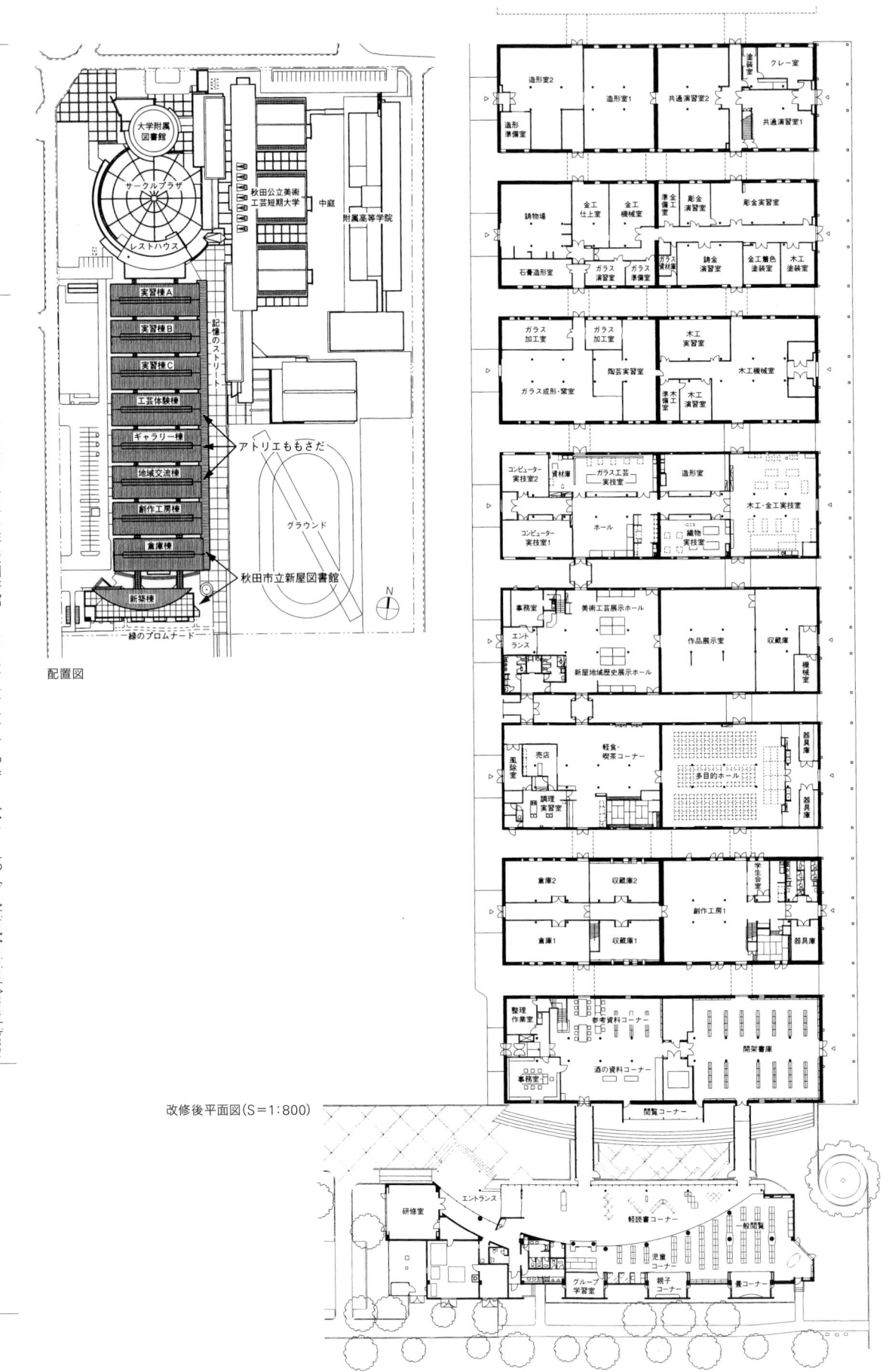

072

創作工房棟越し屋根部詳細図
機能停止され、将来展望もなく取り壊しの運命にある大規模な歴史的建築物を、実用に供する長寿命の建築物に再生するためには、機能に適応した改修が不可欠である。しかしながら、食糧倉庫（米蔵）は有形文化財として貴重であるばかりでなく、その都市景観は住民の心象風景として定着していた。
このため、外部についてはできる限り既存景観を維持し、主たるビューポイントとなる妻側外観の改変を行わないこととし、屋根や外壁の改修を行った。目につかない隣棟側の平側外壁に、筋違いを避けて採光窓を設けたほか、分節された換気用の越し屋根（5基）を連続させ、オペレーターによる突き出しの木製ガラス窓を設置し、大学実習棟・創作工房棟、大学開放センター、図書館書庫としての機能に必要な採光、排煙、換気を確保した。
また、内部については、建物中央部の耐力壁や杉板張り勾配天井に一切手をかけずに、新たな機能に応じて間仕切り壁や平天井を設置したほか、外周内壁面への断熱材充填や温水床暖房、遠赤外線ヒーターなどを設備し、室内環境の向上を図った。

秋田公立美術工芸短期大学・秋田市立新屋図書館　Akita Municipal Junior College of Arts and Crafts, Akita Municipal Araya Library

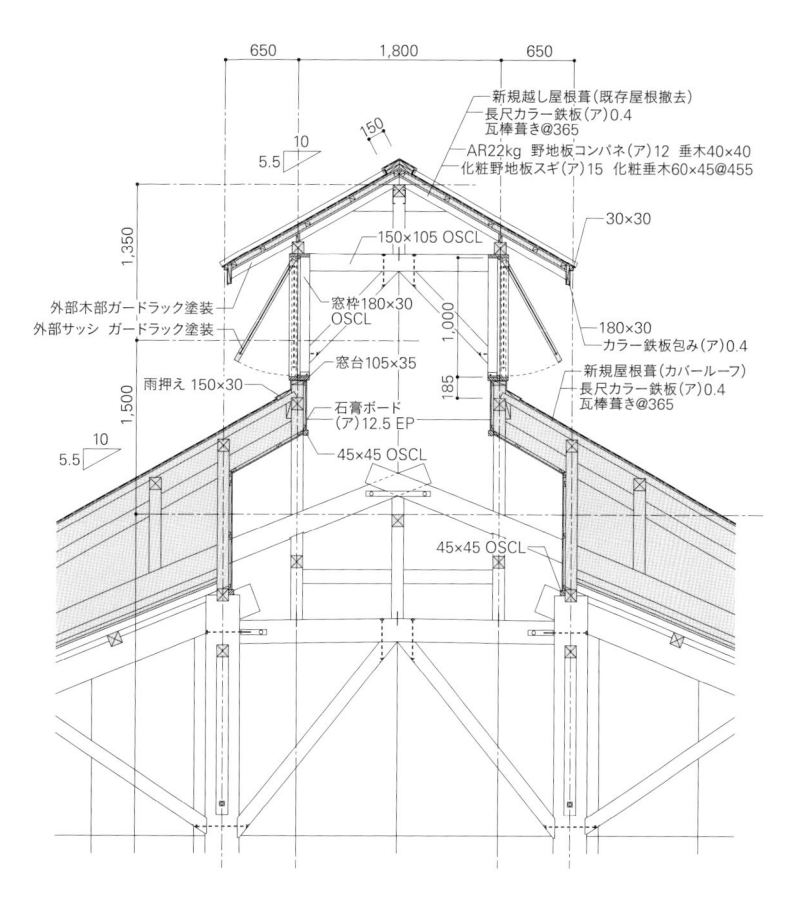

F　大学施設として使われて、学生が創作にいそしんでいる

# 風景を保全しつつ
# 機能を転用する

❖

## 藤谷陽悦 FUJIYA Yoetsu

秋田公立美術工芸短期大学・秋田市立新屋図書館
Akita Municipal Junior College of Arts and Crafts, Akita Municipal Araya Library

　建造物が有形文化財に登録される場合、申請の理由はふたつのことが考えられる。ひとつは建物のデザインが優れていて見る人に感銘を与えたとき、もうひとつは建物の歴史的重要性が再認識されたときである。地方では後者のケースが圧倒的に多いが、といって、保存はすべてが計算どおりに動いていくわけではない。保存までのプロセスによって改修施設の使い方や魅力は常に動いていくからである。

### ありふれた風景の継承

　秋田公立美術工芸短期大学が位置するのは秋田市郊外の新屋大川町、と書いてもピンとくる読者は少ないと思うが、雄物川流域の旧市街地から外れた川向こうである。秋田は「米どころ、酒どころ」で知られるが、平野部は雄物川の流通によって支えられている。雄物川は昔から豊富な秋田産物資を運び、物資は秋田（土崎）港に集積され、大阪に運搬されて財政基盤を支える役割を担ってきた。その母なる流れが雄物川であった。したがって、下流域には昔から米穀倉庫（以下、米蔵）が並び、それらが居並ぶ景色は見慣れた光景であった。

　今回の主役は1934年に旧秋田県販売購買組合連合会（設計者：坂本吉松、工事請負者：栗原源蔵）によって建設され、秋田県産米の年間消費量約3割を収容できる能力を維持してきた旧国立食糧倉庫である。1939年に農林省へ寄贈され、食糧管理法に基づく米の需給調整や簡易低温倉庫として利用されたこともあったが、1990年で用途停止、その停止を機に地元では米蔵の取壊し問題が起きた。

　当然、新屋住民からは米蔵の保存に基づくさまざまな要望書・活用案が提出され、郷土館・集会施設として利用したいという声も上った。しかし、1990～92年に実施された秋田県近代化遺産総合調査は米蔵の保存を後押しする結果になった。調査によって重要な秋田県近代化遺産に認定されたからである。秋田市では1952年に開設された秋田市美術

G　南端に位置する図書館内部。
蔵1棟の広さは間口14.3m、奥行き45m、
天井高最大部は8.5mで、
構造はこの土地の特色がよく見られる、
二重梁の和洋折衷対束式トラス。
躯体については既存の柱梁を利用しつつ
金物補強を行っているが、構造美をいかすために
最低限の補強としている

工芸専門学校専門課程を大学に昇格させる構想を練っており、そうした矢先の保存要望書の提出であり、この場所をキャンパス用地に決定し、住民と一緒に保存運動にまわることになったのである。農林水産省と周囲に十分な空き地を所持していた十条パルプ（現：日本製紙）に掛け合い、1992年に8棟のうち4棟を、翌年には2棟の有償譲渡に成功した。1994年には新キャンパスの一部として米蔵の改修が進められたが、食糧庁が取り壊す予定であった残り2棟についても成功し、それを創作工房棟と新屋図書館に利用することで、1998年に全8棟のリニューアルがかなってオープンしたのである。

## 新しき良き建物と古き良き倉庫が共生する施設へ

秋田市が秋田公立美術工芸短期大学新キャンパス計画で考えたのは、この米蔵を保存の用途としてどう位置づけるかであった。米蔵は8棟の屋根が山並みを連ねてひとつの建物を形成する構造を持っており、1棟の広さは間口14.3m、奥行き45m、天井高の最大部は8.5mである。これだけの建物を校舎の一部として使わない手はなかったが、1993年までに

秋田公立美術工芸短期大学・秋田市立新屋図書館 Akita Municipal Junior College of Arts and Crafts, Akita Municipal Araya Library

保存された部分は1～6号まで北寄り部分のみであった。秋田市では1～3号までを短期大学棟、4～6号までを大学開放センターと位置づけて、大学棟における改修設計を松田平田設計に依頼した。松田平田設計は全8棟の活用案も考えたが、最初の3棟を学生が実習できるアトリエ棟として提案したのである。残り3棟は住民側の要望を踏まえて秋田市建設部が設計を担当し、学生と市民が交流できる生涯学習施設「大学開放センター ももさだ」として開放した。これは北米などで発達している「コミュニティ・カレッジ」のアイデアがもとになっている。

このように改修計画は秋田市建設部と松田平田設計という官と民が共同して行う作業となった。ひとつの建物に大学アトリエ棟・市民交流施設・地域図書館という3つの機能が複合するのも珍しい。これは8棟の保存が一度に決まらず段階を経てもたらした改修工事の結果であった。保存・再生計画が計画通りに進まないのはいつも通りのことではあるが、これが偶然として思いがけない発想を生み、保存することの面白さを伝えている。

## 改修部分は最小限に

松田平田設計が改修工事で掲げた基本テーマが「古き良きモノと新しき良きモノが共生する」文化施設の創造であった。つまり新しい価値と古い価値を調和させ、新と旧とが呼応する新しい空間を試みたのである。キャンパス計画では中央通路がまっすぐ伸び、この通路側に米蔵の庇の屋根が架かっている。床が一段高くなっているので、訪れた人は気づくと思うが、床は実は羽越本線からの引込み線のプラットホームである。レールは撤去されたが、引込み線の軸線は新屋駅まで延び、この引込み線を「記憶のストリート」と位置づけて、その向かい側に秋田杉をデザイン・コードとするRC造校舎を対峙させたのである。この通路に立つと建物の縦軸が目に入り、ギザギザ杉葉模様と米蔵の山並みが呼応するように景観とデザインを合わせてある。建物同士の素材が違うと違和感を生むケースが多いが、この通路では何となくホッとする。この懐かしさを生む原因は新しい価値と古い価値が共生しているからであり、その呼応のバランスが心地良い雰囲気をつくっている。うまい演出方法である。

一方、倉庫は旧状を維持する方法がとられ、最初の段階では構造に金物などで補強を加えるかが検討された。この米蔵は合理的な二重梁の和洋折衷型対束式トラスを持ち、秋田の倉庫建築などで見られる真束式から対束式へと移行する架構技術の特色を有していた。虚弱な構造は災害を招くので過度な補強を行うケースが多いが、ここでは木材の抜き取り強度試験の結果と、地震でも倒れなかった経験を生かして、構造美を優先させたのである。過度すぎる構造補強が良いか、経験値に基づく決断が良いか、その状況判断は難しいところである。私などは安全値を見越しながら、後者の方法をとると思うが、結果については後世に委ねたい。

このように旧状を優先し、外観はできるだけ現状維持に努めている。外壁を高圧洗浄し、リシン仕上げと屋根トタンを重ね葺きし、5基換気口と妻入り鉄扉をガラス採光窓に変えただけで変更箇所は少ない。一方、内部は耐力壁を残して大きく改修した。アトリエ棟の内壁は荷摺木で荒々しい雰囲気が残っていたが、工房教室に相応しい明るい空間がほしいということで、途中から断熱材パネルに変えたという。市立図書館では「倉庫棟―静かな環境（読書棟）」と「新図書館―活動域（雑誌閲覧室）」の間に生まれた陽だまり（中庭）を利用して、心地良い空間を残している。そういえば渡り廊下で結んだ施設の周囲にどれだけの空地を残せるかも改修計画のコンセプトであったという。新築棟は［雪をため］、倉庫棟は［雪をおとす］、こんな発想も雪国でなければ思いつかない考えである。秋田公立美術工芸短期大学・秋田市立新屋図書館は第11回BELCA賞を受賞した。

## 新しい地方の拠点「コミュニティ・カレッジへ」

今のところ、秋田公立美術工芸短期大学のリフォーム計画はよくできていると思う。倉庫からキャンパスによみがえった空間もみずみずしい。今回の改修工事は民間設計事務所と行政担当者の合作で行われ、活用計画も保存の途中段階で決まっていった。それが大学実習施設＋地域開放施設というユニークな施設を生んだ原因でもある。保存は所有者の意向

## 建 築 概 要

### 秋田公立美術工芸短期大学新築棟
| | |
|---|---|
| 所在地 | 秋田県秋田市新屋大川町12-3 |
| 設計 | 松田平田設計 |
| 施工 | 日本海・長谷駒・佐々木・長谷部建設工事共同企業体、栗原・小南・シブヤ建設工事共同企業体 |
| 竣工 | 1995年3月 |
| 構造規模 | RC造一部S造、地上3階建 |
| 面積 | 敷地面積：51,190.30m² |
| | 建築面積：11,559.87m²（全体 18,879.63m²） |
| | 延床面積：16,504.48m²（全体 23,523.73m²） |

### 秋田公立美術工芸短期大学実習棟
| | |
|---|---|
| 設計 | 松田平田設計 |
| 施工 | 栗原・小南・シブヤ建設工事共同企業体 |
| 竣工 | 1995年3月 |
| 構造規模 | 木造、地上2階建 |
| 面積 | 建築面積：3棟全体 2,347.98m²、実習棟A 683.17m² |
| | 延床面積：3棟全体 2,182.26m²（1階 1,979.25m²、2階 203.01m²）、実習棟A 862.76m²（1階 659.75m²、2階 203.01m²） |

[主な外部仕上げ]
| | |
|---|---|
| 屋根 | 長尺カラー鋼板カバールーフ工法 |
| 壁 | 既存外壁モルタル下地アクリルリシン吹付け |
| 建具 | スチールドア、木製サッシ防腐処理 |

[主な内部仕上げ]
| | |
|---|---|
| 天井 | 造形室2：既存杉板 |
| 壁 | 造形室2：ケイ酸カルシウム板EP |
| 床 | 造形室2：コンクリート下地、塗り床 |

### 大学開放センター「アトリエももさだ」
| | |
|---|---|
| 設計 | 秋田市建設部建築課 |
| 施工 | スペース建設、シブヤ建設工業、佐円組 |
| 竣工 | 1996年3月 |
| 構造規模 | 木造、地上2階建 |
| 面積 | 建築面積：3棟全体 2,413.33m²、ギャラリー棟 683.17m² |
| | 延床面積：3棟全体 2,151.36m²（1階 2,031.19m²、2階 120.17m²）、ギャラリー棟：779.92m²（1階 659.75m²、2階 120.17m²） |

[主な外部仕上げ]
| | |
|---|---|
| 屋根 | 長尺カラー鋼板カバールーフ工法 |
| 壁 | 既存外壁モルタル下地アクリルリシン吹付け |
| 建具 | スチールドア、木製サッシ防腐処理 |

[主な内部仕上げ]
| | |
|---|---|
| 天井 | 工芸展示ホール：既存杉板 |
| 壁 | 工芸展示ホール：石膏ボード・ビニルクロス、一部桧合板OSCL |
| 床 | 工芸展示ホール：ナラ積層フローリング |

### 秋田公立美術工芸短期大学創作工房棟
| | |
|---|---|
| 設計 | 秋田市建設部建築課 |
| 施工 | シブヤ建設工業 |
| 竣工 | 1998年3月 |
| 構造規模 | 木造、地上2階建 |
| 面積 | 建築面積：780.17m² |
| | 延床面積：963.24m²（1階 659.75m²、2階 303.49m²） |

[主な外部仕上げ]
| | |
|---|---|
| 屋根 | 長尺カラー鋼板カバールーフ工法 |
| 壁 | 既存外壁モルタル下地アクリルリシン吹付け |
| 建具 | スチールドア、木製サッシ防腐処理 |

[主な内部仕上げ]
| | |
|---|---|
| 天井 | 創作工房1：既存杉板 |
| 壁 | 創作工房1：石膏ボード・ビニルクロス、一部桧合板OSCL |
| 床 | 創作工房1：ナラ積層フローリング |

### 秋田市立新屋図書館
| | |
|---|---|
| 設計 | 松田平田設計 |
| 施工 | 加藤・長谷部建設工事共同企業体 |
| 竣工 | 1998年3月 |
| 構造規模 | RC造一部木造、地上2階建 |
| 面積 | 建築面積：1,778.28 m²　延床面積：1,722.39 m²（1階 1,611.15 m²、2階 111.24 m²） |

[主な外部仕上げ]
| | |
|---|---|
| 屋根 | フッ素鋼板葺き |
| 壁 | コンクリート化粧打放し撥水処理 |
| 建具 | アルミサッシ |

[主な内部仕上げ]
| | |
|---|---|
| 天井 | 閲覧室：岩綿吸音板 |
| 壁 | 閲覧室：コンクリート化粧打放し |
| 床 | 閲覧室：フローリング、タイルカーペット |

---

で決まり、だからその後の改修工事も所有者の発言力がものを言う場合が多い。しかし、だからといって、すべてが所有者の思い通りで進められて良いわけではない。粗悪な改修工事は建物の価値を台無しにするし、リサイクルが文化財修理と異なるのは、当初への復元よりも、新しい施設への転用を意図しているからである。したがって、改修計画においては建築家の力量が試されるし、その後の転用やコンセプトの生み出し方で建物の魅力も違ってくる。

　秋田にはまだまだこうした素材が多く、六郷町・増田町・湯沢市・角館町にも立派な米蔵・酒蔵が残っている。そうした地域は魅力に富む一方で、多くのお年寄りを抱えて過疎化が進んでいる。今後はそうした歴史的建造物を素材としながら地域活性化のビジョンをどう打ち出していくか、つまりは減少人口の呼び戻しを真剣に考えていくことが、地方とともに歴史的建造物が生き延びていく大きな課題であるといえよう。

H　1934年に旧秋田販売購買組合連合会が建築した当時の棟札。現在はアトリエももさだに展示されている（写真提供：秋田市）

名古屋市演劇練習館 アクテノン

## 名古屋市演劇練習館 アクテノン
名古屋市＋河合松永建築事務所（1995年）

## 三度めの人生を歩む
## 地域のランドマーク

### 旧中村図書館　旧稲葉地配水塔
名古屋市（1965年）　名古屋市（1937年）

A アクテノン南側上階部分の外観。
最上階（5階）は、配水塔時期の貯水槽としてつくられたが、
設計変更により貯水量を7倍に増やしたため、
外壁が下階より張り出すこととなった

**B** 1階ホールから吹抜けを見上げる。
中村図書館への改修によって増設された2階床を
アクテノンへの改修時に撤去して吹抜けをつくった

**C** ライトアップされたアクテノン

**D** かつての貯水槽を支えていた
外壁と内壁の間の空間を利用して設けられた練習室

名古屋市演劇練習館 アクテノン

## 耐震耐久補強・外観保存と演劇リハーサル室開発

久保善史 KUBO Yoshiteru
❖
河合松永建築事務所

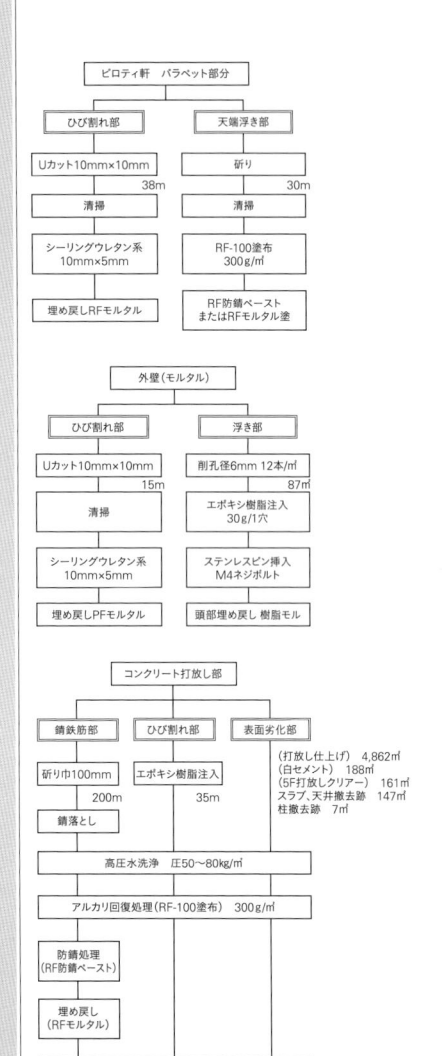

施設の老朽化は、内外装躯体を含めはなはだしく、全RC躯体面（約5,400m²）に、アルカリ性付与・防錆ペースト処理が必要との結果がでた。構造的には、水槽内部の防水層（約380t）を撤去しても、図書館転用時に90％も撤去されている1階の壁（厚250mm）を創建時の70％以上復活させることが必要となった。

また、外観保存には窓の復旧が重要であり、ガラリは白壁の印象を変えるため、目立たせない工夫をした。建物から離した換気塔に大ガラリ（省エネ対策・変流量セントラル空調用）を設置し、スリット組込みの復旧カラーアルミサッシは小ガラリ兼用とした。

一番の難題は、リハーサル空間（高さ10mの舞台＋スタッフルーム）の確保であった。1～4階では、ボリューム不足だ。外観は巨大（直径33m）でも、5階水槽室には高さ6mの円柱が24本も林立し、このままではリハーサル空間に転用できなかった。設計チームは、外観保存要件（過半改修にならない範囲で既設高さ30.9m以内）と、屋根構造変更要件（荷重を増やさない）とを満たすリハーサル空間づくりに没頭した。要件と要望（ホリゾント高6m）とを満たす案は、S造ALC屋根とバトンを下から維持管理するリフター方式（懐高1.2m）であった。最後に防水層を含む大がかりな躯体撤去は、現況以上に躯体を傷めはしないかと心配だったが、解体専門家から「できます」との朗報が届いた。その結果「屋根スラブ・円柱3本撤去による、リハーサル室（高さ7.5m）改修案がまとまった。このような経緯によりリハーサル室が誕生したのである。

下地補修施工フロー図

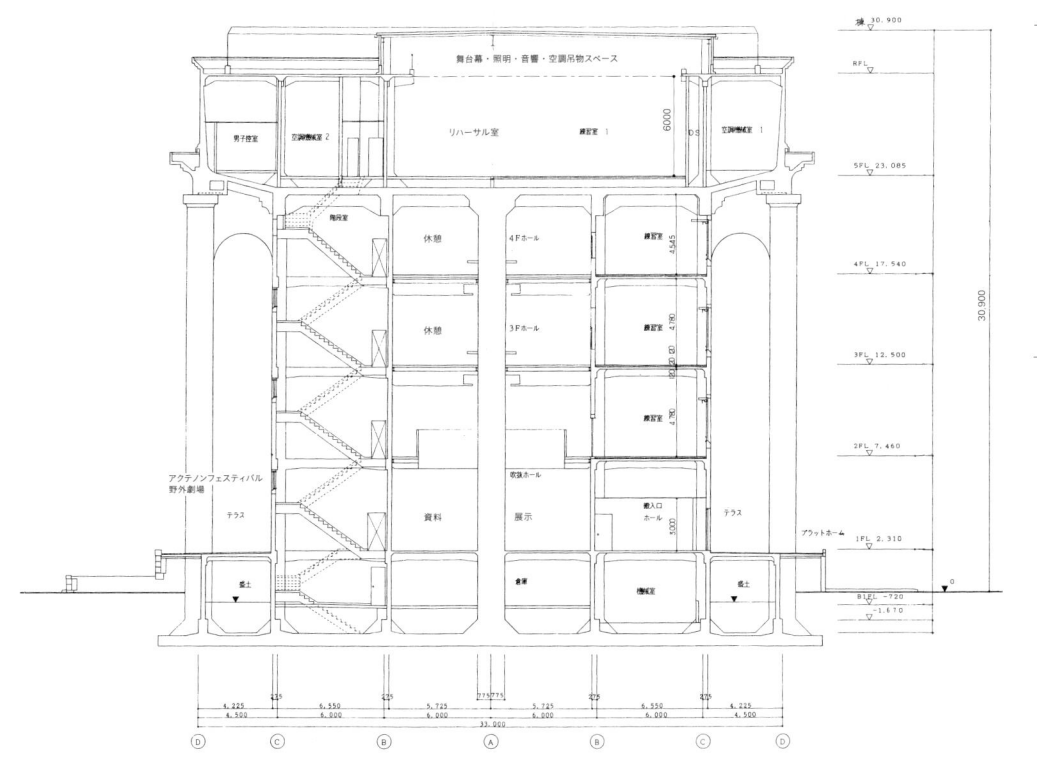

アクテノン断面図(S=1:250)

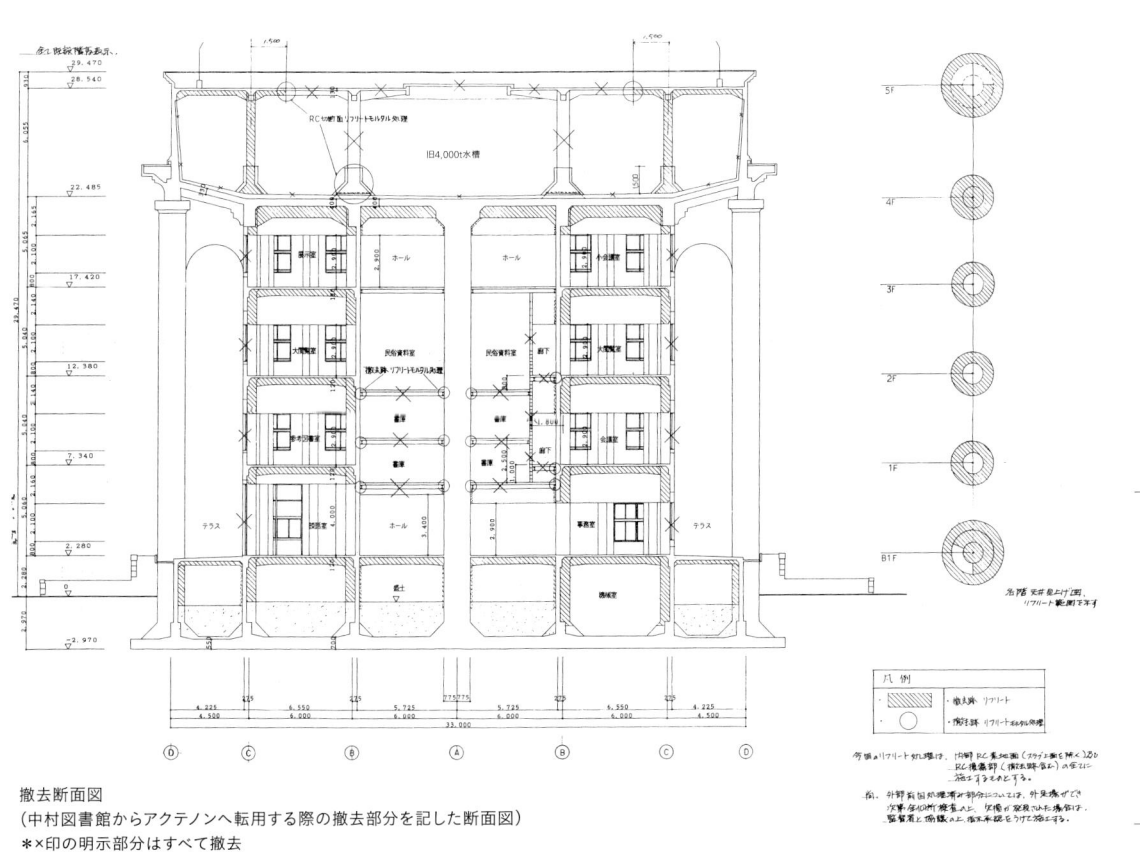

名古屋市演劇練習館 アクテノン

撤去断面図
(中村図書館からアクテノンへ転用する際の撤去部分を記した断面図)
＊×印の明示部分はすべて撤去

E 稲葉地公園のなかに立つアクテノン。
公園北側の入口には、アクテノンの円柱を模した列柱が並ぶ

F 稲葉地配水塔から中村図書館に改修した際に
床を設けられてつくられた4階ホール

G リハーサル室に改修された貯水槽。
図書館当時は空き室だった水槽部分をリハーサル室へ
転用するにあたり、荷重を増やさないよう
屋根スラブと円柱3本を撤去した

H 名古屋市演劇練習館・アクテノン
（旧稲葉地配水塔・旧中村図書館）の全景。
最上階は配水塔時代の貯水槽で、
容量が590m³から4,000m³に設計変更されたため、
貯水槽を支える円筒形の外壁の外側に
新たな構造体として16本の円柱が並ぶ姿になった

I 2階廊下から1階ホールを見る。
中央の円柱はかつての水槽を支えていた中心の柱

名古屋市演劇練習館 アクテノン

H
I

Acthenon

名古屋市演劇練習館 アクテノン

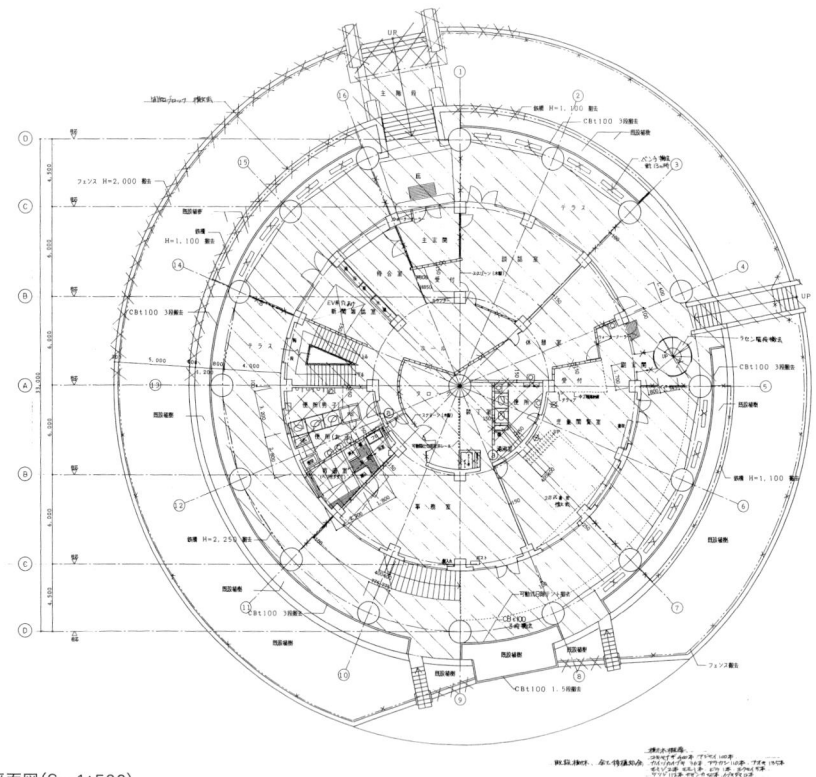

Acthenon

撤去1階平面図(S=1:500)

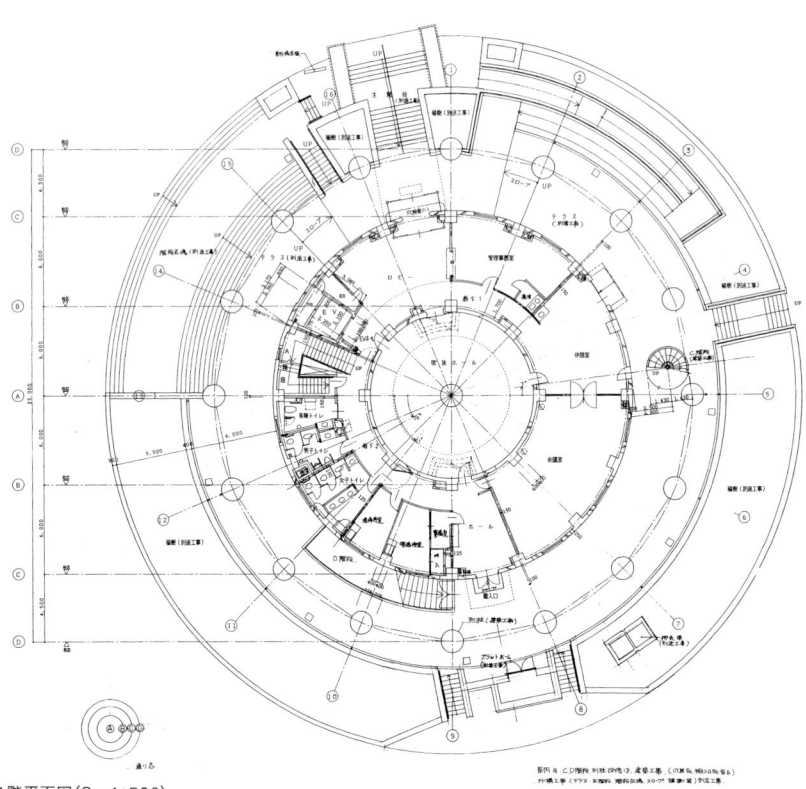

アクテノン1階平面図(S=1:500)

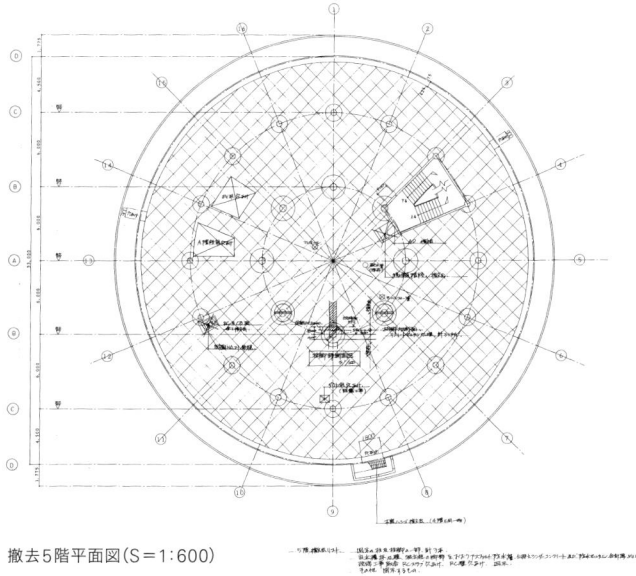

撤去5階平面図(S=1:600)

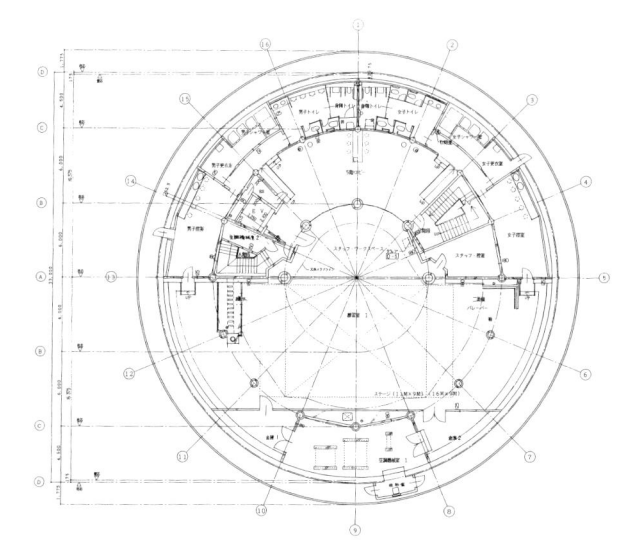

アクテノン5階平面図(S=1:600)

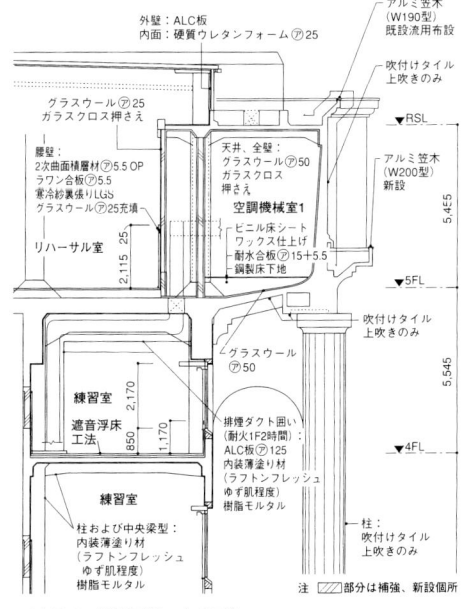

アクテノン矩計図(S=1:250)

名古屋市演劇練習館 アクテノン

Acthenon

# 常識を覆した再利用

❖

## 西澤泰彦 NISHIZAWA Yasuhiko

名古屋市演劇練習館（愛称：アクテノン）は、単なる再利用ではなく、用途を二度も大きく変えながら、今日に至っている建造物であり、再利用の事例としても稀有な存在である。

### ランドマークとしての稲葉地配水塔

アクテノンは、もともと、名古屋市による水道の第四期拡張計画にもとづいて、1937年に竣工した稲葉地配水塔である。場所は名古屋市の西のはずれ、中村区稲葉地。この地に水道の配水塔が建てられたのは、名古屋市の市街地が名古屋駅の西側に徐々に拡大を始めたためであり、平坦な名古屋市西部の市街地に給水するには、高架水槽を建設し、地上と水槽との高度差を利用して配水する方法が最も適していた。1914年に竣工した最初の名古屋市の水道は、犬山で木曽川の表流水を取水し、鳥居松沈殿池を経て、鍋屋上野浄水場で濾過した水を市街地との落差を利用して自然流下式で配水していた。

鍋屋上野浄水場は当時の名古屋市街地の東端にあたり、浄水場の場所としては東山丘陵地の上に位置し、自然流下式が主流であった当事の水道技術では、浄水場の場所としては最適であった。しかし、市街地が徐々に拡大してくると、その配水能力にも限界があり、特に、東山丘陵地から最も遠い市街地となった稲葉地をはじめとした中村区周辺では、新たな配水施設が必要となった。

そこで考えられたのが、高さ30m弱の高架水槽を稲葉地に建設し、鍋屋上野浄水場で濾過した水をその高架水槽まで導水し、そこから自然流下式で周辺に配水するという方法であった。しかも、その水槽への導水方法が奇抜だった。それは、常時導水するのではなく、水道使用量が少なく水道管の水圧が上昇する夜間に、鍋屋上野浄水場と稲葉地の高低差を利用して導水し、高架水槽に貯水するという方法

J 名古屋市中村図書館として利用されていた1987年当時の様子。名古屋市水道局により外装工事が行われた（写真提供：名古屋市）

K 稲葉地公園の中を流れる水路。かつて水道用地であったことをイメージさせている

(L、Mとも出典:
『さようなら配水塔の図書館』
(名古屋市中村図書館刊、1991年)

L 図書館への改修工事直前の稲葉地配水塔(1965年)

M 図書館への改修工事の様子。
外観を変えず改修工事が行われた

だった。

　このようにして、590㎥の水を蓄えることのできる水槽が計画されたが、途中で水需要の増大が見込まれたため、水槽の容量を約7倍に増やし、4,000㎥となった。そのため、水槽が下部の外壁からはみ出すことになり、補強を兼ねて外周に16本の円柱が建てられた。結果として、この水槽の規模拡大は、単に水需要の増大を賄うものではなく、これに応じて建てられた16本の円柱が、この構造物の外観の特徴を決定付けた。しかもそれだけではなく、この建造物の運命を決めたといっても過言ではない。円柱そのものは、西洋建築の円柱の規範に則れば分類不可能なほど「いい加減」な意匠をしているが、高さ20m、直径1.5mの円柱が16本も連なる外観は、西洋建築に疎い日本人にとって、なかなか味わうことのできない「洋風建造物」であることには違いない。この物珍しさが幸いし、稲葉地配水塔は、竣工当初から今日に至るまで、この地のランドマークとしての役割を果たしているのである。

## 配水塔から図書館へ

　さて、この建造物は、実際配水塔として本来の役割を果たした時間は短い。竣工からわずか7年後の1944年、名古屋市は西部の市街地に大治浄水場を稼動させ、そこから配水することとなり、稲葉地配水塔はお役ご免となった。その後、約20年、利用されることなく放置されていたが、運よく取り壊されることはなかった。竣工から日が浅かったためか、それとも、終戦、戦後の混乱のなかで放置されたため

なのか、理由は定かではない。しかし、配水塔としての役目は終えたものの、建ち続けている限りランドマークとしての役割は果たしており、それが、次の運命を決めたのである。

　結局、当事の杉戸清名古屋市長が打ち出した一区一図書館という施策にもとづいて、近隣住民に親しまれていた旧稲葉地配水塔は、1965年、中村図書館として再利用されることとなった。この杉戸市長が土木技術者であったことも旧稲葉地配水塔が再利用された大きな要因であるといわれる。

　図書館への改修は、水槽を支えていた直径24mの円筒内に設けられていた地上4層、地下1層のフロアに必要な部屋を配していくという方法で行われた。たとえば、1階にホールや児童閲覧室、2、3階に書庫と閲覧室、4階には会議室や展示室、地下には機械室を配した。しかも、地上の4層部分は、5層目にある水槽を支える存在であったから、中心部分は太い円柱の周囲が1～4層まで吹抜けであったが、2～4層の各層には床を張り部屋を配した。これで必要な機能を満たしたので、最大の空間であった水槽は空き室となった。

　しかし、その一方で、配水塔としての外観を変えないというのが改修の基本方針であったから、最上階が空き室となってもそれを撤去するわけにはいかなかった。もし最上階を撤去すれば、配水塔としての姿は確実に失われたばかりか、外周をまわる16本の円柱も無用の長物となっていたであろう[L,M]。

　結局、「配水塔としての外観を変えない」という方法が功を奏し、地域に密着した図書館として、1991

年に閉館するまでの26年間に中村図書館を利用した人は延べ217万人。貸し出した本は570万冊にも上った。また、外観を保ったことが、より一層、地域のランドマークとしての価値を高め、1989年には名古屋市が都市景観条例に基づいて指定した最初の都市景観重要建築物になった。

## 図書館から演劇練習館へ

1991年、中村公園内に中村図書館が新築されるとこの建造物は図書館としての役割を終え、閉館した。時はバブル経済の絶頂期であっただけに、ここで取壊しの憂き目に遭い、建造物は残らないのが一般的だが、その常識を覆して、第三の人生を歩むこととなった。

当時、名古屋を拠点に活動していた演劇関係者が西尾武喜名古屋市長に市民向けの演劇練習場の確保を訴え、西尾市長はその必要性を認め、この建造物を取り壊すことなく市民のための演劇練習館として再度利用することを決断した。各地の自治体がバブル景気に乗っかり、箱物行政の典型として公共建築の建て替えを行っていた時期に、名古屋市は演劇関係者の要望に応えるかたちで、この建造物の再利用を決したのであった。西尾市長は、旧稲葉地配水塔を中村図書館に改修する際の水道局施設課長であり、その経験がものをいったかたちとなった。

1994年10月から始まった演劇練習館への改修では、旧中村図書館に設けられた玄関や階段、トイレなどをそのまま活用しながら、大小の練習室を配した。また、かつての水槽を支える中心の円柱の存在がはっきりわかるように、旧中村図書館時代に設けられた2階の床を部分的に撤去して、1階ホールの円柱の周囲を吹き抜けとした［B, I］。

さらに、この改修で役立ったのが、旧稲葉地配水塔時代はその中心的存在でありながら、中村図書館時代には無用の長物として使われていなかった巨大な水槽である。

演劇の練習室で重要なのは、本番さながらの状況でリハーサルを行える場所の確保である［N］。小規模な練習室なら遮音・防音の問題はあるが、ほかの公共施設の集会室や会議室を利用することも可能である。演劇の練習場を主体とした施設に改修するからには、ほかの公共施設では確保が難しいリハーサル用の広い練習室を設けることが重要であった。それを満たしてくれたのが、半径16.5m、天井高5m余りの水槽であり、リハーサル室に転用可能な大空間であった。改修にあたり、リハーサル室の天井高を高くするため、また、建物全体の軽量化も兼ねて、水槽の屋根スラブを撤去し、図書館時代には空き室だった水槽は、面積376㎡、100人収容のリハーサル室に生まれ変わった。

このようにして工費12億3,000万をかけた改修工事は1995年11月に竣工し、翌年12月に開館した。この間、演劇練習館の愛称を一般公募し、「アクテノン」と決まった。この愛称は、外周をまわる円柱がもたらすイメージが、古代ギリシャのパルテノン神殿を想起させ、そこに配水塔から生まれる「水（アクア）」のイメージを重ね合わせた造語である。この愛称を冷静に考えれば、「配水塔としての外観を変えない」という改修方針の正しさがうかがえよう。それは、既存建造物を単なる箱物と見なして、「使える」状態に改修するという方法ではなく、既存建造物の良さを生かしながら改修していくというものであった。また、当時の建設省はこの名古屋市の動きを後押しして、1996年、アクテノンが立つ稲葉地公園を都市景観大賞に選んだ。

## 「永久建築」の改修・再生

ところで、鉄筋コンクリート造が全国各地に普及しはじめた1920年代、巷では鉄筋コンクリート造建築のことを「永久建築」と呼んだ。永久とは、耐

N リハーサル室での本番さながらの練習風景

久性があり、耐火性があるという意味であり、「永久的に使用可能な建築」という願望が込められていた。これは、それまで日本の建築物の大多数を占めていた木造建築に対する鉄筋コンクリート造建築のイメージを伝えるには、非常にいい言葉であった。建築だけでなく、土木構造物においても鉄筋コンクリート造の耐久性が認められて、多くの鉄筋コンクリート造は「永久的に存続」するものとして扱われていた。

ところが、鉄筋コンクリート造の建造物の実態は、とても「永久」という語を冠するには相応しくない状況である。もちろん、この世に永久的に存続するものなどあり得ないのは当然だが、それにしても鉄筋コンクリート建造物の寿命はあまりにも短すぎる。鉄筋の錆やコンクリートの中性化の問題に端を発した耐久性の問題、耐震基準の見直しに伴う耐震性の問題、そして特に建築物に対して生じている用途の変化に伴う機能性と経済性の問題、という具合に、鉄筋コンクリート造が普及しはじめたころには予想もしなかった問題が噴出し、そのため多くの鉄筋コンクリート建造物が姿を消していった。

このうち、耐久性や耐震性については、多くの研究とそれに伴う技術開発の結果、近年では、ほとんどの場合、対応可能であることが明確になってきている。たとえば、東京大学工学部一号館や大阪城天守閣の改修・再生は、その好例であろう。しかし、一方で、機能性と経済性に関する問題については、20世紀後半に確立した大量生産・大量消費・大量廃棄に裏打ちされたスクラップ・アンド・ビルドの思想が隠然と横たわり、克服し難い状況である。

アクテノンの事例は、そのような鉄筋コンクリート建造物の改修・再生に関する問題に一石どころか、二石も三石も投じたといえよう。それは、スクラップ・アンド・ビルドにもとづく箱物行政の打破であり、ランドマークとして地域住民に親しまれていることをこの建造物の最大の価値として認めて改修・再生を行ったことであり、鉄筋コンクリート建造物の大胆な改修・再生を支える技術が確立していることを示したものである。これを総じて言えば、鉄筋コンクリート建造物に対して、「永久」という語が冠せられることの復活を意味していよう。

日本は、質・量ともに世界一の鉄筋コンクリート国家である。ところが、日本政府は2001年にノーベル賞受賞者を50年間に30人という数値目標を掲げ、また、2008年には宇宙開発基本法を制定して宇宙開発に本格的に参入した。宇宙開発や物理・化学・医学研究で世界のトップランナーになることが重要だとしても、世界一の鉄筋コンクリート国家であるという現実を踏まえて、これから世界中で頻発する鉄筋コンクリート建造物の問題に対する思想と技術の確立に力を注ぐことは、この分野ですぐに世界のトップランナーになることであり、世界の中で生きていく国策としても重要である。しかもそれが市民生活に直結するだけに、それが地に足の着いた政策というものであろう。一見、華々しい最先端技術の開発にしか目を向けない政治家や官僚の気心はわからないが、少なくとも50年間で30人のノーベル賞受賞者を輩出するという努力目標があったとしても、土木や建築の分野が基本的にノーベル賞の対象外であることは認識してもらいたい。

アクテノンを見ながら、鉄筋コンクリート建造物に「永久」という言葉が再び冠される日が来るのを夢見たい。

| 再　生　前 | |
|---|---|
| 建物名 | 稲葉地配水塔 |
| 所在地 | 名古屋市中村区稲葉地町1-47 |
| 建築主 | 名古屋市 |
| 設計 | 名古屋市 |
| 竣工 | 1937年 |
| 建物名 | 中村図書館 |
| 所在地 | 同上 |
| 建築主 | 同上 |
| 設計 | 名古屋市 |
| 竣工 | 1965年 |

| 再　生　後 | |
|---|---|
| 建物名 | 名古屋市演劇練習館 |
| 所在地 | 同上 |
| 建築主 | 同上 |
| 設計 | 名古屋市＋河合松永建築事務所 |
| 竣工 | 1995年 |
| 規模 | 地下1階、地上5階 |
| 面積 | 延床面積：2,992.91m² |
| 再生工事費用 | 12億3,000万円 |

函館ヒストリープラザ

岡田新一設計事務所（1988年）

## 点から面へと活性化させるプラザ

旧金森倉庫（1910年）

A 函館ヒストリープラザ港側外観。もともと倉庫の出入口だった開口部に、ガラスをはめ込んで窓としている

函館ヒストリープラザ

Hakodate History Plaza

B 函館ビヤホールの内部。
れんが壁のテクスチュアや、
木製の小屋組・柱を生かしたデザイン。
白熱灯の照明も効果的

# 平屋倉庫を
# そのまま活用する低容積の
# ウォーターフロント再生

岡田新一　OKADA Shinichi
❖
岡田新一設計事務所

　1976年より2年間「地方都市の魅力委員会（自治省）」のメンバーとして、函館市西部地区の調査を行った。以来当地区に関わり、1988年青函博を機に「函館山ロープウェイ展望台＋山麓駅舎」に続き、「函館ヒストリープラザ」「BAYはこだて」、さらに数件にわたる設計に携わった。それらは新しく設計したもの、歴史的建築または既存建物の保存再生利用を図ったもの双方を含んでいるが、すべてに共通した設計理念は、「歴史とともにつくられ蓄積されてきた環境のコンテクストを承けるデザインコンセプト」を西部地区に提案するもので、その姿勢に貫かれている。

　「函館ヒストリープラザ」においては、幸いなことにれんが壁と木造小屋組は堅牢であったために、れんが造耐力壁の隅部に鉄骨の檜(ひうち)を入れ、外壁上部に箍(たが)を嵌めるように巻いたプレートとを縫い合わせる補強、およびれんがクラックに樹脂注入する程度で活用が可能と判断した。したがって、古い空間をそのまま利用し、そこに照明・扉・ケースなどの新たな要素を対比的な白い装置として付加する方法によって再生を果たした。また、この地区全体の繁栄を考えた場合、需要床面積を一点に集中する経済効率最優先の大規模プロジェクトを計画するのではなく、将来に渡る需要総床面積を都市地区全域で受けるような低容積の開発により計画したことが成功に導いた。平屋倉庫の再生であるから、建築容積は100％以下であり、また、連続して存在する倉庫群へ連係をとげることができるから「面」への展開を容易とするわけである。このような「点」より「面」の展開を可能にする先行例として、西部地区の倉庫企業が市民生活を重視する姿勢のもつ意義は大きい。

配置図(オープン当時)(S=1:5,000)

函館湾 / 市場荷捌所 / BAYはこだて (H14.末に日本郵船より金森商船へ譲渡。H15.4にリニューアル) / 七財橋 / ゲート / 北海安田倉庫 / 函館ヒストリープラザ / 函館ビヤホール / ブリッジ / オープンスペース / 駐車場 / オープンスペース / 堀割 / 明治館 / 金森ホール / ゲート / 漁業組合連合会 / ゲート / 金森倉庫 (現在は「金森洋物館」。H10.4にオープン)

函館ヒストリープラザ / Hakodate History Plaza

**C** 金森赤レンガ倉庫の港側の姿。
手前がBAYはこだて1号館、その向こうに洋物館(2棟)、
ヒストリープラザが並ぶ。洋物館は最初のオープン時には
倉庫のままで、後にショッピングモールに転用された

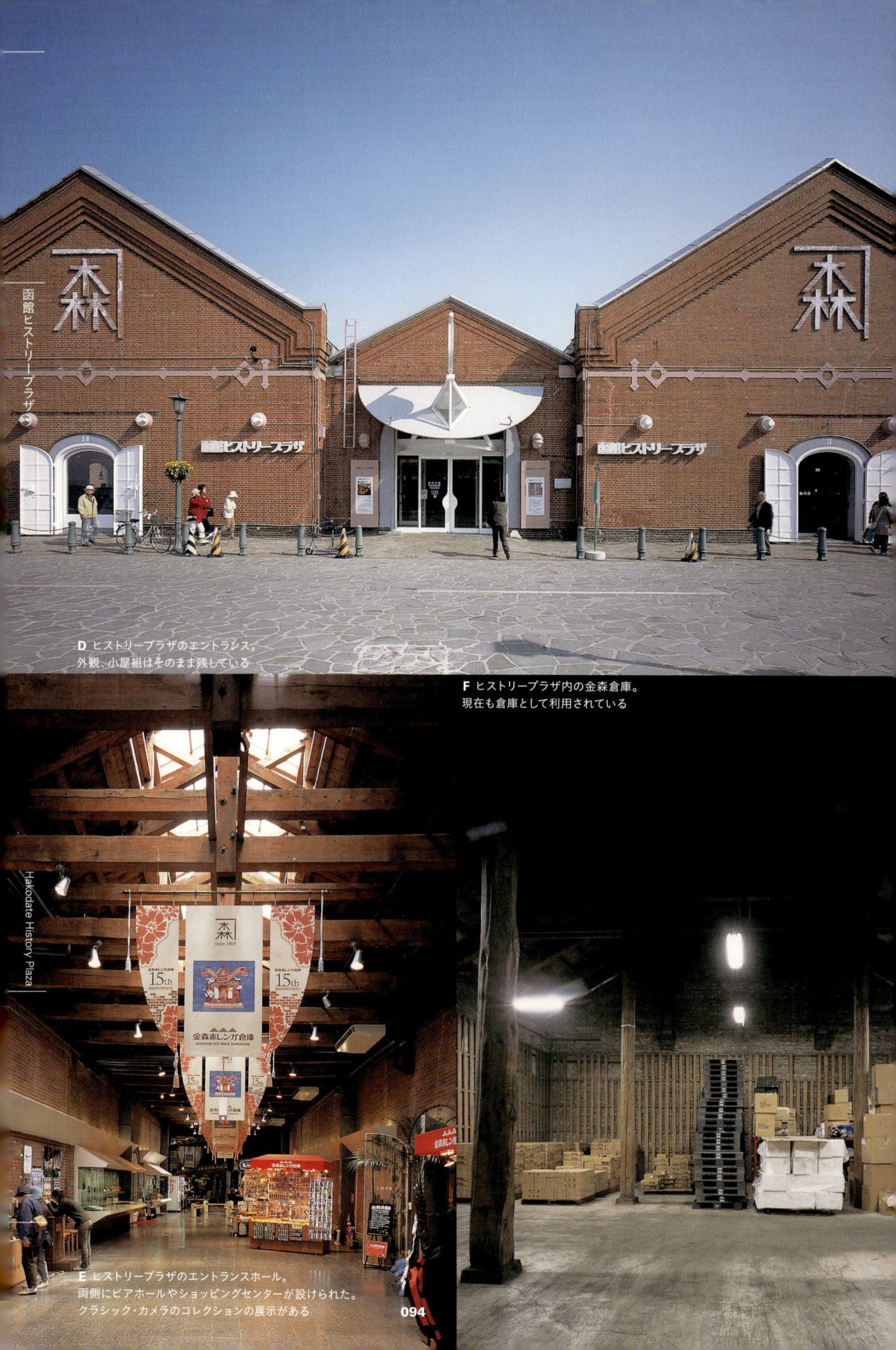

函館ヒストリープラザ

**D** ヒストリープラザのエントランス。外観、小屋組はそのまま残している

**F** ヒストリープラザ内の金森倉庫。現在も倉庫として利用されている

Hakodate History Plaza

**E** ヒストリープラザのエントランスホール。両側にビアホールやショッピングセンターが設けられた。クラシック・カメラのコレクションの展示がある

**G** BAYはこだて1号館内部。
鉄骨によるれんが壁の補強がみえる。
当初の改修の際のデザインが基本的に踏襲されている。
照明は点光源を同一面状に並べるというもので、
れんが造倉庫の内部空間の特質にマッチしている

函館ヒストリープラザ

**H** BAYはこだて内にある多目的スペース。
2003年にリニューアルされた
（設計はパルコスペースシステムズ）

Hakodate History Plaza

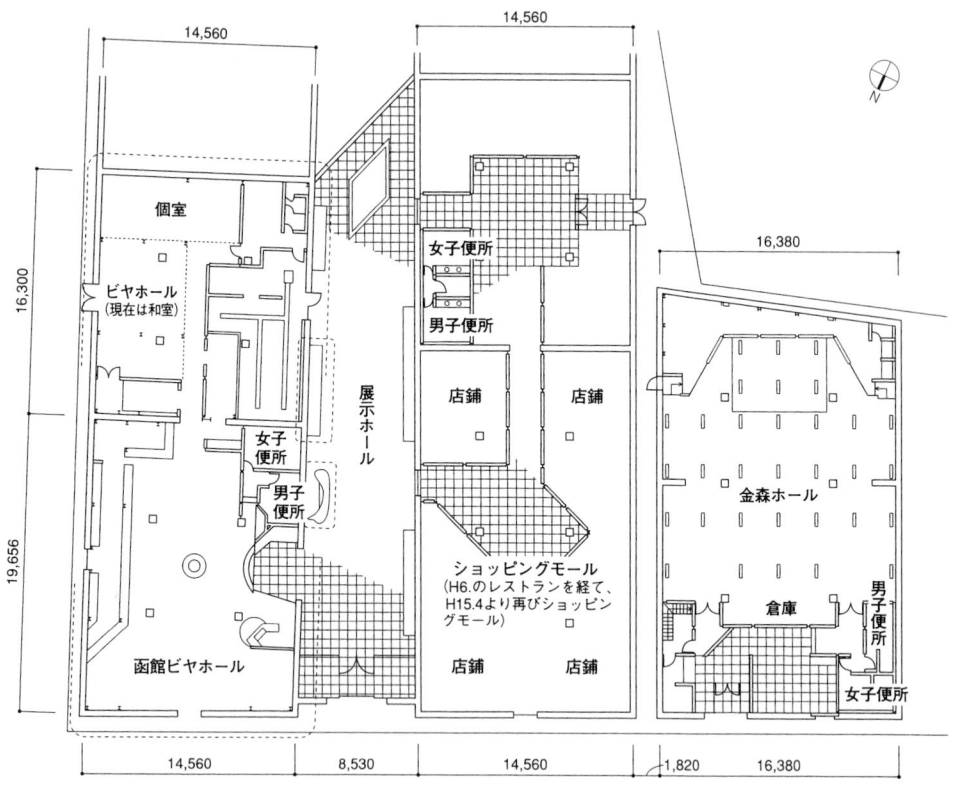

函館ヒストリープラザ

ヒストリープラザ1階平面図

I 明治館照明。
もともと郵便局としてつくられたということもあって、
対称性を意識した立面になっている

J 明治館2階の店舗。
仕上げを剥がしたれんが壁の
テクスチュアを利用したインテリア。
天井は木造でペンキ塗り

## 金森ヒストリープラザの
## ディテール

　1910年、函館大火後に建てられたレンガ造りの倉庫本体の存在を尊重することが、この歴史的遺産再生の基本にある。したがって倉庫でない用途に関わるディテール的要素は、倉庫本来とは別の存在としてデザインし、相互に調和を保つデザインとしている。

　「窓」は本来倉庫への出入口として使われていたものだが、一枚ガラスを嵌め込み、防火扉は白く塗って新しい付加的要素として存在を明瞭にしている。これにしたがって、照明器具も白。カバーには45度パターンを入れている。内部照明も同じで、木造の主柱に取り付けているが独立性をもたせている。外壁を飾るバナーや出入口キャノピーも、同様な付加要素として「細密」の味をもたせているところが共通した特徴である。

　インテリアの中心は暖炉であり、木造小屋組の室内に、ぬくもりのある温かい雰囲気を与えている。このようなデザイン操作はビヤホールのみでなく、金森ホール、そして隣接する「BAYはこだて」の再生にも及んでいる。

　倉庫本体に対する補強である鉄帯の箍は本体に附属するものとして、レンガ壁に属する色彩としているが、部分に「細密」の要素を加えて、付加要素との関連をもたせている。

　このようなディテールにおける操作は、西部地区ウォーターフロントの再生コンセプトに共通している。地区を埋めつくしている平屋の倉庫群を、そのまま地の本体として活用し、そこに新しい再生要素を嵌め込んでいく。このことによって、歴史物存在（ここでは倉庫群）が継承されながら開発が進み、広く面へ展開していく。西部地区一連を一体のものとして関連付け、都市デザインを行うことが、将来の発展を約束するものになると考えている。（岡田新一）

K ホテルニュー函館外観。
銀行の建物をホテルに転用したもの。
電車通り側の立面で、
エントランスはこの左側の奥

L ホテルニュー函館の客室。
2003年5月に3度目の改装を終えた

# コンセプトのよさで
# まちの活性化に貢献

**藤岡洋保** FUJIOKA Hiroyasu

　函館ヒストリープラザは、1910（明治43）年につくられたれんが造平屋建ての倉庫を、ビヤホールや、ショッピングモール、ホールなどからなる複合施設に転用したもので、この地域は函館山の北麓のウォーターフロントにある［N］。

## 草の根的な保存再生運動のはじまり

　この建物が建つ末広町を含む一帯は西部地区と呼ばれ、かつての函館の中心地だった。ロシア領事館（1910年頃）やイギリス領事館（1913年）、中華会館（1910年）のような国際港ならではの施設や、町の集会施設だった函館区公会堂（1910年、現・重要文化財）、そして銀行の本支店が建てられたのはこの地区だった。しかし、その後、函館が東や北に展開するにつれ、西部地区は次第に活気を失い、昭和40年代にはかなり寂れた地域になっていた。

　そのころから、この地区に残っていた、かつての函館の繁栄を支えた建物を転用する試みが草の根的に始まった。その最初期のものとして知られるのが、安田銀行函館支店として1932年に建てられた建物を改装した、ホテルニュー函館である。そのオープンは1968年だった。鉄筋コンクリート造2階建一部3階建のこの建物は、函館ドックで修理を受ける外国船の高級船員用の宿泊施設として転用されたものだが、テレビドラマで使われたことがきっかけで、観光スポットとして脚光を浴びるようになった（1985年に再改装）。また、1983年オープンのユニオンスクエア明治館は、1911年に函館郵便局としてつくられ

M BAYはこだて1号館・2号館の間の水路の夜景。
水路に接して木製デッキを設け、
そのデッキ上に低く点光源を並べるという演出（当初からのデザイン）

N 改修前のヒストリープラザ。補強ベルトや照明を除き外観は変わっていないことがわかる（写真提供：岡田新一設計事務所）

O 改修当初のショッピングモール。緑色に塗られた鉄骨で店舗の間を柔らかく規定していた（著者撮影）

P 約200人収容できる金森ホール（改修当初）。講演会やコンサートに使われている（著者撮影）

たれんが造2階建の建物を転用したものだが、地元の食品会社が倉庫として使っていたものを工芸家の組合が借り受け、商店やレストランからなる商業施設にしたものだった。

## 観光客よりも函館市民を重視した転用計画

ヒストリープラザは、それらに比べれば後発の施設で、オープンは1988年である。建物は金森商船所有の倉庫で、その転用を計画したのが当時の社長の渡邉恒三郎氏だった。氏によれば、建築家をこの倉庫群に案内すると、その内部空間を皆が異口同音に称賛するのを聞いて、その魅力を生かした転用をしたいと思い立ったということらしい。すでに、ホテルニュー函館やユニオンスクエア明治館が近隣にオープンして商業的に成功していたことから、ある程度の勝算はあったにちがいない。しかし、渡邉氏は、それらの先行施設と競合するのではなく、共存共栄する道を探ろうとした。そのために、当時の西部地区にない業態を展開することを考えた。

まず、かつて函館を代表するビヤホールだった「函館ビヤホール」（渡邉家の初代が1898年に創業したもの）の名を冠したビヤホールを設けることにした。あわせて、函館市民向けに良質の品物を提供することを目指すショッピングモールと、約200人収容のホール（金森ホール）を設けた。そのホールは、講演会やコンサートなどに使われることを想定し、市民向けの文化施設として位置付けた［O、P］。

ここで注目されるのは、観光客よりも函館市民を重視する姿勢である。観光客も利用することは当然予想できただろうが、函館市民に良質のものを提供しようとする意識をもっていたことは評価してよい。また、倉庫の4分の1を転用し、それ以外は倉庫として使い続けることにしたのも注目される点である。つまり、単に経済性や流行を追求するのではなく、従来の事業も継続し、新たな事業と並存させるという考え方である。函館は、日本の町のなかでは特殊なところで、渡邉家をはじめ、相馬家、太刀川家など、明治時代から続く地元の豪商の力が強く、経済至上主義から函館を守ろうとしてきた。ヒストリープラザへの再利用のコンセプトは、そのような歴史を背景にしたものとみていいだろう。ユニオンスクエア明治館が若者向けということもあって、それと比べると商品やサービスが割高という声も当初は聞かれたが、ヒストリープラザが事業として成功したこと、つまりそのコンセプトが理解されたことは確かである。

その成功には、先行施設や類似施設との相乗効果も無視できない。ヒストリープラザとれんが造倉庫2棟（現在は金森洋物館とクリスマススクエアに転用）を隔てたところに、BAYはこだて（現在は金森傘下）がほぼ同時にオープンした。この施設は、日本郵船の倉庫として1907年頃につくられたれんが造平屋の建物をシーフードレストランに改装した

ものだった。ちなみに、先述の渡邉社長によって、近隣の金森船具店（1890年）がカットグラスで有名なバカラの展示販売施設に転用され、1989（平成元）年にオープンした。ホテルニュー函館やユニオンスクエア明治館に加えて、これらの施設が末広町を中心に点在することによって、それぞれが線で結ばれることになり、回遊性が形成された。こうして、かつての寂れた地域が多くの人が集まる場所に変身したのである。

## れんが倉庫の特徴を生かした改修設計手法

ヒストリープラザとBAYはこだてへの改修設計は、どちらも岡田新一設計事務所が担当した（BAYはこだての内装は、イクスが設計）。まず、建築基準法に合わせるため壁の補強が必要になったが、鉄骨を内側に沿わせることで対応した。それは、れんが壁の魅力をできるだけ生かすためだったと考えられる。そして飲食施設の整備のために、倉庫の大空間のなかに、デッキ状の中2階を組み込んだ。

ヒストリープラザのショッピングモール（現在は他用途に改装中）では、店舗同士をあえて明確には区切らず、一体空間のなかに鉄骨のフレームでそれぞれのエリアを柔らかく規定した。このことから、れんが造倉庫がもつ建築的特徴、つまり、ひとまとまりの大空間であること、年を経たれんが壁のテクスチュアと、その上にむき出しで架かる木造小屋組が醸し出す魅力を生かして転用することを意図していたことがうかがえる。

また、ヒストリープラザのビヤホールの埠頭側のアーチ型の開口部は、もともと倉庫の出入口だったものだが、その出入口の全面にガラスをはめ込んで窓にするとともに、その室内側にそれを囲むかたちでU字形のカウンターを設けた［Q］。出入口としては必要なくなった個所を、このようなかたちで利用することを考えたわけである。つまり、新しい機能にあわせて、既存の部位をどう位置付け直すかという課題に対する改修設計者の解答だが、巧みで、ユーモアを感じさせるデザインといえる。

ヒストリープラザとBAYはこだてでは、照明計画もよく考えられていた。白熱灯を用いて、内部空間に深みと温かみを演出していた。BAYはこだての内部では、その白熱灯を多数の小さな点光源として天井から吊してグリッド状に同一平面上に配し、「光の天井」をつくり出した。また、外壁にはスポットライトを要所に配し、夜間のライトアップの効果を上げていた［R］。BAYはこだての平行する2棟の間には水路があり、夜間はその水路に接して設けられた木製デッキに点々と低く設置された白熱灯やスポットライトによって、ロマンチックな雰囲気をつくり出した。また、どちらも看板やバナーなど、サイン計画にも配慮されていた。

BAYはこだての場合は、やや演出過多というきらいがなかったわけではないが、ヒストリープラザとともに、れんが造の倉庫にさまざまな特徴を見い出し、それを継承し生かす方向でデザインした点は

Q 元のエントランスにガラスをフィックスで入れて窓に代え、カウンターを設けた（改修当初）（著者撮影）

R ヒストリープラザの夜景（改修当初）。現在は前面道路が整備され、照明がより華美になった（著者撮影）

評価していい。ちなみに、BAYはこだては2002年末に閉店し、金森傘下のレストランとして再出発したが（それにあわせてヒストリープラザの一部も改修）、同じころに同じ設計者によってリニューアルされたということが、このようなかたちでの一体化をやりやすくしたという側面はあるだろうし、ヒストリープラザの当初のコンセプトがしっかりしていたことが、その存続や展開を可能にしたともいえるだろう。

## 保存再生時におけるコンセプトの重要性

ここに紹介した函館ヒストリープラザからは、歴史的建造物の保存活用についてのさまざまな教訓を得ることができる。それはまず、保存・再利用に際してのコンセプトの重要性である。どうやって再生するかに関して、事前に立地や周囲の環境、業態を含めた検討がなされたことが成功のもとになったことである。特に、ヒストリープラザにうかがえるのは、周囲との連携の重要性である。共存することによってお互いがお互いを支え合うという、相乗効果に注目するということである。

そして、ヒストリープラザのように、既存建物のどこに価値を見出すかということも重要である。それは内部空間のあり方である場合もあれば、その建物と周囲との関係、あるいはテクスチュアや、細部の優れた職人技であることもある。歴史的建造物の価値は自明であるわけではない。

もちろん、建築史の研究者による評価はありえるだろうし、景観的な意義が指摘されることもあるだろう。しかし、その建物の歴史的価値や建築的価値は、そのような専門家の評価で語り尽くされるわけではない。専門家といえどもすべての点に目を配ることはできないし、時代が変われば評価の視点も変わりうる。大事なことは、その価値が自明ではないこと、新たに「発見」する可能性が残されたものであることを認識することである。そこにいかに多くの価値を「発見」できるかが、その後の保存活用の成否を決めるといっても過言ではない。「発見」するものが多いほど、それを保存活用する際のアイデアの幅が広がることになる。もちろんそれらの「発見」された多くの価値を共存させるのが難しい場合もあるが、改修・再利用をどのようにプログラムするかについての可能性を広げる点で非常に重要なポイントであることは間違いない。

また、それらを継承するデザインをどのように展開するかということも重要である。そこにも決まったやり方があるわけではなく、いろいろなアイデアを込める余地は十分残されている。現状維持という選択肢を含め、何を重視するか、また新たに何かを加える場合には新旧の要素をどのように関係づけるかがポイントで、既存のものに価値をみる感性や、それをとり込める柔軟なデザイン能力が求められる。

このような、コンセプトの重要性や、既存のものに価値を「発見」すること、そしてそれを継承したデザインの展開を試みることは、歴史的建造物の保存活用に限られた手法ではない。それは更地に新築の場合でも、良い建築家ならば当然のようにやっていることである。その点で歴史的建造物の保存活用は特殊な行為ではない。それは先行するものに敬意を払うという、モノづくりの本来のやり方のバリエーションのひとつなのである。

函館ヒストリープラザは、大規模ではないが、歴史的建造物の保存活用の可能性をよく示す好例といえるだろう。その後の展開を手放しで礼賛するわけではないが、当初に設定したコンセプトが良かったこと、それがその後の状況の変化にも対応できるだけの広がりをもっていたこと、そして周辺の類似施設と連携しながら、まちの活性化に貢献している点は高く評価していい。

| 再　生　前 | |
|---|---|
| 建物名 | 金森倉庫 |
| 所在地 | 北海道函館市末広町14-16 |
| 建築主 | — |
| 設計 | 不明 |
| 竣工 | 1910年 |
| 構造 | れんが造 |

| 再　生　後 | |
|---|---|
| 建物名 | 函館ヒストリープラザ |
| 所在地 | 同上 |
| 建築主 | 金森商船 |
| 設計 | 岡田新一設計事務所 |
| 竣工 | 1988年 |
| 規模 | れんが造 |
| 面積 | 建築面積：1,879.43m² |

入善町下山芸術の森
発電所美術館

三四五建築研究所(1995年)

# 発電所の痕跡を保全したコンバージョン

旧黒部川第二発電所(1924年)

入善町下山芸術の森発電所美術館
Nizayama Forest Art Museum

**A** 左側の木造建築は、発電所美術館の玄関棟(新設)。右側の大きな開口は、発電所美術館の搬入口。かつても、タービン・資材などの搬入口だった。木製扉は新設

B 左側の壁にぽっかりと口を開けているのは
かつての導水管である。
2階床は展示用として新設されたもの

入善町下山芸術の森 発電所美術館

C ほぼ垂直に切り立った崖から
発電所に伸びる導水管。
崖上の見える建物はレストランと付設のデッキ

# 発電所の痕跡を残した美術館への再生計画

矢後 勝 YAGO Masaru
❖
三四五建築研究所

　役割を終え、解体される運命であった1925年建設の水力発電所を、1993年に地元入善町が電力会社から譲り受け、「下山芸術の森」という文化施設の中心となる美術館に再生されることとなった。

　その改修のコンセプトは、極力全体をあるがままの状態で保全し、発電所という痕跡を残しながら、美術館として生まれ変わらせることであった。

　外部は北陸の厳しい風雪に耐えるため、屋根の葺替えや外壁の補修を行ったが、内部はメインの展示室の床や内壁も最低限の改修にとどめることとした。構造的には当然、現行の構造基準に合致させることは非常に困難と思われたので、改修の方向性について行政と協議し、レンガ積みの外壁には手を加えず、屋根の鉄骨トラスフレームのみ現行基準で解析し、必要な補強を行うこととした。

　もともとあった発電タービンの一部やクレーンは残され、タービンにつながっていた導水管も錆びた内面をむき出しにし、発電所として経過した時間と痕跡を残している。タービン上部に設置された中2階の鉄骨造展示スペースだけが、展示室内で唯一新たに付加された場所である。この建物は元来発電所としての大空間そのものに人を引き付ける力があり、極力あるがままのかたちで保存改修を行った。その結果、美術館としてのクオリティーをおおいに高め、独自性の高い展示を可能にしている。

D 建物の背面にそのまま残された3本の導水管。
落差23m、最大毎秒34tの水量が流れていたという

E 3機あったタービンのうち1機は今もそのまま鎮座する

入善町下山芸術の森 発電所美術館

Nizayama Forest Art Museum

F

G

H

入善町下山芸術の森 発電所美術館

Nizayama Forest Art Museum

入善町下山芸術の森 発電所美術館

Nizayama Forest Art Museum

F 新旧揃った発電所の風景。右が代替の新発電所。
左が美術館として再生された旧発電所。丘の上に建っている
レンガ造の建物は、旧水量制御棟で、現在は喫茶コーナー

G かつての沈砂池は埋め立てられ展望広場として整備されている。
展望台は今回の事業で新設されたもの

H こぢんまりした喫茶コーナー内部。
ここから眺める黒部川扇状地は絶景である

I 建物の再生整備にあたって、ほとんど手を加えられなかった外観

J 中2階展示ステージから展示空間を見る（写真提供：発電所美術館）

K 切り取られた導水管から、展示空間を見る
（「中村滝雄展―鉄・知覚の陰翳」2008年開催、写真提供：発電所美術館）

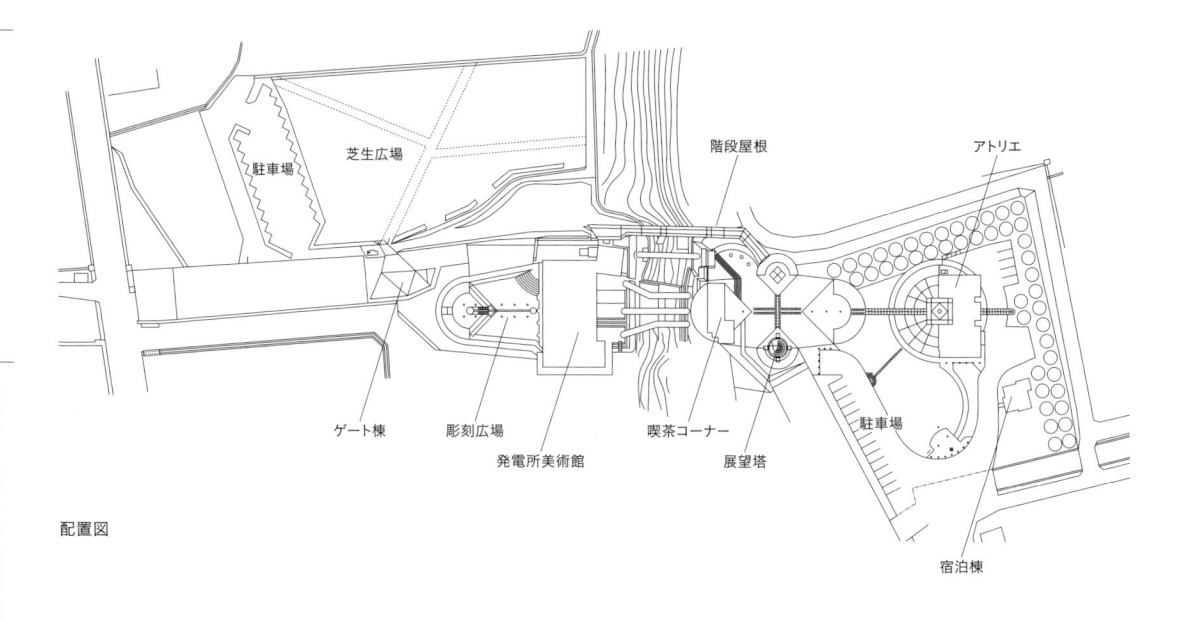

入善町下山芸術の森 発電所美術館

Nizayama Forest Art Museum

配置図

- ゲート棟
- 彫刻広場
- 発電所美術館
- 階段屋根
- 喫茶コーナー
- 展望塔
- アトリエ
- 駐車場
- 宿泊棟

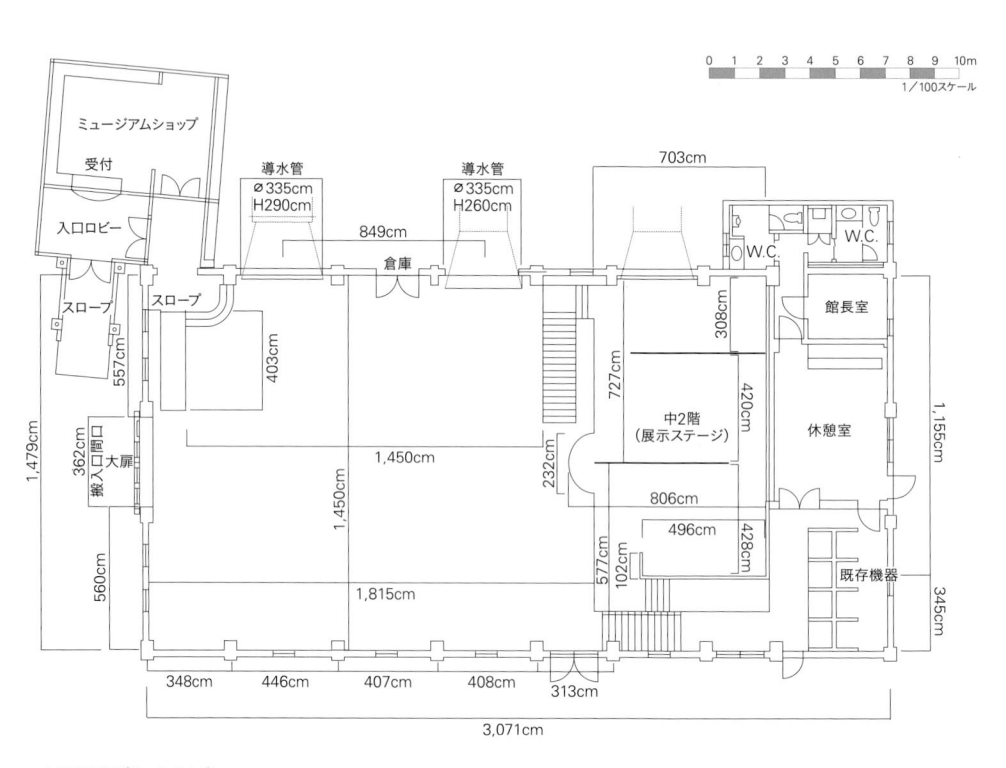

1階平面図（S＝1：300）

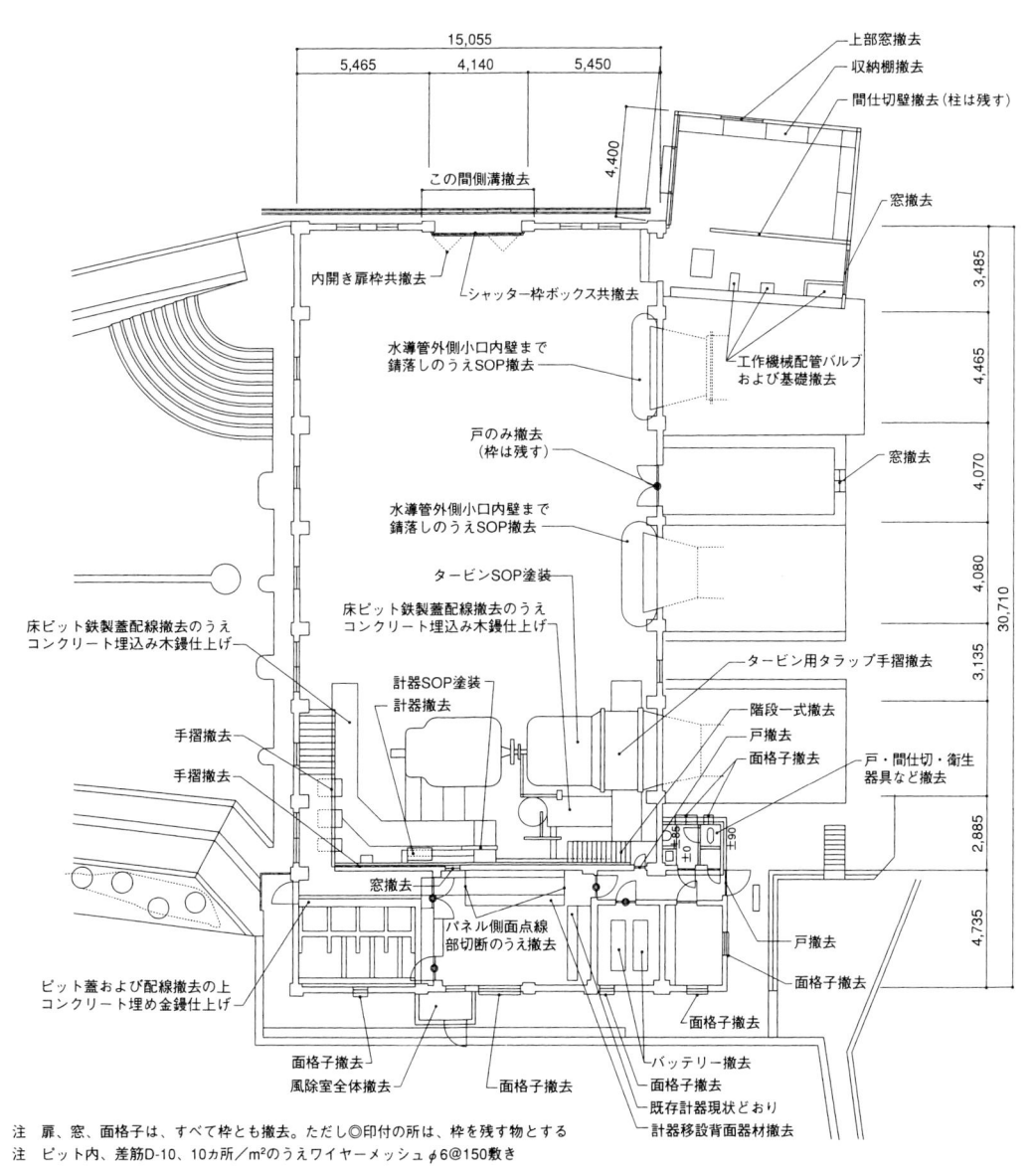

1階平面詳細図(S=1:300)

注　扉、窓、面格子は、すべて枠とも撤去。ただし◎印付の所は、枠を残す物とする
注　ピット内、差筋D-10、10ヵ所／m²のうえワイヤーメッシュφ6@150敷き

入善町下山芸術の森 発電所美術館

Nizayama Forest Art Museum

極力あるがままの状態に保存再生することをテーマに行われた改修工事のうち、外部では建物の寿命を延ばすため、屋根の葺き替えや開口部の入れ替え、雨樋改修や外壁補修などが行われたが、外観の魅力となっているレンガ積みの外壁部分は高圧洗浄にとどめられた。

内部では、導水口や発電タービン、計器類が残され、屋根のトラスも最低限の補修にとどめ、大正時代に設置されたクレーンも美術館で活用するために残された。かつて発電所であったこれらの痕跡が、この美術館独自の空間クオリティーを高める結果につながっている。

入善町下山芸術の森 発電所美術館

**L** 彫刻広場(旧排水路)から眺めた建物。
主体構造は鉄筋コンクリート造で、壁面はレンガを張ったもの
(写真提供:発電所美術館)

**M** 休憩室として利用されているこの部屋は、発電所の
中枢を担っていた制御室で、奥にみえる制御機器類がそれを偲ばせる

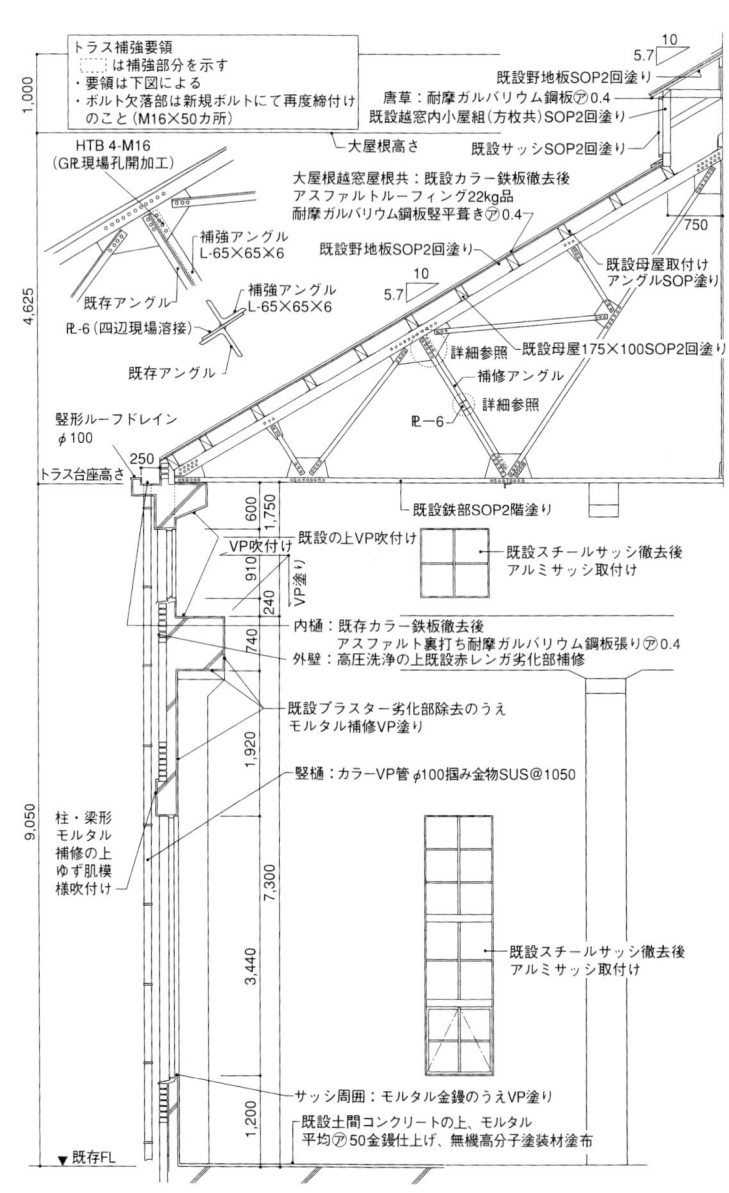

発電所美術館矩計図(S=1:100)

Nizayama Forest Art Museum

# 産業遺産を経過も含めて保存する

中森 勉 NAKAMORI Tsutomu

　本施設は新しい現代アートの創作と展示の場として、1995年開館以来、訪れる人たちを魅了してきた。この富山県東部の小さな町が運営する入善町下山芸術の森・発電所美術館の保存・活用について述べる前に、水力発電所として建設された背景について少し触れたい。

## 電源立県・富山の道程

　「本縣ハ峻嶽危峰屏擁シ深谿幽谷囲繞シテ急湍奔流多シ一朝積霖猛雨ニ際會セハ諸川漲溢シテ堤堰ヲ決シ橋梁ヲ壊リ田園ヲ流廃シ民生ヲ脅威シ禍患枚擧シ難シ職ヲ本縣ニ奉スル者咸肝膽ヲ碎キ衆智ヲ聚メ以テ治山治水ノ策ヲ講シ縣民ノ康寧ヲ増進センコトヲ庶幾ス（中略）此ノ豊富ナル河水ヲ利用シテ發電事業ヲ興シ以テ連年ノ水禍ヲ防遏シ兼テ産業ヲ振興シ永ク縣財政ノ基礎ヲ鞏固ニセントシ計ヲ樹テ案ヲ具シ（以下略）」

　この文章は1942年に富山県庁舎（1935年、大熊喜邦設計）3階の中央階段を登り切った階段ホール壁面に埋め込まれた銅板に記されたものである。富山県において明治末期から始まった水力発電の開発は、1930年代に入ると県内発電所の総発電量が、国内最高の水力発電量となった。その電源王国・富山の地位を確保したことを記録として残すため、当時の富山県知事町村金五が「富山縣営水力電氣事業ノ記」と題して記したのである。

　富山県内の4大河川、県東部から黒部川、常願寺川、神通川、庄川は他県の河川に比べ、水源から河口までの流域距離が極めて短いため急勾配である。このため各河川は冒頭にあるように、古くから春先の雪解け水や雨水が、高地から一気に流れ出てしばしば大洪水を引き起こし、各流域の田畑や生命財産に大きな損害を与えてきた。こうした災害に対する復旧費は莫大で、県財政の大きな負担となっていた。最大時（1914年）で河川費が歳出決算額の50%を超えたという。

　しかし、大正期後半になると治水事業の努力が実り、県土の安全が得られ、その基盤上に新しい産業が展開した時代となった。ことに河川がもたらす豊富な水量を生かした県営発電事業は、民間の電力会社を勃興させる端緒となった。こうした過程のなかから黒部川水系の電源開発が実施された。数多くの発電所が建設され、現在も稼働しているものも少なくない。そしてこの発電所美術館の建物もこの一連の流れから建設されたものであると同時に県下における民間開発の発電所としては嚆矢的存在である。

## 一石二鳥を狙った発電所建設

　もっとも入善町下山地区に建てられたこの発電所は黒部川を堰き止めたダムによる発電ではなく、黒部川上流で取水した灌漑用水とこの地域の地形を生かした、すなわち河岸段丘の落差を利用しての発電所であった。

　黒部川水系の灌漑用水を利用して発電開発を手がけたのは、大阪資本の黒部川電力と川北電気企業で、その発電計画は右岸7本の灌漑用水路の合口化と改修を図ったものである。従来どおり関係村落で使用する灌漑用水・防火用水などを供給するとともに、その豊富な水流と落差を利用して発電しようという一石二鳥の効果を狙ったもので、当時わが国でもこのような低落差利用の平地発電はまったく珍しいものであった。

　建設工事は1924年に着工し、1926年に27mの有効落差を用いて黒部川第一発電所［N］を、さらに下流の下山地区に23mの落差による黒部川第二発電所が稼働しはじめた。建屋は両者とも1925年完成。

N 現美術館より1.5km上流にあった
黒部川第一発電所建屋。現存せず(筆者撮影)

この黒部川第二発電所が美術館に転用されたのである。発電所建屋内には3機の発電用タービンが設置され、その最大出力は6,330kW、一般家庭への供給なら2,100戸程度まかなえる規模である。

なおこのとき、河岸段丘の上には沈砂池とレンガ造の水量監視棟が、第一、第二発電所それぞれにつくられていた。特に監視棟は用水路をまたぐ格好で建てられ、その真下の水中にはゴミなどの浮遊物の侵入を防ぐための防護柵が設けられていた。そしてここは夏場になると付近の子どもたちの絶好の遊び場で、水量の多いこの用水路に飛び込み、流れに身を任せて防護柵に張り付くという遊びに興じた思い出深い場所でもある。まさに地域とともに歩んできた施設なのである。ちなみにこの発電所は1953年に黒部川電力から地元資本の北陸電力に移譲され、1992年まで稼働してきた。

## 保存再生の経緯と複合型美術館の整備

1990年に老朽化していた第二発電所を取り壊し、新たに代替発電所を建設するという計画が北陸電力から発表された。これに対して町民らによる保存運動が湧き上がったのではなく、当時の入善町長・柚木春雄氏が歴史的建築として価値が高いことを認識し、保存のため町に無償譲渡の要望書を北陸電力に提出した。そして首尾よく譲渡の合意確認書を同年に取り交わすことができたのである。これは、町長自ら保存に乗り出した成果であった。

ただちに発電所周辺地域整備構想計画が立案され、1992年に発電所の活用計画として芸術施設の設置を決定し、地元の造形家や町行政関係などで構成する「下山文化の森整備検討委員会」が結成され、具体的な美術館構想が検討された。その結果5ヵ年計画で、この発電所を中心とした「下山芸術の森」整備事業が進められることになった。そして1992年秋、これまで発電に利用してきた灌漑用水の大改修に合わせて、隣に新しい黒東第三発電所が建設され、黒部川第二発電所は76年間の役割を終えた。

1993年度から始まった整備事業は、発電用タービンを潜ってきた膨大な量の水を処理するための排水路を埋め立てて彫刻広場とする工事が実施された。1994年度は建屋を美術館に改修する事業であったが、発電所の譲渡が決定した時点から首尾一貫して「可能な限り発電所の面影を残す」を再生のコンセプトに掲げて進行した[1階平面詳細図]。もっともこの建物においてまったく改造や改変が行われなかったわけではない。金属板の屋根材は新しく葺き直し、スチールサッシはアルミサッシに取り替え、小屋組の鉄骨トラスに補強材を付加した。展示空間では2階展示ステージを増設し、必要最小限の改修工事にとどめた。

このため落ち着いた赤レンガの外観に比べ、内部はダイナミックな空間を呈している。天井を張らない鉄骨トラスの小屋組がむき出し、1.5t級の走行クレーンが現役で稼働し、全体が吹き放たれた機械工場のような様相で、他を寄せ付けない迫力がある[発電所美術館矩計図]。3機あった発電用タービンうち1機

O 改修前の旧発電所(写真提供:入善町役場)

はそのままに据え置かれている［E］。壁にはタービンに直結していた直径3mの導水管が2つ大きく口を開けている。

この内部空間は現代アートの展示空間として活用されているが、創作アトリエのほうがふさわしいと思われるほどで、何も置かなくても空間に強烈な個性がみなぎっている。ここで個展を開いていく現代アートの作家たちは、この空間の特性に負けまいと、より個性的な造形作品を制作し、あるいはこの空間との共演を楽しんでいるような作品が制作されてきた。このことは過去の展示作品の図録をみれば明らかで、現代アート文化の発信拠点として十分その役割を果たしているといえる。

美術館の立地条件としては、お世辞にも交通の便がよいとはいえない片田舎で展開する現代アートの文化は、地元住民にとって大きなカルチャーショックであったろうが、年4、5回の展覧会を重ねてきたことで、今や次にどんな造形作品が展示されるのか楽しみに待ちこがれるほど、地元の人々に根付いた施設となっている。

さて、1995年度以降の事業としては、丘陵地の旧水量監視棟は展望デッキを敷設したレストラン（現在は喫茶コーナーとして営業）に、さらに沈砂池のあった場所は展望広場などに整備された。その一画に展望塔を新設し、ここからは黒部川扇状地が眼下に広がり、散居村の風景が楽しめる。さらに、作家が泊まり込んで制作できるように、宿泊棟と貸しアトリエも建てられ、1998年になって複合型美術館として完備され、今日に至っている。

## 産業遺産の歴史的な価値

わが国の近代化を支えた産業施設（近代化遺産）は、近年になってその価値が認められ、各地から残存状況の調査結果が報告されるようになった。しかし、多く残っていないのが現状である。それは当然のことで、産業技術が順調に進展していけば、そこに備わっていた各設備、施設の更新が必然的に実施される。そして老朽化した設備、施設は廃棄されていくからである。何らかの理由によって残ってきた産業の近代化遺産は断片的で、その個々の存在意義や価値もまちまちであるが、これらの遺産は産業史の記念物として保存されていくべきである。

したがって、この発電所美術館が建築としての価値だけでなく、発電所としての面影を残しつつ、発電タービンや種々の諸設備もそのまま保存されていることは産業技術史上、重要な位置を占めることは間違いない。

どんな建物でも、その建物が辿った歴史の断片（痕跡）が継承されていくことが、本来の歴史の継承といって過言ではない。ともすれば歴史的建築や近代化遺産の保存・活用の道として創建当初に復元するというコンセプトの場合、その建物が今日まで辿ってきた経過をまったく消去してしまいがちになる。もちろんこうした手法を初めから否定するものでないが、何らかの手段で建物の歴史的事象を残していくことも大切であるということを、この施設で端的に示した事例といえよう。

この発電所美術館のように極力ありのままの姿で活用していく試みも、歴史的建築、産業遺産として活用していくうえで有効な手段といえ、新たな価値を醸成することになる。その意味においてもこの建物による保存・活用手法は、今後の保存再生への道程を探るうえで意義深いものとなろう。

また地域に根ざした施設づくりは、ふるさとの歴史を見つめ直す機運が高まっている今、歴史的建築や近代化遺産はまさに「ふるさと教育」の格好の材料として不可欠になりつつあり、地域文化財としてその存在は重要である。

**再生前**

| | |
|---|---|
| 建物名 | 黒部川第二発電所 |
| 所在地 | 富山県下新川郡入善町下山364-1 |
| 建築主 | 北陸電力 |
| 設計 | 不明 |
| 竣工 | 1924年 |
| 規模 | 地上2階 |
| 面積 | 延床面積：570.90m² |

**再生後**

| | |
|---|---|
| 建物名 | 下山芸術の森 発電所美術館 |
| 所在地 | 同上 |
| 建築主 | 入善町 |
| 設計 | 三四五建築研究所 |
| 竣工 | 1995年3月 |
| 規模 | 地上2階 |
| 面積 | 延床面積：678.35m² |
| 再生工事費用 | 9900万円 |

A 東側正面見上げは
クラシカルな様式表現の見所
オリジナルの
鋼製サッシュの大半が
修理再生、玄関鋼製扉は
復原、玄関庇は
ガラスで再整備された

大阪市中央公会堂

Osaka Municipal Central Public Hall

## 大阪市中央公会堂

大阪市都市整備局＋
坂倉・平田・青山・新日設設計
共同企業体(2002年)

# 保存と再生のデザインバランス

**大阪市中央公会堂**
岡田信一郎［原案］ 辰野金吾＋片岡 安(1918年)

114

**B** 3階小集会室。木部がクリア仕上げに修復されて当初の内装が再現された。ネオ・クラシックのなかのエドワーディアンスタイルといわれている。シャンデリアは当初のもの

大阪市中央公会堂

Osaka Municipal Central Public Hall

**C** 大集会室。天井折上格縁および中心飾りなどはGRC成型板による復原。灯具は保存灯具をもとに復原。円柱、舞台側付柱そしてプロセニアムアーチ、2階席の手すり壁などが修復。舞台設備、椅子席は新たに用意された。列柱間の飾幕より下がるガラスは音響反射板

## 保存・再生の成功は対話から

宍道弘志 SHINJI Hiroshi
❖
坂倉建築研究所大阪事務所

　大阪・中之島の建築物のなかでも、公会堂は特に市民から親しまれ、愛されてきた建物である。特徴ある赤れんがの外観や内部意匠のほか、集会施設として実際に利用する機会が多いこともその要因であろう。この建物の構造、意匠を免震化により「保存」し、同時に老朽化に伴う問題点や使い勝手の悪さを改善し、安全、快適に活用していくため「再生」することが工事の目的であった。また、将来の重要文化財指定に向けての配慮も必要とされた。

　「保存」と「再生」のバランス、文化財的な面など、発注者と設計者だけでなく、学識経験者、専門家からなる検討委員会との対話により進めていくことをプロポーザルで提案し、大阪市＋技術検討委員会＋設計者という体制で設計がスタートした。工事着手後は施工者も加わり、月1回程度のペースで行った「ワーキング」を中心に、基本方針に関わる内容から工事上の細かな問題まで検討、調整を重ねた。調査と同時並行となった今回の工事をスムーズに進めることができたのは、このワーキングによるところが大きい。設計監理は大阪市都市整備局と、意匠、構造、積算、設備事務所で構成する坂倉・平田・青山・新日設設計共同企業体が行い、これに東京建築研究所（免震構造）、石井幹子デザイン事務所（景観照明）、ヤマハ（音響）が協力する体制をとった。2002年11月のリニューアル・オープンの後、12月に国の重要文化財指定を受けた。公会堂の利用団体数、利用者数は工事前の1997年度の約4,000団体、71万人から、2006年度には約12,000団体、111万人へと大幅に増加し、リニューアルにより公会堂の魅力が改めて見直されたことを物語っている。

再生前　　　　　　　　　　　　　　　再生後

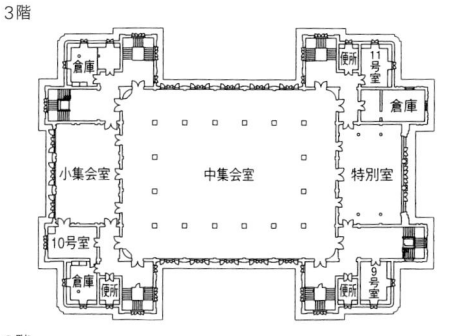

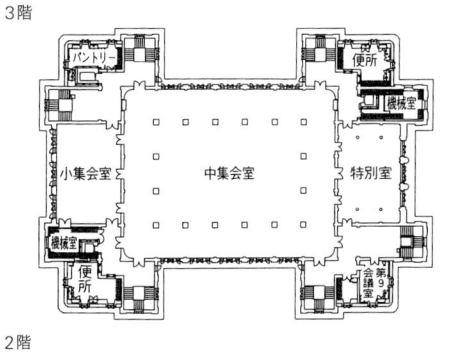

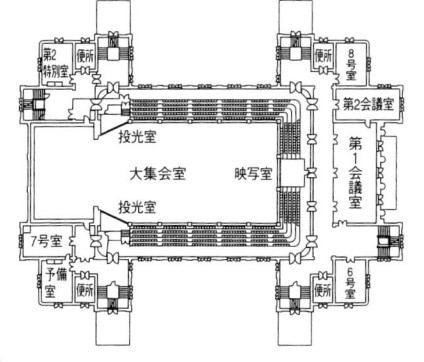

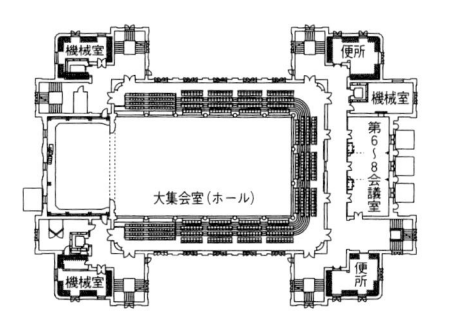

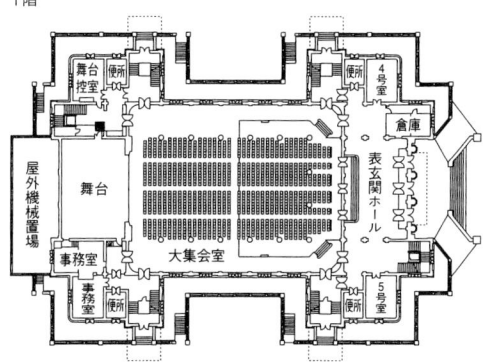

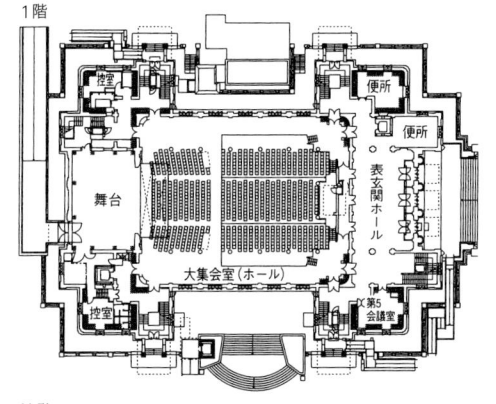

3階（再生前）／3階（再生後）
2階（再生前）／2階（再生後）
1階（再生前）／1階（再生後）
地階（再生前）／地階（再生後）

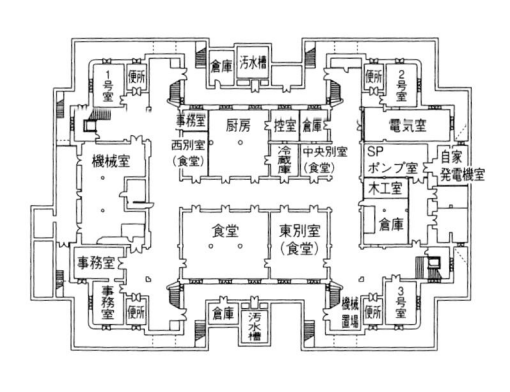

大阪市中央公会堂

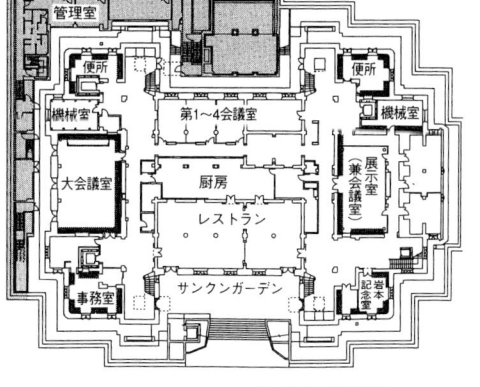

Osaka Municipal Public Hall

注　□：増築部分
　　■：RC壁添打ち補強個所

大阪市中央公会堂平面図（S＝1：1,200）
公会堂には主要な集会室のほか、各階の四隅に会議室が配置されていたが、廊下が少なく、四隅に階段室から直接出入りする部屋も多い平面プランのため、部屋へのルートがわかりにくく、1基しかないエレベーターでは行けない部屋も多くあった。
誰にでもわかりやすく使いやすいように、利用動線を改善することも工事の主要な目的のひとつであった。1階の大集会室（ホール）以外の利用は、地階に新設したサンクンガーデンを経由することとし、新設4基を含む5基のエレベーターで各室にアプローチ可能とした。
各階に分散していた会議室は、設備諸室を増築部分に移動することで地階に集約した。
また、建物本体への補強は主要な部屋をできるだけ避け、主に四隅の小室を利用して実施した。
内部における主要な復原部は、1階玄関ホール、3階特別室、および小集会室、階段などがある。

大阪市中央公会堂

Osaka Municipal Central Public Hall

118

大阪市中央公会堂

Osaka Municipal Central Public Hall

**D** 東側正面。車寄せが撤去され、広い正面階段が復原され、かつスロープが設けられている。屋根上の神像と玄関の鋼製扉は復原、ガラスの庇は整備部分

**E** 南面サンクンガーデンの脇に設置された地下1階とつなぐエレベータ

**F** 南階段。鉄骨造、段床はアスファルト塗り仕上げ、軽快優美なセセッションの色濃いロートアイアンの手すり飾りにも特色がある

**G** 特別室天井。修復された松岡壽による「天地開闢」、麻布に油彩画。照明も改善されている

**H** 特別室半円形窓のステンドグラスは分解、洗浄、修理、再度組み立てられた。小さな丸いガラスは凸レンズでここに風景が映って見える

**I** ライトアップされた南面。中之島のシンボル的建築として積極的なライトアップが計画実施され、周辺は予測以上に明るくなった

**J** 玄関ホール。灯具の復原、風除室木部が生地仕上げに修復されクラシカルな内装が再現された

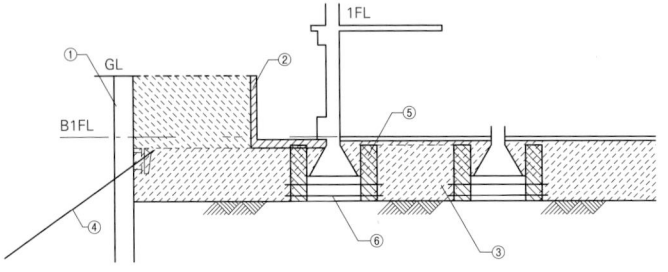

[1] RC連壁打設、一次掘削、補強基礎梁構築

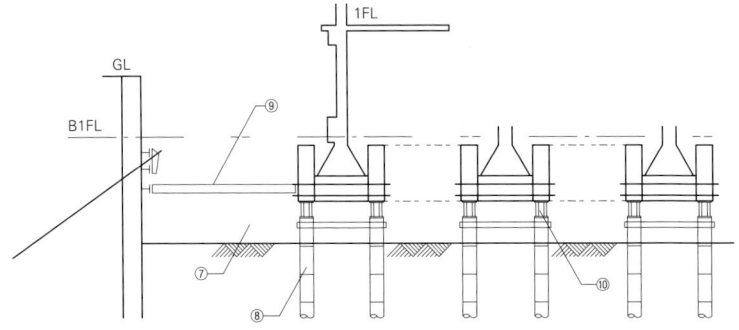

① RC連壁の打設
② 旧ドライエリア撤去
③ 既存基礎底まで掘削（一次掘削）
④ アースアンカーの施工
⑤ 補強基礎梁構築
⑥ PC鋼棒設置、緊張

[2] 鋼管杭圧入、建物仮受、不同沈下修正

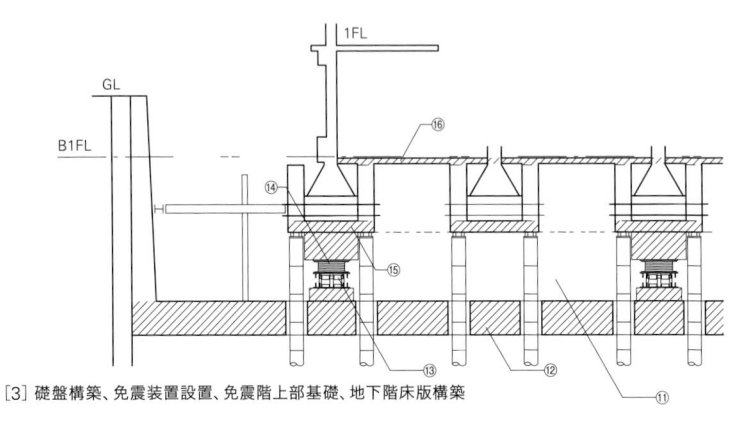

⑦ 鋼管杭打設部掘削（二次掘削）
⑧ 順次、鋼管杭を打設し建物仮受
⑨ 建物外周部切梁設置
⑩ 杭頭ジャッキを使用し、不同沈下修正

[3] 礎盤構築、免震装置設置、免震階上部基礎、地下階床版構築

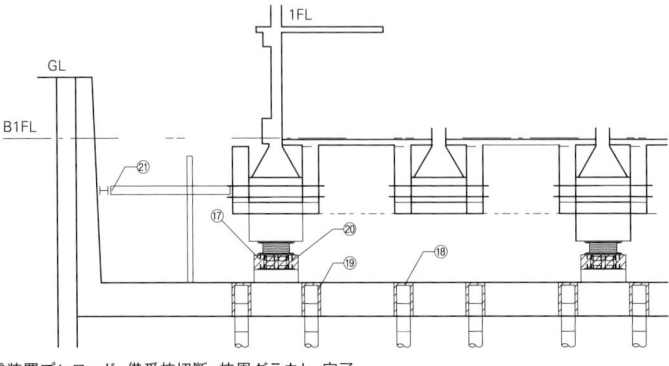

⑪ 礎盤底まで掘削（三次掘削）
⑫ 礎盤構築
⑬ 免震装置基礎構築
⑭ 免震装置設置
⑮ 免震階上部基礎構築
⑯ 地下階床版構築

[4] 免震装置プレロード、仮受杭切断、杭周グラウト、完了

⑰ アイソレータープレロード
⑱ 仮受杭切断、杭内部コンクリート充填
⑲ 仮受杭貫通部グラウト
⑳ 特殊サポートジャッキ部後処理
㉑ 仮設材撤去

免震手順図

既存建物の基礎免震では、建物の基礎下を掘削して新たな基礎をつくり、新旧の基礎の間に免震装置を挟み込むことになる。基礎下を掘れば、基礎が載っていた地盤がなくなるため、掘削の前に仮受杭で建物重量を受けておかねばならない。また、公会堂は煉瓦造（柱・梁は鉄骨）であるため、その前に基礎を補強して一体化しておく必要があった。さらに、地下水位が高い（地階床－1m付近）ため、建物外周に山留めと止水を兼ねたRC連続壁（深さ25m）も要る。というわけで、工事では最初にRC連続壁を施工、次に補強基礎梁、仮受鋼管杭という順で進め、その後で基礎下の本格的な掘削を行った。また、建物全体が最大で約200mm下がって傾いていたため、仮受けが完了した時点で杭頭部に油圧ジャッキを入れ、沈下修正を実施した。

**K** 地下1階レストラン。
旧食堂が整備され、レストラン「中之島瓦倶楽部」として再開されている。
円柱に付く照明は復原されたガス灯

**L** 大集会室2階席。
手前舞台寄りの一角は当初の木製椅子を保存、
新たに整備された椅子席の下にも当初の段床が保存されている

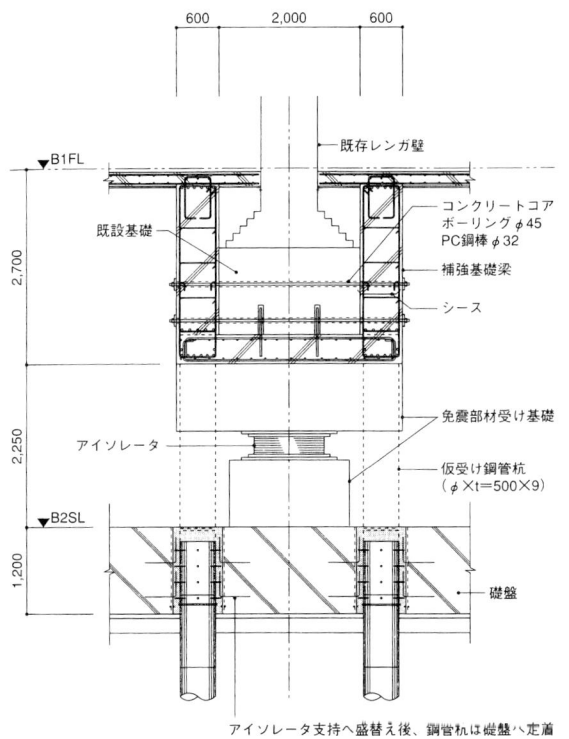

免震補強詳細図

**M** 地下1階の免震装置。
積層ゴムアイソレータとともに
こうした鋼棒ダンパーが設置されている

**N** 大小のドームをもつ塔屋、フィニアル、
採光のガラス面などが複雑に配置されている

大阪市中央公会堂

Osaka Municipal Central Public Hall

O 四方に回廊がめぐる中集会室。
壁、天井は戦後に施工された
蛭石プラスターを残して修復された。
大小の円窓ステンドグラスがあるのも
この部屋の特色

# 保存再生と歴史家のかかわり

## 山形政昭 YAMAGATA Masaaki

　堂島川と土佐堀川にはさまれた中之島東部には、日本銀行大阪支店（1903年）、大阪府立図書館（1904年）、中央公会堂、そして今はないが旧市役所（1922年）と歴史的建築が連なっていた。とりわけその東端に位置し、中之島公園を向いて建つ赤れんがの公会堂は、近代大阪の象徴として、催し物、市民活動の拠点として90年前の開館より今日まで広く市民に親しまれてきたところである。

　今回の保存再生工事は、1996年春より公募型プロポーザルによって設計者が決まり、1999年に着工、そして42ヵ月の工事を経て2002年9月に竣工を迎えたが、遡るとこれまでに四半世紀に及ぶ歩みがあった。

　かつて1970年代にはこの中之島地区の歴史的建物を一新する建替え計画が発表されたことがあった。それに対して専門家や市民グループから保存要望の声が挙がり、この地域の歴史と文化への関心が深まっていった。その後、1974年に隣接する府立図書館が重要文化財指定を受け、続いて日銀の保存工事がなされるという時の流れにより、1988年に公会堂は大阪市による保存の方針が表明され、公会堂将来構想検討委員会（1989年～）、中央公会堂基本計画策定委員会（1992年～）などで協議が重ねられてきた。

　その間、中之島に本拠を置く朝日新聞社の創業110周年記念事業として、公会堂保存工事のための募金活動が展開された。そして改修による閉館を前にした見学会などの催しには1万人を超える人が集まるなど、一般の関心がこれほど高い保存再生工事もなかったと思う。

## 公会堂の建設

　大阪市公会堂の建設事業は1911年、岩本栄之助の寄付申入れを受けた大阪市が（財）公会堂建設事務所を設立し、建築顧問となった辰野金吾を主軸として始められた。その翌年、17名の建築家による指名設計コンペで選出された早稲田大学講師・岡田信一郎の原案をもとに、辰野金吾、片岡安が実施設計を進め、1913年に着工、1918年に竣工している。竣工の翌年に没した辰野にとって、大阪市公会堂の建築は、辰野の畢生の大作とした東京駅（1907年着工、1914年竣工）に次ぐ晩年の代表作品であり、補強式鉄骨れんが造という構造を用い、「復興式中の準パラデヤン式」という古典様式をもとに多様な意匠を織り交ぜた建築であり、わが国赤れんが時代の成熟期にふさわしい内容を備えたものであった［D］。

　意匠のうえで最も著名な3階特別室（元貴賓室）を内部意匠の代表として見ると、東面には木内眞太郎によるステンドグラスがあり、その円形に沿うヴォールト天井には松岡壽の油彩画が描かれ、南北壁にも日本神話を画題とした絵画、および鳳凰の図案による刺繍で飾られている［G、H、P］。木製扉には象嵌装飾、腰壁および床は大理石の化粧張り仕上げである。また室内に立つ4本の円柱、付柱は金箔押しの柱頭、柱身は擬大理石塗りという珍しいものである。

　このようにそれぞれの意匠を追うと、ネオ・ルネ

P 鳳凰の図案による刺繍はクリーニング補修され、新しい基布の上に貼られた

サンス様式と一概にいえない折衷的意匠で、かつ和風意匠にも特色があり、個性に富んだ意匠と技法を随所に備えたものであった。

ところで、竣工時の用途・建築が、その後に改造されたところも少なくない。大きな改修には1937年の玄関車寄せと大庇の設置、大集会室傾斜床と天井の改修などがある。また戦災は免れたものの、戦中には金物供出で鋼製玄関扉やブロンズ製の外灯などが失われた。戦後は1951年を始め、しばしば壁面塗装、諸設備の改修がなされてきた履歴がある。

## 免震レトロフィットと保存整備へのアプローチ

保存に際しての問題は、現行水準の耐震性を確保する構造補強にあった。補強方法に関しては、1994年に耐震の切り札とされる免震構法の導入が決められている。基礎免震によるレトロフィットは既にいくつか実施されているが、総重量3万tを超えるれ

**Q** 基礎補強梁構築の様子（写真提供：清水JV*）

**R** れんが壁RC添打ち補強の様子（写真提供：清水JV*）

んが造建築への導入として注目された［M、Q］。

そして、中之島という地盤の流動化が予測される場所のため、建築の周囲を区画する深さ25mに達する地中連続壁、そしてアンダーピーニングによる新設礎盤面の構築など、大規模で高度な工事が予定通り完工した。これにより歴史的建築への免震化工事が一層浸透していくことが期待されるところである。本工事ではそれに加え、建物四隅に基礎から3階続くRC造耐震壁の設置、小屋組鉄骨トラス面のブレース補強など複合的な補強工事がなされたことも特色といえる［R］。

修理復原に際しては、文化財としての扱いを基本に進められたが、その手順は、通例の文化財建造物の修理工事とはかなり異なることも、今回の特色である。一般に文化財修理においては、まず建築調査を行い、当初仕様を確認し、変更部分の復原が検討される。それにもとづき文化財に適した修理・活用の方針が立てられていく。それに対して、ここでは設計JVにより基本設計に着手した1996年に「技術検討会」が設置され、種々の調査が始められたが、平常利用が1998年11月まで継続されたため、部分解体を含む調査は、1999年の着工後となった。つまり、42ヵ月の工事期間のなかで構造補強工事が一方で進み、同時に建築調査と検討会「ワーキング」による協議と修復の設計が連動して進められた。

## 保存・修理・復原・整備の概要

歴史性を継承するための保存修理工事は多岐にわたるものがあるが、ここでは次の3点について記しておく。

（1）外壁擬石モルタル洗出し壁の修理

公会堂は赤れんがと窓まわりの白い花崗岩の意匠にみえるが、柱型など多くの部分が擬石モルタル洗出し壁であり、その部分の汚れと劣化が目立っていた。当然ながら浮き部分の修理と洗浄整備がなされている。手法は温水洗浄や、種々の洗浄剤を加えた高圧温水洗浄など状況に応じた方式がとられた。

さらに表面強化剤や汚れ防止のための撥水剤が塗布されている。それを年季の入った好ましい美しさに整えるための苦心があったという。加えて風化損傷が大きく、視線に入らないパラペット部分などは

*清水・西松・大鉄特定建設工事企業体

鉛板カバー工法が行われている。

(2) 鋼製サッシ窓と木製建具の修理

この時代のれんが造建築としてガラス窓が大きく、多いことも公会堂の特色である。ガラス窓の数は、220余個所を数え、そのサッシは巣鴨製作所により大正中期に制作された折曲げ引抜き式である。ただし、地階は押出し型材によるというもので、当初材の重要性が明らかになり、外観保存に欠かせないものと認識された部分である。着工時にあった8割強が再生使用されている。その設置に関しては性能向上のため、内側に新たなサッシ窓の付加や、シリコン板の使用などの工夫がなされている。ただしパテ留めされていた窓ガラスの取外しと、その再利用には予測外の労力を要した。

116ヵ所を数えた木製建具の多くに、さまざまな改変、移設がなされていた。その復原整備のための作業は、調査と修理、仕上塗の再生であったことは、修復の基本である。それに加えて、バリアフリーや防火性能、遮音性の向上など、種々の機能改善が図られたことも特色に挙げられる。

(3) 復原整備工事

当初のものは失われているが、写真や断片的資料にもとづき復原する工事である。シャンデリアなどの灯具やカーテンなど当初の意匠への復原に際してよく行われる。歴史的建築における真正性が問われるところでもある。今回は、大集会室の天井およびシャンデリア、飾り幕、カーテンなどが大きく改修されたが、復原のための根拠の記録に注意が払われて進められた。また戦中に撤去されていた正面玄関などの鋼製扉、大屋根上の神像も復原された。わずかな写真し痕跡をもとに、コンピュータによる3次元モデリングの力を借りて作図し、伝統的な鎚起技法で制作されたものである。

## 新たな機能改善のための設計

電気、空調など諸設備の一新、館内エレベータ新設など動線の整理、バリアフリー対応、そして防災設備の設置も現行法規に従って進められ、かつ既存の建築への影響を少なくする方針で行われた。

一方、積極的な改善が大集会室と地階部そして各階トイレにおいてなされ、再生活用の要所とされた。

大集会室では舞台関連設備、照明、音響、椅子席などが大幅に改善され、ホールとしての質的向上と運用の多様化が図られた [C]。それとともに、意匠的には天井構成の復原、プロセニアムアーチの金箔押しによる修復など、今回の保存再生計画の性格をよく表すところとなっている。また人気のあった地階食堂も漆喰を落としてれんが壁を一部露すなど、骨格として当初意匠を残しつつ機能面での整備を進め、建物南面に設けられた半円形のサンクンガーデン（からぼり）へとつながって公会堂利用の活性化に寄与している [I]。

おわりに、この保存再生工事にわずかながら関われたことで思うことは、事業者の大阪市と設計実務を担った坂倉建築研究所を主とする設計JVが、足掛け7年にわたってがっちりとスクラムを組んで工事を進行できたことである。また保存に関しては、専門家のさまざまな意見を逐次くみ取り、設計に反映させる場が用意されていたことであり、大阪市によって文化財を強く意識された計画により、保存と再生の両立を果たせた。竣工後にその両義性が評価され、重要文化財として指定を受けたことの意義は大きいといえる。

| 再　生　前 | |
|---|---|
| 建物名 | 大阪市中央公会堂 |
| 所在地 | 大阪市北区中之島1-1-27 |
| 建築主 | 岩本家の寄付をもとに大阪市 |
| 設計 | 岡田信一郎（原案）　辰野金吾＋片岡安 |
| 竣工 | 1918年10月 |
| 規模 | 地下1階、地上3階 |

| 再　生　後 | |
|---|---|
| 建物名 | 大阪市中央公会堂 |
| 所在地 | 同上 |
| 建築主 | 大阪市 |
| 設計 | 大阪市都市整備局＋坂倉・平田・青山・新日設計共同企業体 |
| 竣工 | 2002年9月 |
| 規模 | 地下2階、地上3階 |
| 面積 | 延床面積：9,886.56m²（うち増築部分1,461.52m²） |
| 再生工事費用 | 103億円 |

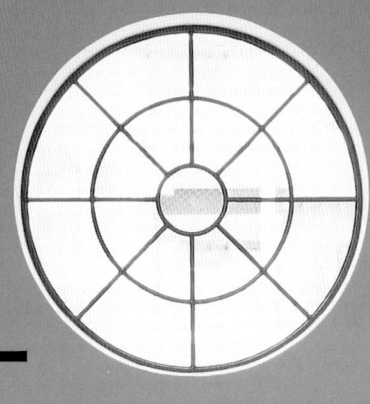

# 京都芸術センター

京都市＋佐藤総合計画 関西事務所（1999年）

## 「町の顔」から「街の顔」へ

### 高倉西小学校（旧明倫小学校）
京都市（1931年）

A 階段ではなくスロープが設置されている。
この建物の贅沢さを象徴する空間である

B 運動場から見た全景。
都心の真ん中で、
しだいに高層のマンションに
囲まれつつある

京都芸術センター / Kyoto Art Center

C 格天井が特徴的な講堂。
演奏会やシンポジウムなどに
利用されている

# 京都芸術センターの改修計画にあたって

吉田諭司 YOSHIDA Satoshi
❖
佐藤総合計画

旧京都市立明倫小学校は呉服商が建ち並ぶ市の中心部に位置する小学校である。

平成10年、京都市は児童数の減少により平成5年に閉校した本建物を市の芸術文化振興の中核拠点施設「京都芸術センター」(市、芸術家等が連携し、芸術活動、情報発信を行い、芸術を通じて市民と交流する場)として改修することとした。改修計画にあたっては、京都市、佐藤総合計画、地元住民、芸術家、学識経験者との数度にわたる協議により、芸術センターとしての新機能を満足させるばかりでなく、近代建築としての文化財的価値に着目し、内・外部とも極力原形イメージを損なわない方針とした。外部改修は、耐震性能および校庭への搬入車輌動線確保、福祉環境と利便性の向上を目的として、本館・北校舎間の既存渡廊下を撤去し、エレベータ棟とともに新設した。渡り廊下は既存の半円アーチのリズムを損なわないように1階2連、2階3連のアーチとした。エレベータ棟は本館・南校舎の入隅部に配置し、既存の水平に目地切された腰壁と繊細なディテールのサッシをモチーフに既存デザインとの調和に配慮した。

内部改修としては地域住民の集会場だった大広間は保存改修と室内環境の向上を目的として木部の洗い、じゅらく壁の補修を行ったうえ、空調設備を新設した。

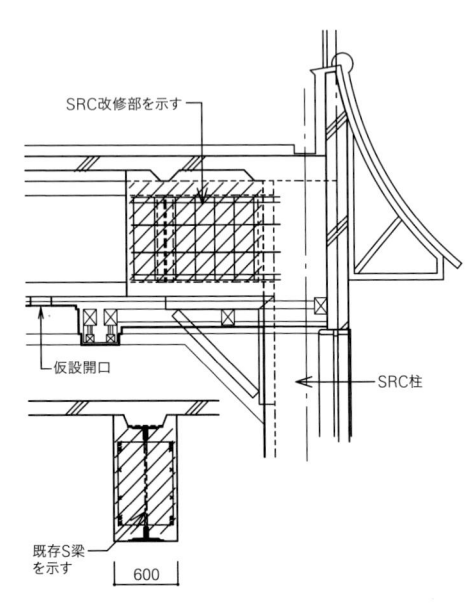

体育館は展示発表の場として天井高の確保が要求され、床を最大90cm段状に掘下げ、段部分は空調設備の吹き出し、観客席などに利用した。

**梁補強図**
講堂の天井は梁下に接して木下地材の上、デンティルなどモールディングの施された格天井と一部鏡板状の天然木化粧板張り仕上げとなっており、その鏡板部分の数ヵ所を仮設開口として利用して端部梁補強を行った。梁補強は既存のSRC柱を一体化するために鉄骨梁端部を両側から鉄筋コンクリートで挟み込む方法としている。この工法により、竣工当初の梁ディテールを損なうことなく再現が可能となった。なおモールディングは木下地を組み合わせて塗装したものであった。

2階平面図

制作室3、4
[図書館、生活科室]
スロープ
北校舎
制作室5
[音楽室]
本館
渡廊下
大広間
[大広間]
講堂
[講堂]
エレベーター
制作室7
[図工室]
南校舎
制作室6
[学習資料室]

1階平面図
[ ]：改修前室名

制作室1、2
[1年、家庭科室]
本館
北校舎
ギャラリー北
[給食室]
グランド
室町通
スリースペース
[体育館]
エレベーター
カフェ
[記念室]
ギャラリー南
[多目的室]
南校舎
アプローチ

京都芸術センター

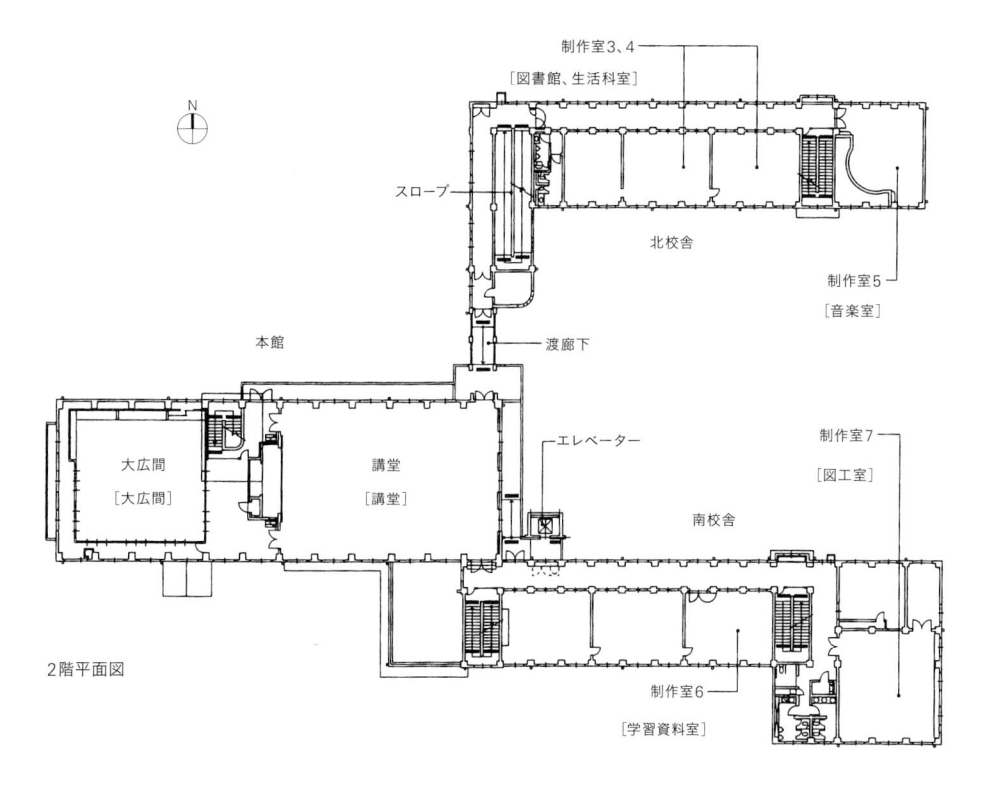

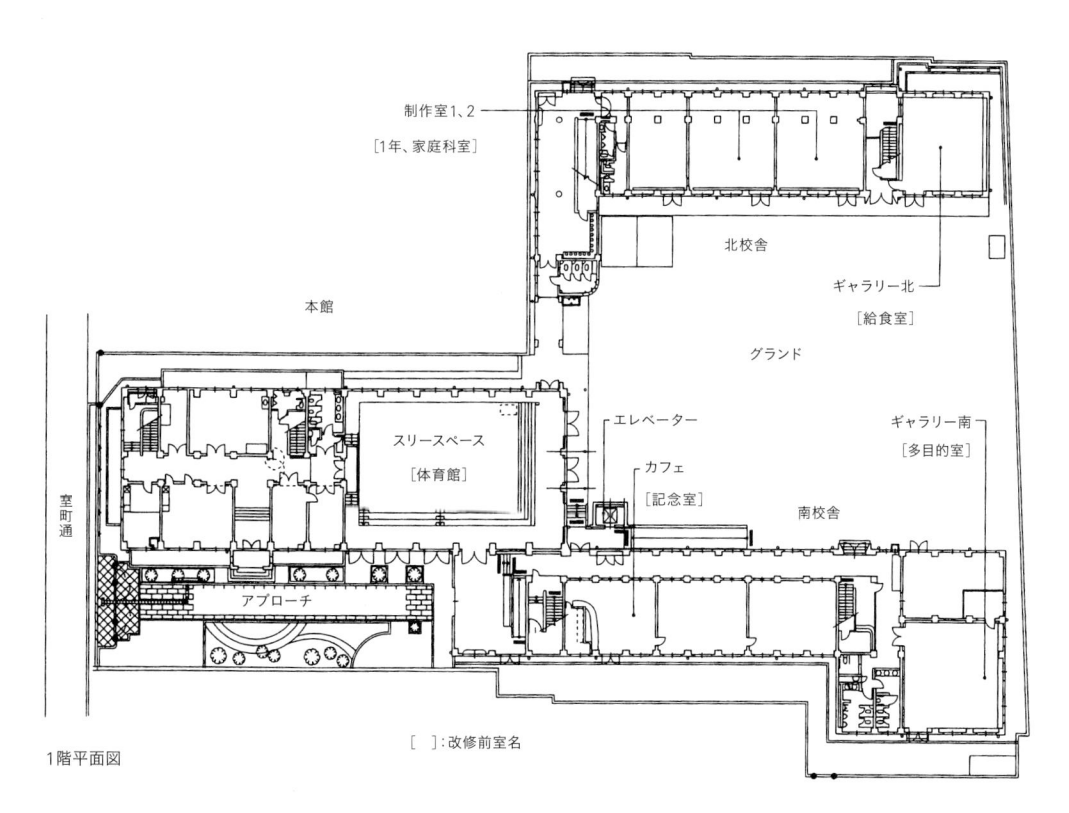

Kyoto Art Center

新設エレベーターは、もっとも階数の多い南校舎（4階建）の部分と本館との入隅部分に設け、室町通りからの外観に配慮した計画を行った。また、エレベーターは独立棟とし、水平線を強調した直線的な原設計デザインとの調和を図る計画とした。

北校舎1階の制作室1・2は、原設計の床がレンガ束立による木床であり、外部の梁が増し打梁であったため、グラウンドレベルを新1FLとし、充分な天井高を確保するとともに、原設計廊下部分も取り込んで少しでも広い作業空間を確保することとした。

京都芸術センター

D  F  G  H  E

Kyoto Art Center

130

京都芸術センター

D 2階が講堂、1階が体育館部分の外観。
アーチのデザインは、当時の京都市の
小学校に共通した特徴

E 和の意匠が巧みに取り入れられた外観。
正面の4階建ての部分には作法教室として
町家の内部が再現されている

F スチールの窓。
複雑な開閉装置が現在もそのまま使える

G 1階のミーティングルーム。
もともと会議室としてつくられた部屋。
ハンチが独特なデザイン

H 事務室への玄関脇に飾られた
ステンドグラス

I 折上格天井に座敷飾りのついた
巨大な和室。大広間として、
さまざまな用途に利用されている

# 都心の一等地に建つ小学校の
# 保存と再生

## 中川 理 NAKAGAWA Satoshi

室町通を四条から上がった（京都では北へ進むことを上ルという）ところ。ここは、ちょうど祇園祭の「鉾町」のほぼ中心に位置する場所だ。京都市街の一等地でもある。そこに、独特の外観デザインの施設が建っている。しかも、それは若手芸術家たちが集まる京都市の芸術センターなのだ。

都心の真ん中で、歴史的な建物が公的施設として機能している。もちろんそれが実現するまでには、さまざまな努力があった。歴史的な近代建築が再生されるためには、多くのハードルがあるが、この京都芸術センターが実現された過程には、そのハードルをめぐる重要な論点が潜んでいると思う。特に、建築の歴史性をどう捉えるかという議論が重要だ。そのあたりのことを中心に、この建築と、その再利用の意義について考えてみよう。

## 番組小学校の歴史

この建物は小学校の校舎として建てられた。1931年に竣工した京都市立明倫小学校校舎である［J］。この施設は、基本的には、その校舎を再生して芸術センターとして活用したものである。しかし重要な

ことは、この校舎がただものではなかったということだ。写真で見てもらえばわかるとおり、われわれのイメージする小学校の常識をはるかに超えた豪華さを誇っているのである。そのために、単なる再利用とはいえない。この建築がもつ価値が評価された結果として、芸術センターに転用されたのである。

その豪華さは後で具体的に見ていくとして、では、なぜこのような豪華な校舎が実現したのか？ 実は、戦前までの京都市の小学校の校舎には、同様に豪華なものが数多く存在する。それは、京都の小学校が番組小学校という制度の下でスタートしたことに由来するといってよい。

水力発電や路面電車など、京都の近代には「日本初」が多い。小学校もその一つであった。1869年（明治2年）にわが国最初の小学校が開校している。それを可能にしたのは、近世までの京都のコミュニティ組織である町組の存在があったからである。町組とは、町の自衛・自治を目的に町々が地域的に連合した自治組織のことで、それが明治の町組改正により、上大組33番組と下大組33番組に再編された。その番組を学区として利用するかたちで、小学校が実現したのである。この明倫小学校も、下京第3番組小学校として開校されたものだ。

したがって、小学校は、現在の区役所に相当する役割も果たしていた。実際に、戸籍、警察、保健、税務を担ったのである。しかも、小学校の運営・維持の資金は、各学区の有力者が出資して小学校会社を設立したり、竈のある家から「竈金」と呼ばれる方法で醵金を徴収するなどして賄った。

さらにその後には、学区は学区制度として法的な根拠も与えられることになる。その結果、校舎の建設も含む維持管理費は、学区税として学区内住民からの独自な税収で賄われることになった。こうした

J 竣工当時（1931年）の明倫小学校（写真提供：京都市）

ことから、小学校は各学区（＝番組）が自ら運営する行政施設でもあったわけである。

## 明倫小学校の建築

その後、大正末からRC造への校舎の改築が進むことになる。このことは、東京や大阪などと同じなのだが、京都では、校舎改築が学区ごとに競うように行われていった。それは、番組小学校としての伝統があり、校舎の建設費も学区ごとに用意するという事情があったからだ。町組の伝統を受け継ぐ京都の小学校の学区は、現在に至っても、地域を色分けする最も強い判断材料となっている。その学区に小学校がなくなっても、「元学区」と称して、その区画は強く意識され続けている。そんななかで、小学校の校舎の改築は、学区の経済力を象徴するシンボルをつくることに等しかった。

この明倫小学校の学区は、京都の伝統的和装産業を仕切る室町問屋筋の中心である。裕福な学区と誰もが認める場所であった。そのため、最も豪華な校舎を建設することが宿命付けられていたといってよい。果たして、校舎の建設費は、戦前に京都市内に建てられたRC造の小学校校舎のなかでも、とりわけ莫大なものとなった［K］。

ただし、そうして莫大な建設費が用意できたことについては、ある事情もあったようだ。川島智生博士の研究によると、明倫も含む豪華な校舎は、1929年、1930年に建てられたものが多い。実は、このころは学区制度の廃止が噂されていた（実際の廃止は1941年）。学区ごとに富裕の差が出ることは教育環境としてよろしくないという平等主義からである。もし学区制度が廃止されてしまうと、学区ごとの施設に差をつくれなくなってしまう。さらには、学区制度が廃止されれば、校舎建設のために起債を起こしても、それが京都市に引き継がれるために負担として残らない。そこで、特に富裕な学区は、競って校舎建設費の寄付金を募り、さらには競って起債を行ったということがあったようなのだ。

しかし、いずれにしても、明倫小学校の校舎は、戦前のわが国におけるRC造校舎のなかでもとりわけ豪華な設備と意匠をもったものとして建設されることになった。その質の高さは誰でも驚くものである。

具体的に見てみると、何より驚かされるのは、大広間と講堂である。折上格天井に座敷飾りのついた78畳敷という巨大な「大広間」。これには圧倒される。この部屋は学区の会合などにも利用されるものであったようだ。体育館とは別につくられている「講堂」も格天井が印象的な濃密なインテリアをもつ。塔屋にあたる部分の4階に茶室もついた「和室」があるが、これは建設当時は作法教室とされており、京都の町家の内部が再現されたような部屋になっている。

こうした施設の充実だけではない。同時に、この建物はその独自なデザインの趣味にも大きな特徴と魅力がある。ひと言で言えば、独自な「和」の解釈である。外観で最も目立つのは瓦の使用である。これはスパニッシュを狙ったようにもみえるのだが、その軒の下には、寺院の肘木のような小さな装飾が付けられている。同様に外観、室内とも、どこかでわが国の伝統建築をイメージさせる意匠が目立つ。なにより、「大広間」のような和の空間が、違和感なく洋風意匠に組み込まれていることに驚かなければならないだろう。また、室内で最も目立つのは、太い持送りやハンチの意匠だ。これは、戦前期のRC造では一般的なことだろうが、そこにつけられる装飾が特徴的だ。濃密な装飾となっている1階の会議室などが特に顕著だが、東洋趣味も感じさせる独特なものだ。

スパニッシュ、「和」の意匠の多用、東洋趣味。この一連の意匠的特長は、当時の関西に君臨した建築家・武田五一の作品に共通するものである。そし

K 新築時の鉄骨建て方の様子（写真提供：京都市）

京都芸術センター

**L** 2階から3階へのスロープの窓

**M** 1階に入居しているカフェ。
通りからは存在がほとんどわからないが、
大変な人気である

**N** 談話室。もともとの教室を利用したものだが、
この部屋だけ椅子や机も再現されている

Kyoto Art Center

O 新たに新設されたエレベータと外部通路部分。
既存の意匠に配慮したデザインとなっている

て、当時建てられた京都市立のほかの小学校も、共通して同様の意匠的特長をもっていたのである。川島博士も、武田の教え子が当時の京都市営繕課に設計技師として所属していたことなどを指摘して、武田からの影響の可能性を指摘している。

その正否はともかく、明倫小学校のこの独特な意匠は、この小学校だけに限定されたものではなかったのである。それは、京都の小学校建築が共通してつくり上げた成果であったといってよい。明倫小学校のデザインは、そのもっとも密度の高い代表作となっていたのである。

## 小学校統廃合と跡地利用

さて、こうしてとびきり豪華で特徴的な校舎が、なぜ芸術センターとして転用される運命となるのか。それは、東京や大阪と同様に、京都でも都心人口が減り続けたためである。1981年を境にして京都市中心部の児童数は減少を続け、全校児童が100人を割る小学校も出るまでに至った。それでも番組小学校の伝統をもつ小学校の統廃合は、それぞれの学区住民の反発が予想された。

京都市は、慎重に根回しを進め、ようやく1992年の下京5校の統廃合を成功させ、1997年までに順次、2～5校の統廃合を進めていった。明倫小学校も、1993年に閉校となり、小学校としての機能は、周囲の4校ともに、1995年に新設された高倉小学校に統合されることとなった。

次に問題となったのは、統廃合の後に残った校舎・校地をどうするかということである。統廃合されたのは、京都市の都心部である。閉校された小学校も、多くが都心の一等地位に立地していた。それをどう使っていくのか。京都市は、1994年に学識経験者などで審議会を設置して、これも慎重に協議を続けた。特にそれぞれの学区の住民の意向をできるだけ反映させる方針をとった。

しかし、ここで筆者が疑問に思ったのは、この審議があくまで「跡地利用」についてであったことである。そこに建っている校舎の再利用は、ほとんど議論の対象とはならなかったのだ。今まで述べてきたように、京都市の小学校は番組小学校としての独自の伝統を持っており、その伝統のなかでつくられた校舎は、そのユニークな伝統を象徴する存在であったはずだ。それが、この明倫のほかには「学校歴史博物館」として転用された小学校（開智小学校）があるぐらいで、ほかはほとんどが取り壊されたか、その予定となっているのである（その後、龍池小学校の校舎も「京都国際マンガミュージアム」に転用された）。

## 保存的改修

実は、「跡地利用」についても、まだ未定のケースが多い。せっかくの歴史的校舎を取り壊すとしても、その後の計画はいまだに立てられていない場所が多いのだ。そんななかで、この明倫小学校の校舎だけが、芸術センターとして大胆で華麗な転用が決定された。これは、ほかの小学校の跡地利用と比べて、きわめて異例のものといえるのかもしれない。それは、明倫小学校の意匠と空間の質の高さが、特

P ほとんど手が加えられていない1階の廊下。
手前は人気のカフェが入居

Q 北側の校舎だった部分。
現在は、制作室とギャラリーが並んでいる

別のものと認識されたからであることは間違いないだろう。

しかし、もちろん、もともと小学校であった建物を芸術センターとして利用するには、何らかの改修が必要とされた。1931年に建てられたRC造で、構造的にはそれほど大がかりな耐震補強は必要でなかったようだが、機能的には拡充しなければならない個所もいくつか出てきた。

改修を担当した佐藤総合計画では、この改修について、地元住民や芸術家も含めた協議により、3つの方向性から検討することになったという。「保存的改修」、「機能的改修」、「耐震的改修」である。実際には外部・内部とも、一部で再現も含めながら意匠のイメージをそのまま保つ「保存的改修」が中心となり、必要に応じて付加的に「機能的改修」・「耐震的改修」が行われている。

実際の大きな変更点としては、エレベータ棟を設置し、一階の体育館（雨天体操場）の天井高を確保するために床を掘り込んだことぐらいである。あとは大きな手を入れていない。この校舎がもつ歴史的雰囲気は、そのまま残されている。この控えめな改修は見事であり、実際に第12回BELCA賞も受賞している。

## 芸術センターの成功

芸術センターとしての活用は順調である。というよりも、きわめて人気が高い施設になっている。校舎の教室の一つひとつは、それぞれ制作室として利用されている[P、Q]。上手な使い方だ。都心の立地も幸いして、若い作家たちの制作室利用の人気はすこぶる高い。運営組織もしっかりしている。学識経験者で構成される評議会と運営委員会を設けて、制作室を借りるアーティストの選考も厳正に行われている。こうしたアイデアや組織運営の努力によって、芸術に関わる多彩な活動と発信を行っており、いまや京都のアートシーンにはなくてはならない存在になりつつある。

この成功を、われわれはどう解釈すべきなのだろうか。芸術センターとして小学校の遺産を活用することに成功した。これは事実で、都心の小学校跡地利用に悩む多くの自治体から、大きな注目を集める

ようになっている。しかし、もうひとつ着目しなくてはならない重要な点があるだろう。もともとの校舎がもっていたポテンシャルの高さである。単に上質の建築であるというだけではない。その独特の空間デザインがもつ歴史性が、確固とした個性を主張している。それがあるからこそ、芸術という捉えどころのないものもしっかりと受け止めることができる懐の深さがあるのである。

その点で残念なのが、同時期に建てられて、明倫小学校と同様なデザインの質を誇っていた校舎の多くが、あっけなく取り壊されてしまった現実である。そのもっている空間・意匠の社会的な力は、芸術以外にもさまざまな転用アイデアを生み出したのではないか。われわれは、「跡地」というような抽象的な表現から、新しいものを生み出す力をすでに失っているように思えてならないのである。

| 再　生　前 | |
|---|---|
| 建物名 | 高倉西小学校（旧明倫小学校） |
| 所在地 | 京都市中京区室町通蛸薬師下ル山伏山町546-2 |
| 建築主 | 京都市 |
| 設計 | 京都市 |
| 竣工 | 1931年10月 |
| 施工 | 清水組 |
| 構造規模 | RC造、一部SRC造、地下1階、地上3階（一部4階）建 |
| 面積 | 5,100.83m² |

| 再　生　後 | |
|---|---|
| 建物名 | 京都芸術センター |
| 所在地 | 同上 |
| 建築主 | 同上 |
| 設計 | 京都市、佐藤総合計画 関西事務所 |
| 竣工 | 1999年12月 |
| 施工 | 太平工業、他 |
| 構造規模 | RC造、一部SRC造、地下1階、地上3階（一部4階）建 |
| 面積 | 5,209.35m² |
| 再生工事費用 | 9.85億円 |

A 中央棟北小食堂の窓。
上部に見える円形は天井から下げられた照明

自由学園明日館

Jiyugakuen Myonichikan

## 自由学園明日館

財団法人 文化財建造物保存技術協会（2001年）

## F.L.ライトを
## 忠実に修復した人気施設

**自由学園明日館**
フランク・ロイド・ライト（1925年）

自由学園明日館

B 中央棟ホール。
基壇と回廊、プラントボックスには
大谷石が使用されている。
建具の外部塗装は緑色に復原している

C 修復前の中央棟。
建具の外部塗装、屋根の色が異なる
（写真提供：自由学園明日館）

D 中央棟食堂の暖炉とイス。
右側が遠藤新設計のイス。
左側は古いイスのイメージを大切にしながら
新しくつくったもの

Jiyugakuen Myon-chikan

# 自由学園明日館における文化財建造物の保存修理工事

**若林邦民** WAKABAYASHI Kunihito
❖
財団法人 文化財建造物保存技術協会

　自由学園明日館の保存修理工事は、基本項目として①オリジナルの復原、②恒久性を高めるための工夫、③活用に伴う改善という3つのテーマをもって行われた。これは解体調査などで得られた資料にもとづき、「文化財保護法」に則して立てられた方針である。

　明日館を文化財として捉えた場合、ライトのデザインのみにとどまらず、ともに建物の設計に当たった遠藤新や自由学園の方々が、80年間守り続けてきた明日館として「建物」を残さなければならないのである。また、文化財として保存しながらも、建物を活用するための改善や、構造上の弱点を補う補強工事などの問題を解決しながら行わなければならなかった。そして、綿密な調査と協議によって、寿命が尽きようとしていた明日館は、修理を経て竣工に近い状態に戻ったのである。工事の設計および監理は（財）文化財建造物保存技術協会が、工事施工は大成建設（株）が担当した。

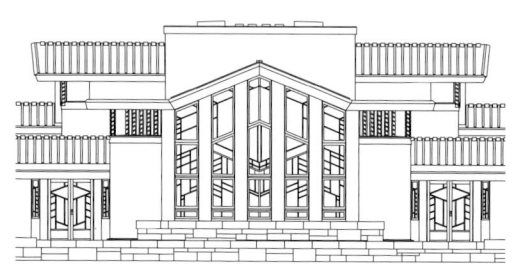

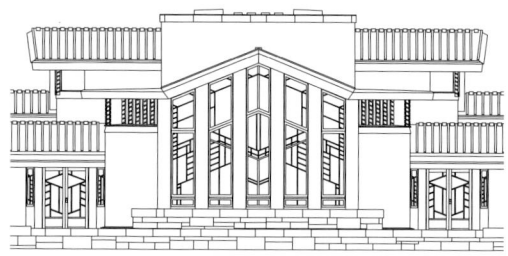

中央棟ホール修理前　　　　中央棟ホール修理後

　文化財建造物の保存修理は一般の建築技術に加え、歴史的、伝統的技法に対する熟練と経験が要求される。特に、工事に従事する設計監理技術者は事前に所管官庁（文化庁）の承認を得ることが義務付けられており、文化庁によって技術者の経験年数や過去の実績、文化庁が実施している技術者研修会などの履修の有無が審査され、承認されることとなる。また、施工を行う大工、左官工、屋根葺工などにも、経験や熟練度について厳しい条件が付される。80年前の明日館と同様、今回の保存修理工事においても、建物を次の世代に伝えるために、熟練した技術者や職人がいたのである。

中央棟ホール正面窓
復原部分詳細図（単位mm）

ライトは自由学園を設計した当時は、ステンドグラスを用いた装飾ガラス戸を好んで設計したが、自由学園のホールの窓は当初から色ガラスを用いない木製格子による装飾窓であった。当初は柱間毎の大きな片開き戸であったが、開閉が難しくなってきたため、1947年頃中段に框を入れ、開き戸を2つに分割し、格子のデザインも変更された。今回の修理工事では、窓のデザインを当初に復元した。

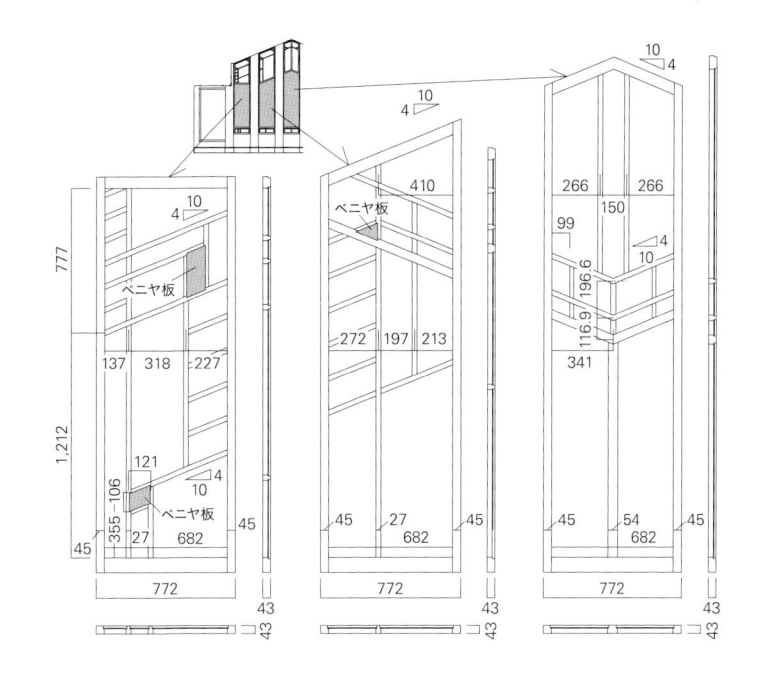

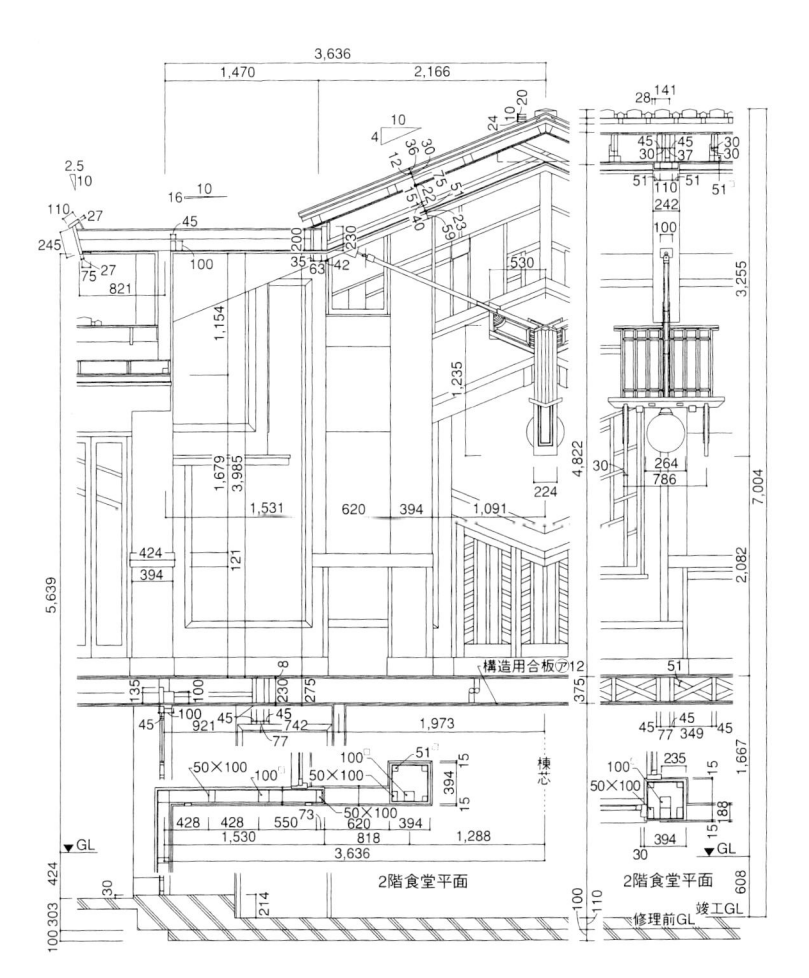

自由学園明日館

Jiyugakuen Myonichikan

食堂矩計図
中央棟北側は2階食堂で、当初は中央のメインフロアのみだったが、生徒の増加に伴い手狭になったため。建設開始より2〜3年後に北・東・西の3方向に小食堂を増設した。中央食堂の天井高は役6mあり、開放感のあるゆったりとした空間構成となっている。メインフロアには、当初より設置されていたペンダントライトが4つあるが、一説には、食堂の空間が女子学生には広すぎたと感じたライトが、それを補うように天井からペンダントライトを吊り下げることを考え、設計したと言われている。

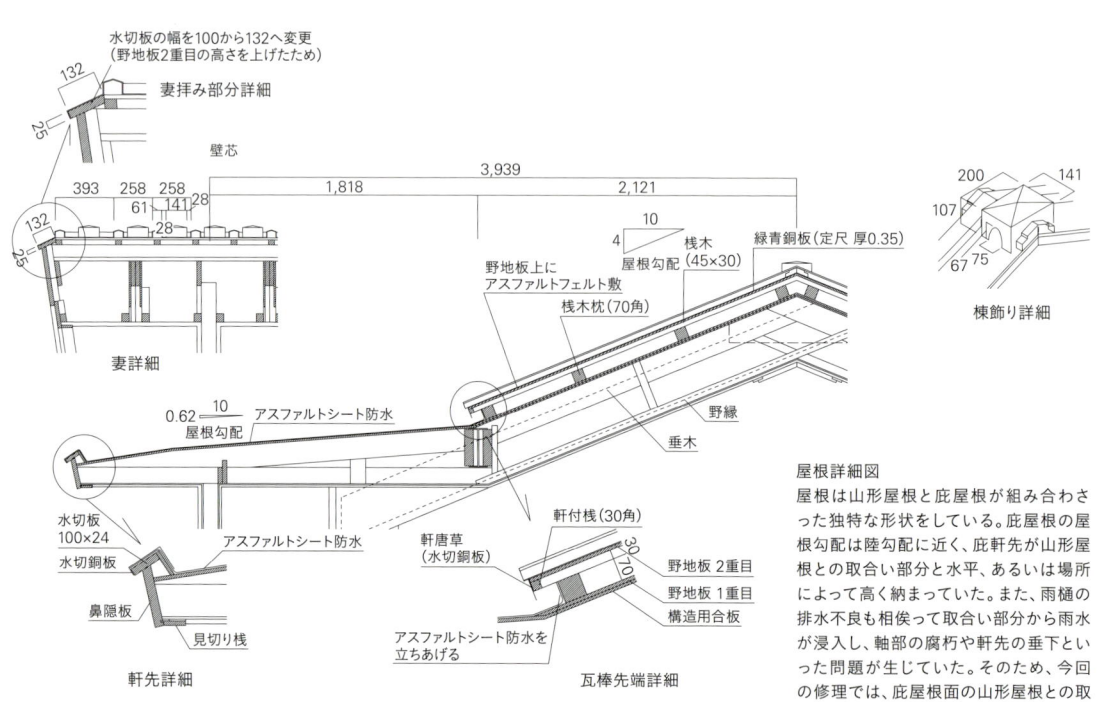

自由学園明日館

**E** 中央棟ホール。幾何学的パターンの組み合わせからなる、窓割りのデザインはセセッションを思わせる

Jiyugakuen Myonichikan

水切板の幅を100から132へ変更
（野地板2重目の高さを上げたため）

妻拝み部分詳細

壁芯

妻詳細

棟飾り詳細

野地板上にアスファルトフェルト敷
桟木枕（70角）
桟木（45×30）
屋根勾配
緑青銅板（定尺 厚0.35）

アスファルトシート防水
屋根勾配
野縁
垂木

水切板 100×24
水切銅板
鼻隠板
見切り桟
アスファルトシート防水
軒唐草（水切銅板）
軒付桟（30角）
野地板2重目
野地板1重目
構造用合板
アスファルトシート防水を立ちあげる

軒先詳細

瓦棒先端詳細

屋根詳細図
屋根は山形屋根と庇屋根が組み合わさった独特な形状をしている。庇屋根の屋根勾配は陸勾配に近く、庇軒先が山形屋根との取合い部分と水平、あるいは場所によって高く納まっていた。また、雨樋の排水不良も相俟って取合い部分から雨水が浸入し、軸部の腐朽や軒先の垂下といった問題が生じていた。そのため、今回の修理では、庇屋根面の山形屋根との取合い部を庇屋根軒先より高く納めることで、大雨時または樋詰まり時に、庇軒先よりオーバーフローとなった雨水の排水が出来るような改善を行った。

自由学園明日館

F 中央棟食堂。
天井の高い食堂の三方を、1923〜24年に増築した低い天井の小食堂が囲む。
他の一方には暖炉が置かれている

G 中央棟西玄関ホール。
トップライトから落ちてくる光が室内を照らす

H 中央棟食堂。
漆喰塗の壁や天井をオイルステインの塗られた木材が縁取ることで、
空間の立体感を強調している

I 中央棟と東教室棟の一部。
中庭を囲んで大谷石の回廊がまわる。大谷石は薬剤で強化処理している

Jiyugakuen Myonichikan

自由学園明日館 / Jiyugakuen Myonichikan

## 2階平面図

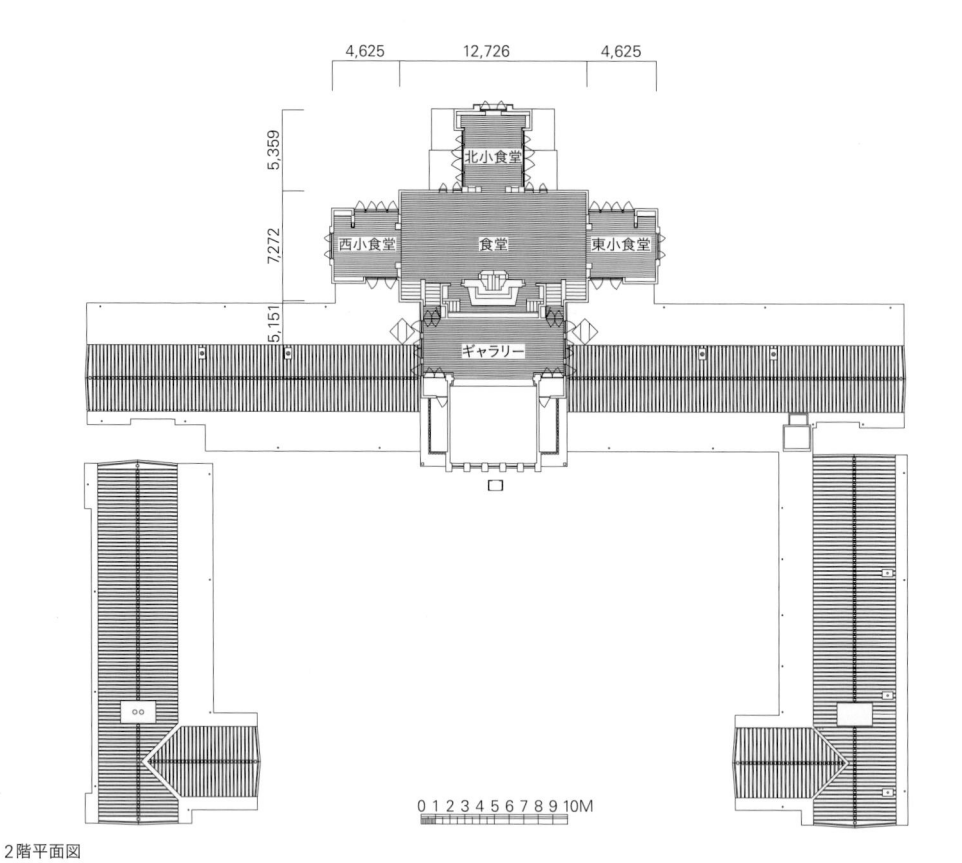

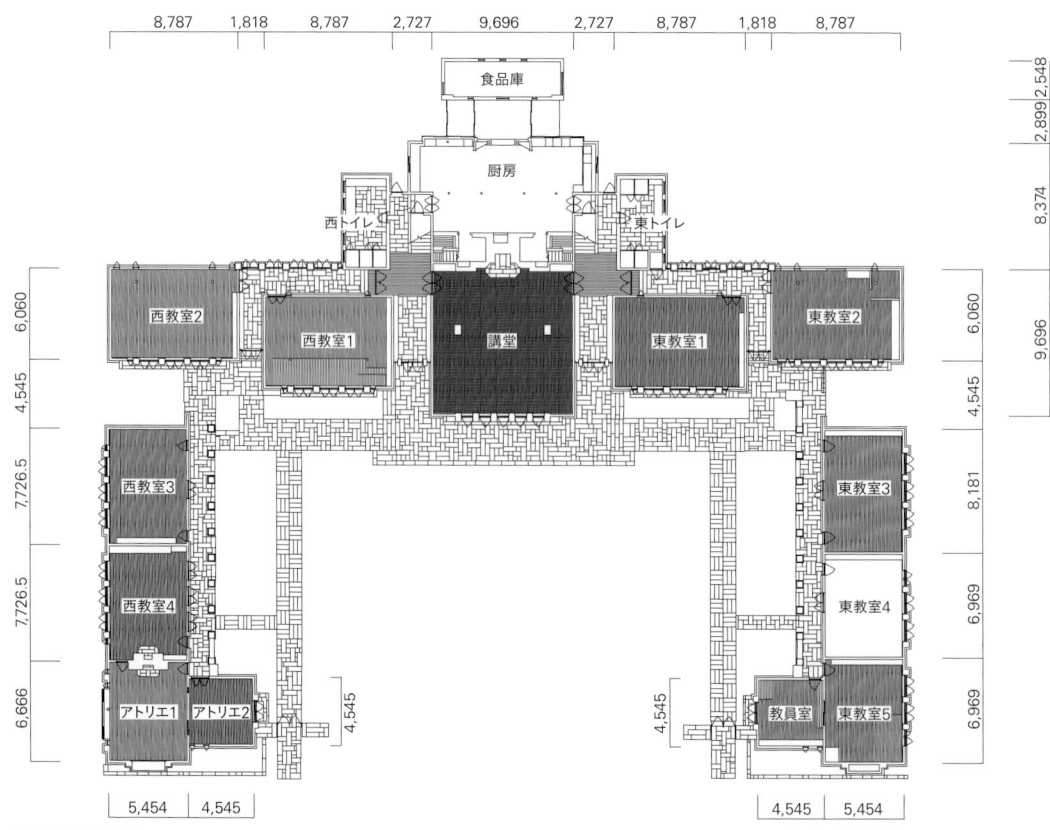

- 北小食堂
- 西小食堂
- 食堂
- 東小食堂
- ギャラリー

## 再生前1階平面図

- 食品庫
- 厨房
- 西トイレ
- 東トイレ
- 西教室2
- 西教室1
- 講堂
- 東教室1
- 東教室2
- 西教室3
- 東教室3
- 西教室4
- 東教室4
- アトリエ1
- アトリエ2
- 教員室
- 東教室5

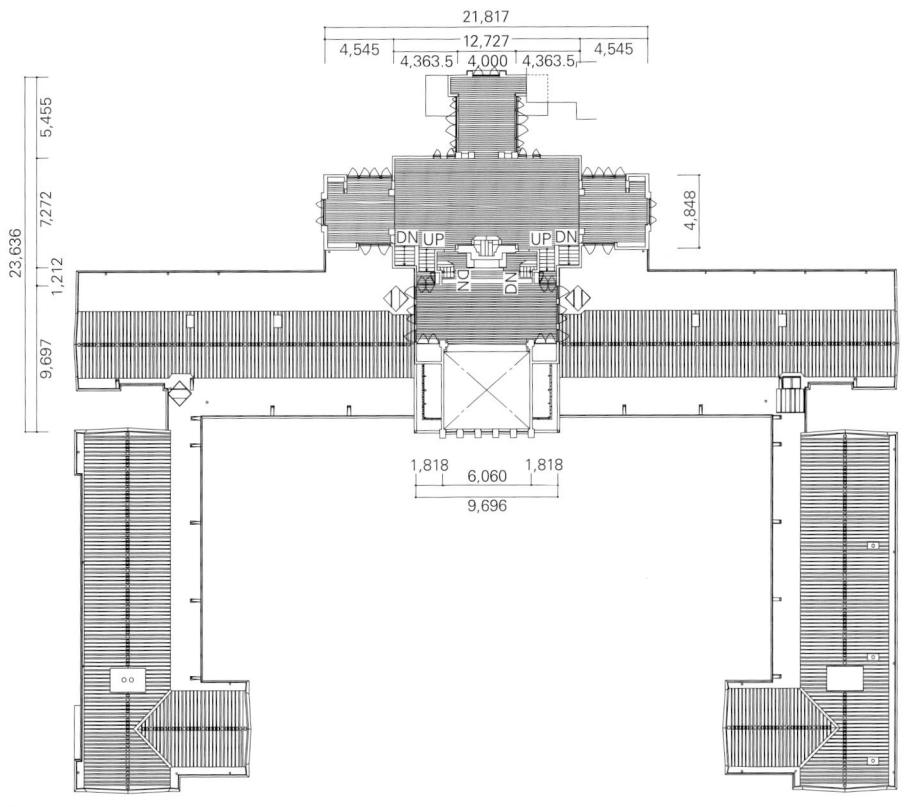

2階平面図

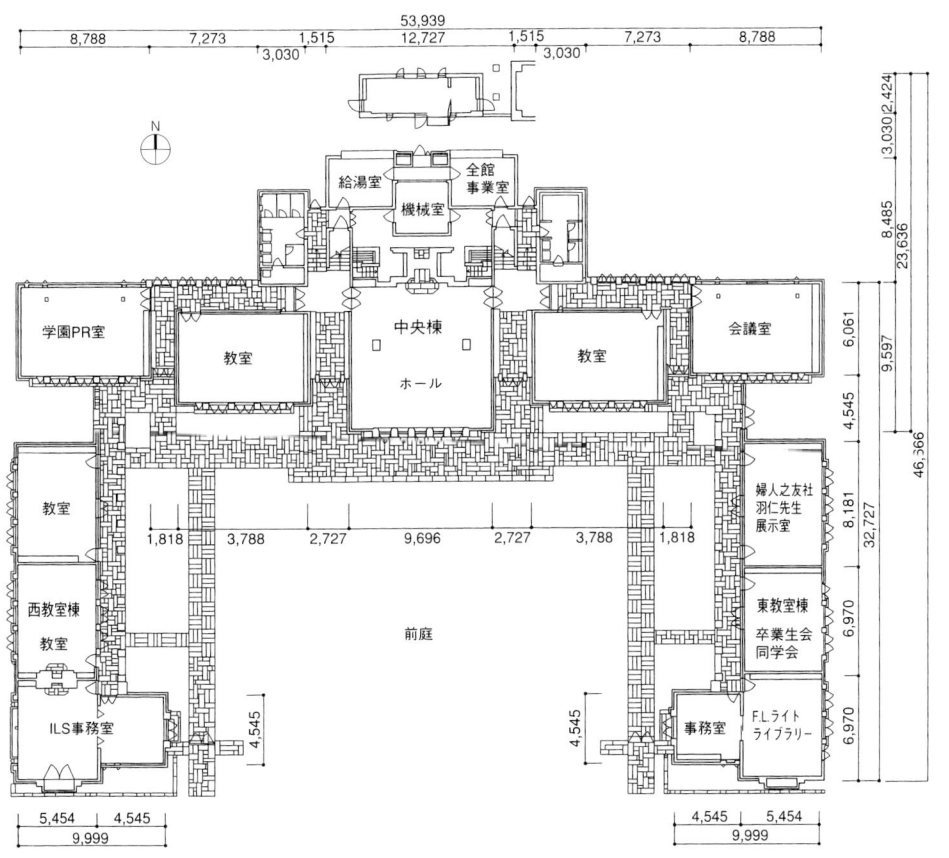

再生後1階平面図

自由学園明日館 / Jiyugakuen Myonichikan

# 近代建築を
# 文化として認める

❖

初田 亨 HATSUDA Tohru

　欧米においては、重要と考えられる建物を取り壊そうとするときは、なぜ取り壊さなければならないかを社会に説明しなければならないが、日本では何の説明もなく取り壊してしまうのが一般的である。日本においても、建築が文化であることは多くの人が認めるところであるが、その実態は欧米と大きく異なる。欧米では建築が文化として生活のなかで生きているのに対して、日本では生活の一部になっていない。日本において建築が文化として扱われるのは、博物館に入るようなきわめて古い建物だけであって、歴史の新しい近代建築は、消耗品と考えられているのが実状である。

　アメリカを除いて、フランク・ロイド・ライト（1867-1959 以下ライト）の設計による建物がある国はそれほど多くないが、日本はその一つに入る。ライトが近代建築の巨匠であることは誰もが認めるところであり、彼を讃える歌さえもポピュラーソングのレコードになっている。ライトの設計した建物は高い価値が与えられており、アメリカでは12の建物がナショナル・ヒストリック・ランドマークに指定されているし（1993年現在）、保存登録リストにも数多くのライトの作品が名を連ねている。

## ライトと当時の自由学園

　自由学園明日館は、ライトとその弟子、遠藤新（1889-1951）の設計になる建物である。自由学園は、教室だけでなく生活から学ぶ実践的な教育を目指して、羽仁もと子・吉一夫妻が1921年に創立したことに始まる。明日館の建物は同年3月に起工、中央棟および西教室棟が翌年、東教室棟が1925年に竣工している。さらにその後、道路をはさんで反対側の敷地に、遠藤新の設計によって1927年に講堂が完成し、学校としての全容が整えられた。

　自由学園の建っている場所は、現在でこそ周囲に高いビルがいくつもあるが、当時は田園風景が広がっていた。建物の設計にあたってライトは、草原住宅（プレイリーハウス）と呼ばれる住宅を多く設計したシカゴの郊外を思い浮かべていたに違いない。ライトが自由学園の設計に関わった時期は、ライトの建築作品のなかでは第二期にあたるが、明日館にみられるような、建物の内部と外部とを一体化させ、深い軒をもった低い屋根で水平線を強調したデザインは、草原住宅の特徴と共通している。建物の基本的な構造は今日の2×4に近い壁式工法で、構造材の多くは規格品を使用している。短い工事期間や、低予算に合わせて工法や材料が選択されたのだろう。

　1934年に自由学園が東久留米に移った後、建物は明日館と名付けられ、この学校を卒業した卒業生が集まり、生涯勉強を続ける場に生まれ変わっている。

## 海外からも注目された保存運動

　1987年6月18日に、自由学園明日館について、学園の調査委員会が、「現状での修復保存は無理」とする報告書をまとめたとの記事が朝日新聞に載った。さらに10月5日には、「残しはしたいが、資金なし『その日』が迫ったライトの名作」と雑誌『日経アーキテクチュア』に載った。ここ十数年間、理事会、教員、卒業生、婦人之友社、現在の利用者で組織された運営委員会から、「現状での修復保存は無理」との報告がまとめられたという記事である［0］。

　報告には、取り壊しを前提に、現地で再建、別の場所で再建、模型のみ残す、という案も添えられていたが、最大の問題は資金繰りで、再建には約4億5千万円の費用がかかると見積もられていた。

　保存を要望する声もいち早く起こった。1987年10月には、自由学園の卒業生を中心に「明日館を保

J 中央棟西教室出入口の前。ランタンはライト自身の設計によることが確認されている

K 中央棟ギャラリーのランタン。ボックスを木枠でつくり、枠内をすりガラスと漆喰壁で仕上げている

L 棟木をもたない中央棟ホールの垂木を補強する鉄板と合板（写真提供：自由学園明日館）

M 東教室棟を補強するH鋼柱とH鋼梁（写真提供：自由学園明日館）

N 遠藤新の設計による1927年建設の講堂。右手前の道路の反対側に、中庭を囲んで明日館の建物が建つ（写真提供：自由学園明日館）

O 復原修理工事前の明日館（写真提供：自由学園明日館）

自由学園明日館　Jiyugakuen Myonichikan

P 西教室棟アトリエ小屋組の登り梁と合わせ梁の補強
（写真提供：自由学園明日館）

Q 中央棟西教室および西面、北面廊下の嵩上げ用コンクリート打設
（写真提供：自由学園明日館）

存したい者の集い」を結成し、11月に学園側に保存の願いを申し出ている。また翌年1月23日には、地元住民、自由学園卒業生、建築史家、建築家などが集まって「自由学園明日館の保存を考える会」が発足した。

以後、「明日館を保存したい者の集い」では、明日館レポートの発行や勉強会を開くとともに、保存資金を得るため明日館のビデオや絵葉書を作成したり、音楽会やスケッチの会を開催している。また「自由学園明日館の保存を考える会」では、明日館ニュースの発行や講演会、ライトの建築展の後押し、さらに、学園はもとより、文化庁、地元の豊島区や社会に対して強く保存の必要性を訴えていった。

この二つの会が中心になり、保存運動が活発にすすめられ、1992年1月5日には、アメリカのブッシュ大統領の来日に合わせ、有志によりニューヨークタイムズへ意見広告を出している。続いて、文化遺産に対する認識を広く深めることを目的に、1993年5月6日には東京で、12日には関西で国際シンポジウム「人類の文化遺産は誰のものか」を日米共同で開催している。これらの運動を通して、明日館に対する社会の関心は大きく広まり、海外からも注目されていった。

## 自由学園の英断と文化財登録

自由学園も、さまざまな意見に耳を傾けようとする態度をもって対応した。1993年11月には、明日館における活動について、「社会に働きかける自由学園教育」実践の場と位置づけ、活動計画を明示するとの方針を採択している。そして1994年7月には「専門家委員会」を発足させ、保存問題に積極的に取り組む姿勢を打ち出している。取壊しの方向から保存の方向へと大きく動きはじめたのである。

その後、1997年1月31日に自由学園が、文化庁へ明日館の文化財指定の申請書を提出し、同年5月27日付で、明日館と遠藤新の設計になる講堂が重要文化財に指定されている。

自由学園が、明日館の取り壊しでなく、保存に踏み切る決意を固めたのは、文化財指定を受けたときの利点および欠点を検討し、指定を受けても使いながら保存が可能である点を考慮したためである。また、重要文化財建造物としての保存が、自由学園教育の発信基地的役割やPR効果という第4の価値観を生み出し、自由学園の将来の発展にとって役立つと判断したことにもよる。このように、明日館を保存していくことが、自由学園教育の発信基地的役割やPR効果に新しい価値観をもたらすといった点から、建物がもつ文化性を認めたうえで保存を決定していたことがわかる。

## 保存修理工事と「色」の問題

明日館の保存修理工事は半解体修理で、1999年1月から2002年2月にかけて行われた。工事に際しては、明日館を単なる文化財として保存するのでなく、自由学園の教育に積極的に使いたいとの方針（『学園新聞』1997年2月25日）に沿って、文化財的価値を守るための復原や現状変更、建物の耐久性を高める構造補強や部分改良、施設を活用していくための改善な

どについて検討が進められ、実施計画が策定された。

文化財的価値の保存を図るための復原については、講堂が完成し、学校として敷地全体の整備が完了した1927年の姿に戻す方針をもって進められた。その結果、外部の木部塗装を緑色に復原、屋根を鉄板葺きから銅板葺きに復原、外壁の内外部を竣工時に合わせ黄色がかったクリーム色とする、などの現状変更が行われている。現状変更は必然的に、慣れ親しんできた建物の印象を変えることにもなり、大きな議論を巻き起こした[B、C]。

なかでも問題になったのは、窓枠など外部に面する木部を緑色に復原する点で、さまざまな意見や発言がなされた。その主なものは「解体中に発見された当初部材や児童の絵から判断して、1927年の時点では緑色であったのだから緑色にすべきである」「半世紀以上も見慣れてきた色を、復原とはいえ変えるべきでない」「外部の木部についても、1927年に復原するとの全体方針に従うべきである」「ライトの色彩に対する考え方を検討し、現在の色のままか緑色に変えるべきか判断すべきである」などであった。

見慣れてきた建物の色を変えるべきではないという意見と、1927年の色に戻すべきであるとの意見に大別できるが、これらの意見はどちらが正しいというものではなく、どちらも建物に対する愛着から導き出されたものである。どちらの意見を取るかは、その建物の評価をどのようにみるかという点で判断されるべきであろう。

結果的に、文化財的価値を優先するとの判断から、外部の木部塗装は緑色で行われることになったが、この問題は、建築の保存・復原のあり方を問い直すものになった。その意味で、建築家や建築史家、学園関係者、学園卒業生など、多くの人々を巻き込んだ議論がなされたのは意義のあることであった。

## 活用のための設備・施設の拡充

建物の耐久性を高めるための構造補強については、H型鋼、鉄板プレート、構造用合板や補強金物を用いて行っている。また、床下部の雨水侵入と湿気対策のため、土台を嵩上げする改良も行っている[P、Q]。

建物の活用については、これまで明日館で行われてきた研究施設のほか、生涯学習のための公開講座や貸し教室のほか、会議、集会の場として、さらにコンサートやパーティ、結婚式の披露宴（講堂を利用すれば、結婚式も可能）などの会館事業に使用できるよう、設備の充実を図っている。具体的には、空調設備の設置や便所の改造のほか、通信・放送設備の設置、照明器具の充実、厨房棟からのサービス動線を確保する壁面の一部撤去など、施設を変更している。また、「フランク・ロイド・ライト・ミニミュージアム」もつくられた。

明日館の後方に建てられ、研究施設や倉庫に利用していた、重要文化財に指定された建物以外はすべて撤去し、活用のための附属施設を、RC造で新築している。工芸棟、消費経済棟、厨房棟の3棟が建設されたが、それぞれの建物は、高さや意匠などを抑えてデザインしている。新しくつくられた建物内には、身障者用のトイレとエレベーターが設けられ、従来は車椅子で明日館の2階に行くことはできなかったが、厨房棟のエレベーターを利用することでそれも可能になった。会館事業についてはかなり厳しい見方もあったが、保存修理後の利用者は当初の予測を上回っているという。また、建物の見学者も増えており、順調に滑り出したといえるだろう。

[参考文献]
『重要文化財 自由学園明日館保存修理工事報告書』、『国際シンポジウム「人類の文化遺産は誰のものか」F.L.ライトの建築の保存を考える報告書』など。

### 再　生　前

| | |
|---|---|
| 建物名 | 自由学園明日館 |
| 所在地 | 東京都豊島区西池袋2-31-3 |
| 建築主 | 自由学園 |
| 設計 | フランク・ロイド・ライト、遠藤新 |
| 竣工 | 1925年 |
| 構造規模 | 木造3階建一部2階建、壁式枠組構造（中央棟のみ、東教室棟・西教室棟は木造平屋建） |
| 面積 | 延床面積：1,184.714m² |

### 再　生　後

| | |
|---|---|
| 建物名 | 自由学園明日館 |
| 所在地 | 同上 |
| 建築主 | 同上 |
| 設計監理 | （財）文化財建造物保存技術協会 |
| 竣工 | 2001年 |
| 規模 | 同上 |
| 総事業費 | 7億6,500万円 |

＊上記の概要は、中央棟・東教室棟・西教室棟についてのデータ

アートプラザ

## アートプラザ
**磯崎新アトリエ**（1997年）

## 現代建築のコンバージョン

**旧大分県立図書館**
**磯崎新アトリエ**（1966年）

Art Plaza

**A** 空中に投げ出されたボックス梁は
敷地の端で「切断」され、
その生成を中断した状態で表現されている

B サーモンピンクに塗られた階段室
C 南側の廊下はグリーンに塗り分けされている
D 2枚の版で挟まれた南側の廊下。右側が60'Sホール、左側はアートホール
E ブリッジ側から[写真B]の階段室を見る

# 耐震補強による生き残り

**太田 勤** OTA Tsutomu
❖
堀江建築工学研究所

　旧大分県立図書館は、1966年に建設されたRC造打放しの先駆的建物である。学園紛争世代の私たちに衝撃的な印象を与えた建物であり、当時写真を見ながら、このような造形的な建物の構造設計は、どのようにすれば可能なのかと思っていた。

　それから30数年が経ち、当時の構造設計者である村上雅也氏（当時、千葉大学教授）から突然、大分県立図書館の耐震改修を行うので、耐震改修設計の実施設計を行ってほしいといわれ、長崎での耐震診断講習会の帰途この建物をみて、本当に耐震改修が可能なのかと、正直なところ思った。

　このプロジェクトを遂行するために学識経験者からなる構造検討委員会を設け、村上氏をはじめ、多くの方のサポートにより、耐震診断・改修設計がなされた。複雑な形態をしている建物ではあるが、構造計画、力の流れは明確であり、現設計で考えていた地震力を新耐震設計法に準じた外力に置き換えることで基本検討、耐震診断ついで改修計画がなされた。外観は原則として現設計を残し、内部空間は改修後の使用性を考慮して改修設計を行った。旧閲覧室の大空間の補強については、設備シャフトを耐震コア壁に改修することにより耐震性能を確保しているが、ロングスパンとなるボックス梁はフェイルセーフとして、RC柱を新設した。

　磯崎氏には法隆寺金堂の軒を支えている支柱や裳階と同じで、耐震補強には新たな部材が必要であると理解していただいたことが印象に残っている。

**F** 当初吊り構造であった2階は
耐力壁で支持された

**G** 旧閲覧室はアートホールに
模様替えされた

アートプラザ

Art Plaza

**H** 柱・ボックス状の大梁、ボックス状の梁の構成

**I** ブリッジから2階展示室と階下の60'Sホールを見る

**J** 2枚の版とボックス状の梁が主構造を構成している。

K 建物へのアプローチは
自転車置き場がなくなり
スロープが延長された

アートプラザ

L 玄関ホール、ブラウジング、
レファレンスなどに使われていた
中央の空間は60'Sホール（展示室）
として利用されている

Art Plaza

アートプラザ

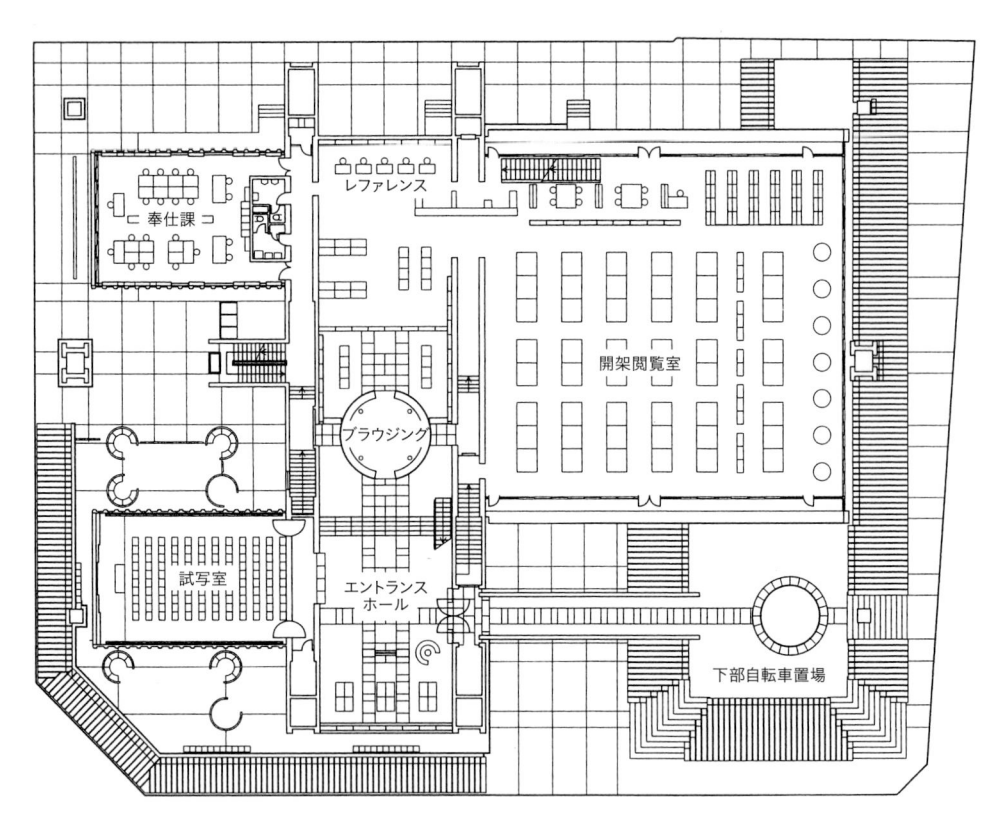

再生前1階平面図

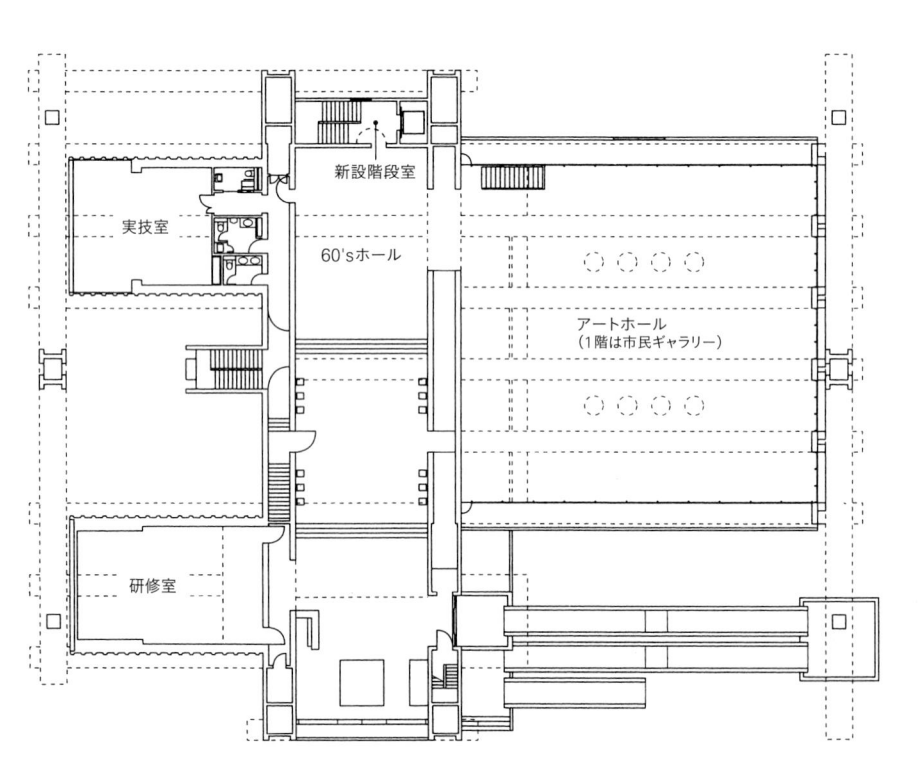

Art Plaza

再生後1階平面図

0 5 10(m)

2階伏図

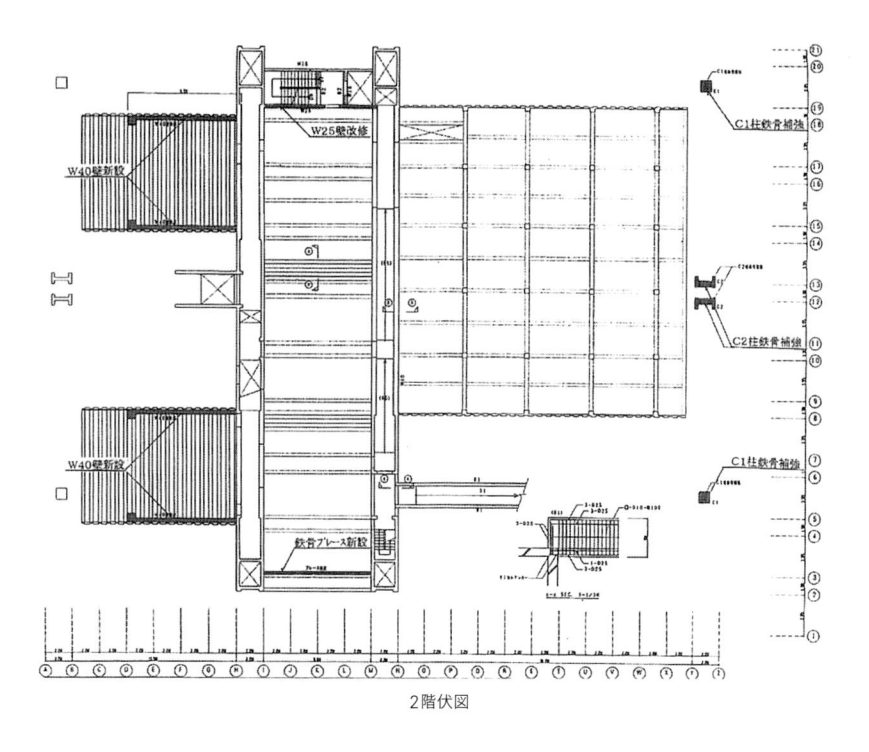

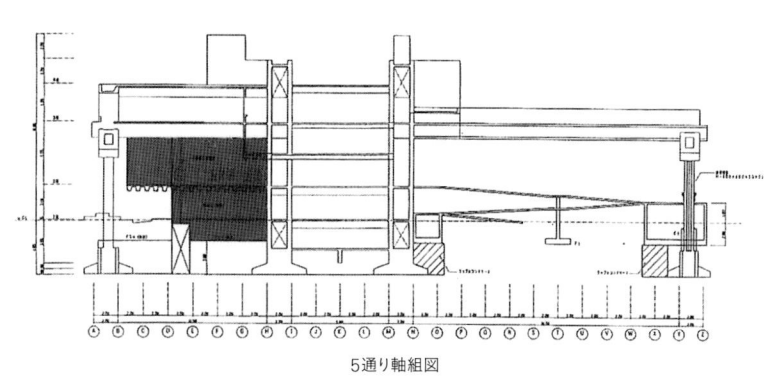

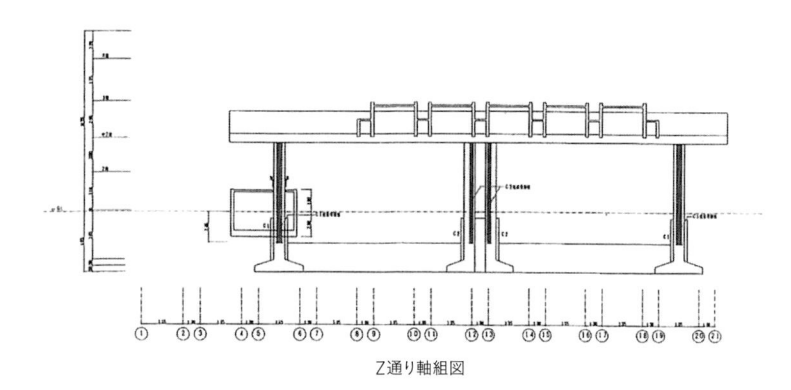

5通り軸組図

Z通り軸組図

現状建物の耐震診断を行った結果、X方向の耐震性は必ずしも十分でなく、補強を行う必要があると判断された。X方向の基本的な耐震補強は、下図に示すD-H間に新設した耐震壁に屋根の吊り下げ部の鉛直荷重を負担させ、かつ、建物全体の水平力の大部分を負担させ耐震性能を確保した。なお、新設耐震壁にN-Y間の水平力をスムーズに伝達させるため、コア(H-N間)部の両端部に耐震壁、鉄骨ブレースを設け、剛性および耐力を確保した。さらにこの新設耐震壁には大きな水平力が作用し、基礎に浮き上がりが生じるため、大架構を支えるZ通りの柱の変形能力を確保する柱補強を行った。柱補強は現状断面形状を残しつつせん断補強筋を増加させ、再度コンクリートを打設した。

# 現代空間と
# コンバージョンの可能性

## 足立裕司 ADACHI Hiroshi

プロセスプランニングという言葉をご存じだろうか。それは1960年代に磯崎新が大分県立大分図書館を設計したときに考え出した方法論であり、作品ともども当時の建築界の注目を浴びた。その方法とは、ミースのユニバーサルスペースのように大きな空間を与えておいて、利用に応じて勝手に区分するオープンプランニングでもなく、完成後の使い勝手の変化に対応するのは無理とあきらめて、ひたすら一瞬の完成形を目指すクローズドプランでもない。

一般的には多少の余裕と融通を見込んで設計するが、クローズドプランは完成したときが最高の状態であり、余裕と融通を越えると建物は使用者の忍耐と工夫に任せるほかないということになる。オープンプラニングは最初から家具や問仕切で自由に仕切られるように考えておくだけで、ここでも完成後は同じような事態が生じる。

もちろん、どちらも建前上は事前に建物の機能を十分に考慮し、最高の結果を引き出したと、建築家はいうのだが、有名建築が必ずしも使いやすい建築ということはなく、むしろ逆のレッテルを貼られるのが現状だ。磯崎新はそうしたふたつの方法論に異議を唱え、大分図書館で実践した。

本書の他の事例は明治以降から戦前の建築、つまり近代建築と呼ばれている範囲を扱っているが、ここでは戦後の建築＝現代建築である大分図書館を取り上げる。その理由は、近代建築が取り壊しに際していつも紙上を賑わし、保存の意義と再生の理念、構造補強などの技法が常に話題に上るため中心的に扱ってきただけであり、別に近代建築という絶対的な保存再生の領域があるわけではない。むしろ、保存再生というテーマからすれば圧倒的に大きな建設活動のストックがあり、世界に注目される作品を次々と生みだしていった戦後の建築こそ大事にしていくことが今後求められているといえる。

それに磯崎新の大分図書館は、現代建築の金字塔というだけでなく、保存と再生という観点からみても大変興味深い建物である。建物と社会の相互関係を考え、完成後の変化を設計段階で想像したという点で重要な意味をもっている。もちろん磯崎新の発想の原点には保存再生という観念はなく、廃墟のイメージであったというのだが。

**M** 新県立図書館の内観（写真撮影：筆者）

## プロセスプラニング再考

　磯崎新の論点はなかなか難解だが、誤解を恐れずにまとめると次のようになる。建物は完成後、建築家の手を離れ、社会の変化に応じた改変を求められる。いくら建築家が思い入れをもってつくろうとも、完成はその最終段階である取り壊しへの第一歩であるとすると、完成した姿は廃墟との二重写しのイメージとして考えざるを得ない。それならば、ただモニュメンタルな完成形を狙うより、建物の生成発展をそのまま形にしてはどうか。設計とは建物の完成後のことを考えると、常に完成途上にある行為であり、プロセスそのものであると。

　しかし、設計という行為はいかに生成発展を考えようとも、ある一定の条件下でしか考えることはできない。この大分図書館もプロセスプラニングといいながら、将来見込まれるかもしれない利用者や図書の増加といった不確定の条件を設計段階でいったん停止し、限定された条件と敷地内で設計せざるをえない。磯崎新は、建物の生成発展を停止させるそうした現実の制約をそのまま表現し、設計行為・表現行為として停止した時点を称して「切断」と呼んだ。敷地を越えて延びていきそうなボックス状の梁は敷地の端で空中へと投げ出されたまま切断されている。プロセスプラニングとは切断によって一時的に現れた断面をそのまま表して形をつくる方法といえる。

## 大分図書館の取り壊しと再生

　磯崎新はこの作品で日本建築学会賞を受賞し、早くも建築家としての地歩を築いた。この建物の完成後、大分は白井晟一の親和銀行本店のある佐世保とともに建築を目指す学生のメッカとなった。

　1990年の新県立図書館の構想に端を発し、わずか30年ほどしか経っていないのに存続か取り壊しかというところまで事態が進もうとは誰が想像できただろうか。地元、建築界を巻き込んだ論争が起こり、結局、この図書館は大分市立アートプラザとして再生することで決着した。別の地に建設された新県立図書館も磯崎新が担い、このアートプラザへの改修も自らが担当するという非常に幸運な結果となった［M］。

　それにしても、この大分図書館ほど現代建築の保存が市民的関心をひいたことは珍しい。むしろ例外的な事例といえよう。建て替えによる旧建物の取り壊しが相次ぐ昨今では、大分図書館のように新旧双方を同じ建築家が担うことになることはきわめてまれな事例といえる。多くの場合、丹下健三の草月会館や東京都庁舎のように新しい建築のために旧の建物は見捨てられてきた。

　この新旧図書館の処遇が決した後、磯崎新は『建物が残った―近代建築の保存と転生』（岩波書店、1998年）という1冊の書を著した。ここには磯崎新がこの建物の設計に取り組むことになった経緯から取り壊しの論議を経て改修に至るまで、ひとつの建築物がたどってきた運命が浮き彫りにされている。ひとつの建物にこれほど仔細に照準を当てて語られた著書も珍しく、今後、現代建築の保存を考えていくうえでの基礎資料とな

N　アートホールのボックス状梁先端の耐力壁（写真撮影：筆者）

るだろう。本稿でも聞き取りの及ばなかったところは、この著書を参考にさせていただいた。

## 改修の概要

この大分市立アートプラザとして再生した大分図書館は、空間的にはほとんど何も変わったようには見えない。同一の設計者が担ったことでこの建物の本質が大切にされたからと思われる。

改修の大きな課題は、震災ごとに厳しくなる耐震基準に合わせた構造補強であった。一見するとおおげさな補強は見当たらないが、磯崎新が「魔法のような解決」と呼んだほど鮮やかな補強がなされている。主な補強としては、ホールを挟む2枚の大きな構造壁を緊結するためのトラスが挿入され、アートホールの屋根を支えているボックス状の梁の天端に耐力壁が付加された[N]。さらに建物の北側には、地中に大きなマットスラブをが打たれ、地震時に生じる浮き上がりによる変形をおさえている。

外観上の変化は、建物の足元に巡らされていた斜面状のプレキャストがなくなり、足元がすっきりしたこと、アプローチ下に置かれていた自転車置場がなくなり、すべて斜路に変わった。吊り構造だった北側の諸室は地に足を着けた形に変えられている。この改修では必要最小限の外見上の変化にとどめられているので、昔と変わったところを納得するのに注意がいるほどである。

一方、使い勝手は大きく変化した。今まで中央のレファレンス（*1）から開架閲覧室へという動きはなくなり、市民の活動に供される部分と常設的な磯崎作品の展示室（60'Sホール）に大きく分かれた。旧閉架閲覧室は1階から直接アクセス可能な貸し展示場となっている[O]。それら諸室は機能的にはほぼ同じような性格をもった空間としてコンバージョンされているので、照度やプロポーションの変則さを除けば問題はない。

しかし、私が見たこの建物の印象はまったく違って見えた。人の流れと利用の仕方が変化すると、建物の印象が違って見えるのは倉敷市庁舎でも味わったが、この落ち着きの悪さは私ひとりの印象だろうか。

歴史様式を踏襲した戦前の洋風建築では、建物の配置はおおよそ紋切り型の形式性を有している。玄関ホールからシンメトリーに両側に延びる廊下と大きさの決まった諸室の配列がその典型である。このような形式性は建物の目的が変化しても平面形状はあまり変える必要がなかったことを示している。逆にいうなら戦前の建物では、利用形態が多少変化しても、平面形はそのまま転用できるということになる。

もともと洋風建築は様式が決定され、その後に使い勝手へと設計が進んでいくのであるから、用途の変更があまり意識されないともいえる。もちろん洋風建築にもビルディング・タイプは存在する。新しい機能をもった建築への再生には、それなりに機能の読替え、空間の見立てといった能力が求められることはいうまでもない。

しかしながら、現代建築に比べるとその差は小さいといってよいだろう。機能を空間へと置き換えていく現代の建築には、建物の種別によって平面形がある程度似通うことはあっても、規模、形態とも千差万別である。つまり、ある機能を担ってきた現代建築の空間はその機能のまま利用されることが望ましいといえる。

大分図書館も当初の規模設定に問題があるとするなら、新図書館の建設と同時に県、市の施設配置を考慮し、公共図書館を再構成すれば、谷口吉生の金沢市立図書館のように地域図書館として使いつづけていくことも考えられたはずだ。

O 広く一般に開放されている市民ギャラリー

## 建物の親しみと時間の流れ

　戦前の洋風建築の保存運動が各地で熱心に行われる背景には、ひとつには様式建築のもつわかりやすさや親しみやすさがある。様式的な説明が可能であるということは、西洋の権威にごまかされているところもあるが、素直に感情を移入できる要素が多いことも無視できない。そこに使われている石やれんがといった素材も自然で親しみがある。

　こうした近代の建築に比べると、現代建築はどうみても分が悪い。打放しコンクリートの素材感を、日本人は比較的違和感なく受け入れてきたが、時間を経た後の汚れには抵抗がある。形に関しては現代芸術同様理解があるとはいえない。特に大分図書館のコンクリート打放しの物々しさは素人目にも明らかだ。建築の世界では新鮮な感覚で受け止められても、市民にはやや インパクトの強いものであったことは保存運動の動向からも伝わってくる。

　しかしながら、世界中で物議を醸した建物も、建設後に時間とともに変化し、場合によってはエッフェル塔のように逆に親しみをもって受け入れられるようになることも歴史上にはみられる。大分図書館は建設後40年という時間をどのように経たのだろうか。現代建築のなかにあってもひときわモニュメンタルな相貌と難解な理論は簡単には受け入れられそうにない。保存の経緯のなかで繰り返された理由が、「建築的意義」すなわち文化的な意義としての位置付けに終始しているのはそのためだろう。

　ただし、今後さらに時間を経ていけばランドマークとして、この場所に根ざした建物として親しみをもって見られる日がくるのではないだろうか。

## 現代建築の再生と課題

　現代建築は、機能主義として説かれたほど機能と形態は一体のものではないにしても、何らかの照応性を有することは間違いない。とすれば、今後予想される現代建築の異なる機能への転用は、近代洋風建築とは違った困難が予想される。

　最近ではモダニズム建築以降の建物の価値を訴えることを目的としてDOCOMOMO(*2)とよばれる運動が世界的に進められている。そのまま訳すと「近代建築運動に関わる建物、敷地、周辺環境の記録と保存」という意味になるが、この運動では建物本体はもちろんのこととして、設計図書などの資料も保存の対象としている。日本では2000年に20件の建物が最初に選ばれた(*3)。

　これらの建物も万全に保全されるとは限らない。RCの中性化やスチールサッシの腐食など、素材そのものに内在する問題や構造補強、それに環境設備の更新など現代建築の保存には厳しい課題が山積している。近代建築では手仕事や装飾が大事にされているが、現代建築の場合は空間と素材構成が重視されるべきだと考えられる。もちろん、手仕事のような一回限りの技は現代建築にはないとしても、そのときどきの時代性をもったものであり、二度と再現できないものである。大分図書館にもよく見ると打放しのもつ微妙な素材感があり、60年代の雰囲気をたたえている。おそらく、この再生を通じて長く大事にされ、今後しばらくは、設計者のいうような廃墟にはならないだろう。

*1　利用者が図書館の資料・情報を調べるところ
*2　Documentation and Conservation of buildings, sites and neighborhoods of the Modern Movement
*3　1.一連の同潤会アパートメントハウス、2.住友ビルディング、3.聴竹居、4.小菅刑務所、5.東京中央郵便局、6.土浦亀城自邸、7.慶應義塾幼稚舎、8.宇部市民館、9.八勝館御幸の間、10.神奈川県立近代美術館、11.広島ピースセンター、12.コアのあるH氏のすまい、13.神奈川県立図書館・音楽堂、14.秩父セメント第二工場、15.日土小学校、16.香川県庁舎、17.群馬音楽センター、18.国立屋内総合競技場、19.大学セミナーハウス、20.パレスサイド・ビル

### 再生前

| 建物名 | 大分県立図書館 |
|---|---|
| 所在地 | 大分市荷揚町3番31号 |
| 建築主 | 大分県 |
| 設計 | 磯崎新アトリエ |
| 竣工 | 1966年 |
| 構造規模 | 地下1階地上3階、鉄筋コンクリート造 |

### 再生後

| 建物名 | アートプラザ |
|---|---|
| 所在地 | 同上 |
| 建築主 | 大分市 |
| 設計 | 磯崎新アトリエ |
| 竣工 | 1997年 |
| 構造規模 | 地下1階、地上4階、RC造 |
| 面積 | 延床面積：4081.551m² |

太郎吉蔵

中村好文／レミングハウス(2004年)

# 凍結保存した「神聖なガランドウ」

旧酒米貯蔵庫(1926年)

A 再生設計にあたった中村好文は、初めて太郎吉蔵に足を踏み入れた時、その空間性を「神聖なガランドウ」と称した。再生の方針としては、本来の蔵がもつ空間性を凍結するために、あえて最小限の補修をし、ステージとして使えるように一部床を上げたのみにとどめた。再生箇所は、屋根の葺替えと屋根裏仕上げ、石壁の構造補強、床仕上げ、ドアのつくり替えなどである

太郎吉蔵

Tarokicigura

# 「神聖なガランドウ」

中村好文 NAKAMURA Yoshifumi
❖
レミングハウス

太郎吉蔵に初めて足を踏み入れたのは、2002年の11月のことだった。晩秋の滝川がどれくらいの寒さなのか、私にはまったく見当がつかなかったが、着いてみるとそこは「晩秋」と言うより「真冬」で、数日前に降ったという大雪に太郎吉蔵はすっぽり腰まで埋もれていた。私が旅先のソウルから札幌入りしたのはその2日ほど前だった。穏やかな小春日和に抱かれた韓国の田舎の柔和な風景が残像として焼き付いていた私の眼には、雪景色のなかに黒々とたたずむ太郎吉蔵はことさら印象深かった。

しかし、その印象も内部の圧倒的な印象とは到底較べものにならないものだったと言わざるをえない。入口から一歩足を踏み込んだとたんに、私は動作を失い、言葉を失い、自分を失った。

そこは、冷気と静寂と闇を宿した神聖なガランドウだった。過去という圧倒的な時間の充満した空間に羽交い締めにされ、足元からは無数の氷のなめくじがヒタヒタと這い登ってきて全身を覆った。私は、文字通りそこに凍り付いて立ち尽くしたのだ。

そもそも私は、石で覆われたこの蔵を改修し再生させるための下見にそこを訪れたのだが、目を閉じ、全神経を皮膚に集中して静寂と闇の声を聴くうちに、そこを、機能的で小綺麗な、斬新で建築的な、オシャレで演出的な、明朗で健康的な、誰からも愛される、そんな場所にするべきではないと直覚した。

私に課された役割は、太郎吉蔵のあるがままの空間の気配をそのままそっと残しつつ、必要最小限の手を加えることなのだと……。設計者として考えたのは、機能性、合理性、利便性、快適性、多目的性、誰もが好んで口にするそうした手あかの付いた建築的なレッテルをこの建築にペタペタ貼り付けて回るのをやめること。かわりに、この石蔵を初めて訪れたとき私が経験した痺れるような感動を、出来るだけ多く人に味わってもらえるような無作為の改修を心がけることだった。

太郎吉蔵を「神聖なガランドウ」として凍結し保存したいという私の意向に、五十嵐威暢氏をはじめ、多くの人たちの賛同が得られたことを感謝したい。

# 「遊び場」としての太郎吉蔵

五十嵐威暢 IGARASHI Takenobu

私が蔵で遊んだ50年代には、倉庫に残された桶や巨大な鍋や、豪華な印刷のラベルなど、酒造業の面影がわずかに残っていました。

道路をはさんで太郎吉蔵と反対側に酒造工場や両親の家があり、工場の一部はやはり石造で太郎吉蔵の倍の広さがありましたが、私が好んで遊んだのは太郎吉蔵の方でした。

火事で焼けこげた一部の梁や天井の証跡とか、裏口がどういうわけかコンクリートで塗り固められているさまは、ちょっと恐ろしく、想像力をかき立てるに十分な迫力を持っていましたから、チャンバラや芝居がかったヒーローを演じる遊びにはもってこいの遊び場でした。

雨が降っても風が吹いても、真冬でも、いつでも遊べる理想のシェルターでした。

そして、いつも気になっていたのが、建物正面上部にある山太の商号です。堂々とした太字のモノグラムは子ども心に祖父の偉大さを信じるに足るシンボルに思えたのです。

軟石の壁、古ぼけた柱と梁、上部の鉄扉、屋根の上の換気扇、現在はありませんが、入口は増築され風除室兼物置で（その部分は両サイドが軟石、正面は板張りの壁で、飛び出していました）これらが独特の雰囲気を生み出していました。私にとって外観も内部の柱の傷も安っぽい出来のシャッターも何もかもが懐かしい思い出と重なります。

太郎吉蔵で遊んだ小学校時代の経験がいかに大切なものであるかは、歳を経た後に次第に自覚するようになりました。

数年前、幼友達がコンサートに使いたいと言い出したことがきっかけとなり、私たちは傷んでいた蔵を修復し、（どうせなら本格的に改修して、再生のモデルをつくろうと考えました。）NPOを結成して文化施設として運営を始めました。ここでまた意欲的な「遊び」が展開されることを期待して……。

太郎吉蔵

B

Tarokichigura

C

D

166

**B** 門構えの柱梁が三連になった主構造

**C** 北面扉はアートチャレンジ滝川の
ワークショップで市民と制作された作品を
五十嵐がアレンジしたもの

**D** 北面外観。再生にあたっては、
本来の静謐な陰影ある空間を凍結することを
第一に考えた。トイレや事務スペースなど、
管理運営に必要な諸機能を組み込めば、
本来の空間性を失ってしまいがちだが、
それら諸機能は右手の別棟をつくって
納めることとした。手前の石の彫刻は
五十嵐の作品である「friends」。
ベンチとして使われることを
想定して制作された

**E** 北面外観

**F** 南面外観。軟石積みで、
妻面上部には店の印「ヤマ太」を
そのまま掲げている。
創建当初は外壁の下半分が
下屋で囲まれていたので、
当時のまま白い表情を残している。
黒い木造引戸は、
彫刻家・五十嵐威暢の作品。
五十嵐は、太郎吉蔵を建てた
五十嵐太郎吉の孫であり、
幼いころはこの蔵で遊んでいたという。
太郎吉蔵は、五十嵐が提唱する
「芸術公園都市構想」
「現代美術館構想」および、
五十嵐アート塾活動の拠点となっている

**G** 南西面外観

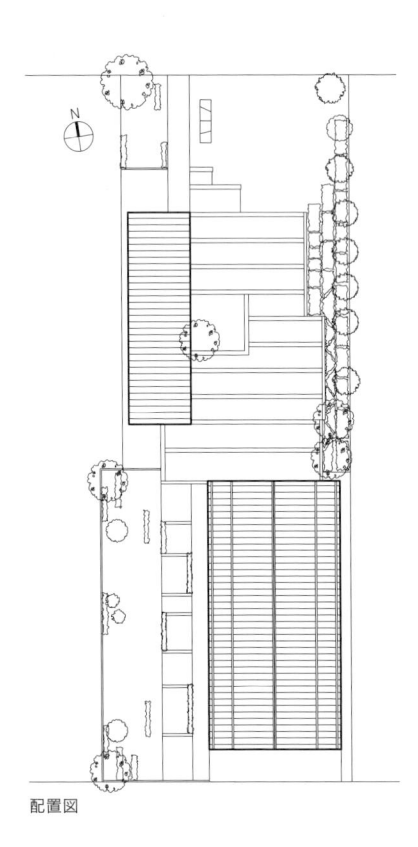

太郎吉蔵

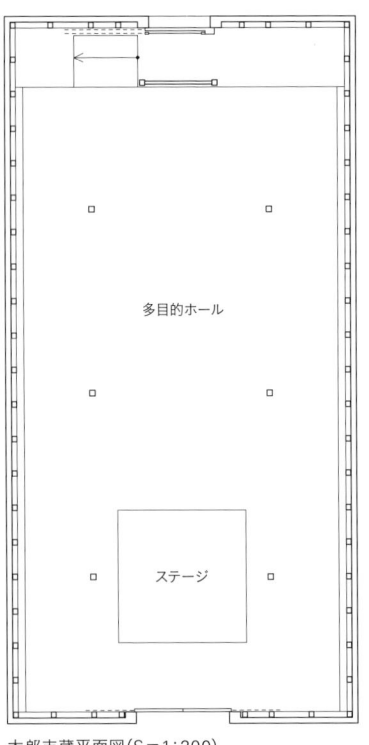

H 自立した木造の軸組に石積みの壁面が配されている。部分的に筋違も導入されている

Tarokichigura

配置図　　　　事務棟平面図(S＝1:200)　　　　太郎吉蔵平面図(S＝1:200)

内部北面をみる

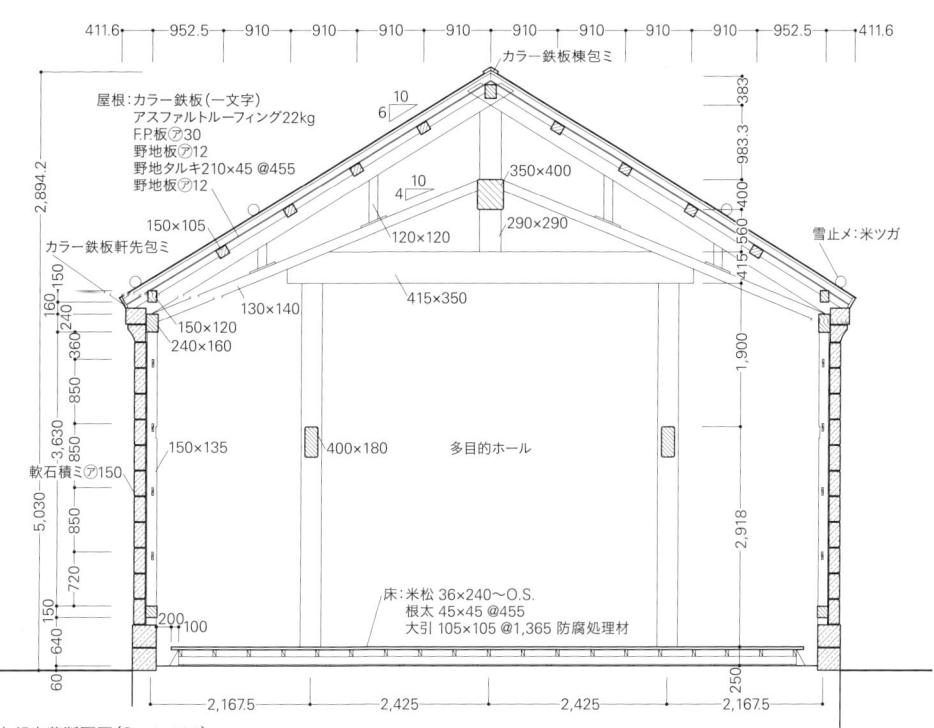

太郎吉蔵断面図(S=1:100)

# 酒米貯蔵庫から
# アートを活かした街づくり発信基地へ

## 角 幸博 KADO Yukihiro

　北海道を列車で旅すると、鉄道沿線や駅前に、多くのれんが造や石造の倉庫を見ることができ、それらの多くは農業倉庫である。

　農業倉庫は、農業者が生産した農作物を出荷の時期まで収納する倉庫で、1914、5年の米価低落を受けて1917年制定の「農業倉庫業法」から始まった。経営は農業組合の前身である産業組合が主体であった。

　北海道最初の農業倉庫は、1918（大正7）年創立の名寄産業組合がその年に建設したれんが造倉庫（現存せず）といわれるが、その後増加し1934〜35年に急激に増加した。これは1933年の豊作で、米価維持のために政府買入れ米の収納が必要となり、倉庫の増加が奨励されたためであった。1947年「農業協同組合法」施行後の農協時代に新築された倉庫群も多い。

　もちろん町中には、営業用、醸造用倉庫、住宅附属蔵、質蔵なども見られる、札幌では現存倉庫の約三分の一が活用されていたり、函館や小樽のように観光スポットとなっているものもあるが、多くは機能を失って解体されたり放置されている。

　そうした状況のなかで、所有者と応援団の暖かい支援のもとに、自身の持つ空間の魅力を最大限に発揮することができた幸せな石造倉庫が、太郎吉蔵である。

### 五十嵐太郎吉

　太郎吉蔵とは、元所有者の祖父五十嵐太郎吉の名に由来する。太郎吉は、1879年2月、福井県足羽郡和田村字北上野の五十嵐甚之助の次男として生まれた。1895年16歳のとき、福井県から親戚の五十嵐和三郎を頼って札幌へ渡り、雑穀商の丁稚として商業の第一歩を歩みだした。1897年、兄の海産農産荒物商を手伝い、1898年5月19歳で海産物並びに乾物雑貨の販売営業を開始した。1909年、30歳で町会議員に当選し、1915年には道会議員も務めている。

　私設滝川消防組第二部長、滝川実業青年団団長、滝川商工会会頭、北海道商工連合会初代会頭（1927〜1932年）のほか、滝川自動車運送株式会社、魚菜市場、滝川劇場、滝川金融株式会社社長（1927年1月〜1931年1月在勤）などの諸事業に関わる経済人であったが、1937年6月58歳で他界した。

### 太郎吉蔵の歴史

　太郎吉蔵は、1915年に営業を始めた五十嵐酒造店の酒米の貯蔵庫として1926年に建築された。5×10間、50坪（約170㎡）の木骨石造倉庫で、1950年ごろには7号倉庫と呼ばれた。当時、900坪の五十嵐商事の敷地内には、この倉庫の他、木造平家の1号倉庫、軟石造の2、3号倉庫（いずれも100坪）などが主力倉庫としてあったという。

　1953年、太郎吉の長男、一郎により五十嵐倉庫株式会社が創設され、同蔵と100坪倉庫1棟が政府指定倉庫となり、太郎吉蔵は、塩などの保管などに1999年まで使用された。2000年には、商工会議所が中心商店街の活性化として、音楽ライブや映画上映などに使用するミニホールとして試験的に活用されたこともあったが、本格的な活用は、改修後の2005年以降である。

　1937、38年ごろに、2階に収容の石鹸から発火し、南側入口から三分の一ほど屋根梁、桁、母屋が炭化しているものの、創設当初からの内外装をよく保っている。

### 太郎吉蔵の魅力

　単純な木骨石造の倉庫で、南側の妻面上部に店の

印「ヤマ太」を掲げる。南面がかつての酒米の搬入口。外壁の下半分が真新しく見えるのは、当初下屋で囲まれていたからで、風雨にさらされなかった白っぽい軟石が、創建当初の表情をよく伝えている。搬入口に建て込んだ大きな黒っぽい木造引戸は、彫刻家・デザイナー五十嵐威暢の作品。軟石とのコントラストが美しく、かつ南側立面の表情を引き締めている。

外壁の石は凝灰岩で、美瑛軟石と考えられるが、全体に鉄分の含まれた赤い粒子も観察され、標準の美瑛石とはやや表情を異にする石積みとなっている。基礎2段を平切りで積み、上の11段は、斜めのはつり跡を見せる二面切り仕上げの石積みとしている。

屋根上の換気塔のデザインも五十嵐威暢のデザインで、竜頭「Dragon Head」を表現する。五十嵐が郷里でデザイン活動を開始した記念すべき彫刻「Dragon Spine」（竜の背骨）（滝川市一の坂公園）の連作である。

太郎吉蔵の魅力は、素朴な外観もさることながら、改修設計者・中村好文が語るように内部空間の「神聖なガランドウ」といえるだろう。

改修といっても、屋根材の補修や土間面から25cmあげて床板を補設し、油圧式のステージを増設しただけである。こうした倉庫の転用や活用を実現しようとすると、内部に水まわりや収納スペースなどが必要となり、倉庫空間本来の伸びやかさが失われがちであるが、太郎吉蔵では、付随設備を新設の別棟で補うことができた。五十嵐が子ども時代に遊んだ蔵空間の維持を第一目標とした結果が、空間の魅力を倍増させたともいえる。

木骨石造は、規模の大小に関係なく基本的な構造は同じで、4〜5寸角程度の柱を3尺間隔で並べ、その外側に厚さ5寸（15cm程度）の軟石を積み、軟石と木骨軸組とを、「かすがい」という金物で緊結した構法である［J］。

小樽や北海道内の多くの石造倉庫がこの構造であるし、れんが造でも同様の構法による木骨れんが造がみられる。

本石造と木骨石造の相違は、外からも類推できる。倉庫の隅に表れている小口厚が五寸程度であれば木骨石造、1尺ほど（30cmほど）であれば本石造と考

J 軟石と木軸がかすがいで緊結されている

えてよい。

太郎吉蔵の木造軸組は、倉庫の東側軸組に残る番付から推測すると、平側は南から「1〜21」、妻側は「い〜る」の基本軸であったと考えられ、棟木通りは「へ」通となる。「は」通と「り」通に並ぶ6本の太い柱は、面取りした9寸5分（288mm、以下カッコ内の単位はmm）角の材で、1尺4寸×1尺2寸（424×364）の天秤梁とともに、門構えのような屋根構造を支える主構造となっている。北側柱列から16尺（4848）間隔で3スパン続き、南側のみ12尺間としており、梁間方向の基本軸線とは必ずしも一致していない。門構えをつなぐ胴差しは、1尺3寸×6寸（394×182）の材で、かつて2階床を支えていた根太掘りの痕跡が、静かなリズムを奏でている。

天秤梁下端までの高さは、約4.8m、胴差し上端まで約2.9m、地棟上端までは約6.2mと、決してダイナミックな空間ではないが、2階床が撤去されて構造材の架構システムが視認されることで、かえって空間への信頼感が増長されているように感じられる。

壁の軸組は、3尺間隔で柱を並べ、間に荷摺りを兼ねた3本の竪木舞を配し、貫で構造を採用してい

K イベント「アート風船まつり」の準備（写真提供：A.C.T.）

るが、筋違を四面に配置し、さらに当初材か判断できないものの、錆びた火打ち金物も上部四隅に採用するなど、昭和期の倉庫らしい構法も確認できる[H]。

また二重の小屋組も興味深い。天秤梁の上に束を立てて地棟を支え、地棟から垂木をかけ、さらに垂木上に板を渡して束を立て、地棟の上に棟束を載せて、垂木を架けている。下は緩やかな4寸勾配、上は急な6寸勾配であり、施工途中での変更とも考えられるが、不思議な構造で、謎解きも楽しい。

## アートチャレンジ滝川

太郎吉蔵の魅力や活動を支えているのは、2003年に設立されたNPO法人アートチャレンジ滝川（ACT、理事長神部あや子）である。「全国の人々の力」を結集させながら、北海道の田舎を「全国の人々のため」の「芸術と公園のまち」にするために「理想の田舎をつくる運動」を展開することを目標に、イベントや「五十嵐アート塾」を開催している。

アート塾の結成は、前年の2002年9月。滝川市出身の五十嵐威暢を塾長とする。威暢は、太郎吉の孫にあたり、かつ子ども時代の遊び場として思い出が深く詰まっている、この蔵の再生を願った。個人や企業の寄付金と北海道の「地域文化ネットワーク形成促進事業」の補助金を得て、改修工事は2004年9月終了、同年10月にプレオープンし、2005年10月にグランドオープンした。

改修計画チームの面々は、五十嵐の知人・友人たちと滝川建築士会。設計は中村好文、照明計画は照明デザイナー東海林弘靖、外構はランドスケープアーキテクトの斉藤浩二と、いずれも各界のスペシャリストが参加し、太郎吉蔵の内外空間の魅力を十二分に引き出している。これまでにも多くの企画をこなしているACTであるが、こうした拠点の維持に関わる費用は想像以上で、他のNPO同様、悩みはつきない。

地域の宝を地域が育む。当たり前の理屈が、簡単には通じないのが昨今の情勢であるし、NPOや地域活動における後継者不足もまた深刻な課題である。が、ACTのホームページでも語るように、太郎吉蔵のような日常生活に溶け込んだ普通の建造物や風景に歴史的資産価値を見出し、活用しながら未来へ引き継いでいくことは、地域を支えるうえで大切なことである。

太郎吉蔵は、活動を支える人材や応援団に恵まれた特殊解ともいえるが、身の回りの普通の建造物から、第二、第三の太郎吉蔵が生まれてくることを願わずにはいられない。

### 再　生　前

| | |
|---|---|
| 建物名 | 酒米貯蔵庫 |
| 所在地 | 北海道滝川市栄町2-8-9 |
| 建築主 | 五十嵐太郎吉 |
| 設計 | 不明 |
| 竣工 | 1926年 |
| 構造規模 | 木骨石造平屋建 |

### 再　生　後

| | |
|---|---|
| 建物名 | 太郎吉蔵 |
| 所在地 | 同上 |
| 建築主 | NPOアートチャレンジ滝川 |
| 設計 | 中村好文／レミングハウス<br>照明計画：東海林弘靖、外構計画：斉藤浩二 |
| 竣工 | 2004年9月 |
| 改修施工 | 上田組 |
| 報告書デザイン | 原 研哉 |
| 換気塔及び南面扉・ロゴデザイン | 五十嵐威暢 |
| サイン計画 | 羽田健一 |
| 構造規模 | 木骨石造平屋建 |
| 面積 | 建築面積：174m² |

[主な外部仕上げ]

| | |
|---|---|
| 屋根 | カラー鉄板葺替え |
| 壁 | 美瑛軟石二面切り仕上げ |
| 建具 | 木製および自動ドア |

[主な内部仕上げ]

| | |
|---|---|
| 天井 | 小屋組現し |
| 壁 | 軟石積み現し |
| 床 | 米松板厚：36mm |

[資料編]
再生建築小史
再生建築の分類・類型
再生建築117

# 再生建築小史

内田青藏 UCHIDA Seizo

## 1 はじめに——再生建築とは？

　一度つくった建物を長く使い続けることは、本来、当たり前のことであったし、長く使い続けるために、改修し、時には増築を行うことも世の常であった。住まいが納屋になり、また、逆に納屋が住まいになるというような用途変更も頻繁に行われていたのである。しかしながら、こうした当たり前のことが、通用しない時代になってしまった。それは建物の価値が建設費で換算されるだけで、それ以上の付加価値が考慮されないためといえる。そのため、古くなるほど価値が下がってしまうことになる。

　こうした変化の最も大きな要因は、土地が建物の建設費をはるかに凌ぐ価値を持つ時代になってしまったことにもよるように思う。例えば、3階建ての貸しビルがあったとしよう。その建物がまだ十分使えるとしても、10階建ての建物につくり替えれば、土地の有効利用を促進することになり、長期的には新たなイニシャルコストを支払っても収入が増えることになる。そんな計算が成り立てば、使える建物も取り壊そうとするし、古くて使い勝手の悪い建物ならば、なおさら建て替えようとするだろう。古い建物が、たとえ文化的な価値があっても、利潤追求へ走ってしまうのが人間の性というわけだ。

　こうした利潤追求の考えが浸透しつつも、なかには、古い建物に愛着を感じ、あるいは、芸術的価値や文化財的価値を感じ取り、なんとか残して使い続けていく道を考える場合もある。近年の保存運動の影響もあって、建物が有する固有の価値を再発見して残す場合も増えてきた。そうした場合、現状のままで残されることはほとんどない。創建時の姿に戻したり、あるいは、部分的に残されたり、用途変更に合わせて増改築がなされたり、さらには現地に残せない場合は移築というように、残すために多様な方法が試みられ、維持されているのが現状といえる。ここでは、こうしたさまざまな方法を駆使して残されてきた建物を、とりあえず、"再生建築"と称している。この再生建築の多くは、その価値を維持するために自発的に行われたものも見られるが、基本的には保存運動と深いかかわりがある。そこで、主に1960年以降のわが国の保存運動などの成果として、創意工夫により残されてきた再生建築を取り上げ、簡単にその動向を振り返りたい。

## 2 建築保存の高まり──1960年代

### 2-1 帝国ホテルと三菱一号館の保存運動

　日本建築学会の歴史・意匠委員会のなかに「近代建築史小委員会」が設置されている。近代建築の研究者を主たるメンバーとした委員会で、近代建築に関する研究動向を整理し、その成果を発表するシンポジウムの企画、あるいは、近代建築の調査報告書の作成といった活動を主目的としているのだが、この数年は、取り壊しの動きのある建築に対する保存を求める要望書を作成し提出する活動が増えている。

　日本建築学会が建築の保存に関する要望書を提出したのは1962年の「旧札幌郵便局庁舎建物保存運動支援の要望書」が最初で、以降2008年までに再要望書等を含め100件を超える要望書を提出している。1962年は、高度成長期の幕開けの時期でもあり、経済的に上向きの時代であったために、建築物の建て替えが始まり、そのなかで保存が大きな問題として浮上してきたことが窺える。いずれにせよ、高度成長という美名の影に隠れて、それまで親しんできた建物が突然取り壊され、巨大な建物へとつくり替えられる現象が、次々と派生したのである。ちなみに、こうした時代の真っただ中である1965年に、取り壊しの危機にさらされた近代建築の保護を目的に野外博物館・明治村は創設されたのだが、副理事長であった竹田弘太郎はその時代の雰囲気について「当時は高度成長の時代で、開発至上主義の風潮が充満し、明治・大正の建築物は無用のものとばかり無秩序に取り壊され、多くの人々にはこれを惜しむ心もな」かったと述べている[*1]。このように、高度成長期は、建築界は空前の建築ブームでもあったし、新しい建築をつくるためには、古い建物はたとえ価値があったとしても取り壊すのは当然のように考えられていた時代でもあった。

　さて、高度成長期の1960年代に、日本建築学会が提出した保存要望書は6件と件数はきわめて少なかった。それでも、この時期に忘れることのできない保存運動が起こり、その後の建築保存の運動に大きな影響を及ぼすことになる。1967年の〈帝国ホテル〉の保存運動と、翌1968年の丸の内の旧第一号館の建て替えに伴う保存運動である。

　〈帝国ホテル〉は、高度成長期を象徴する1964年の東京オリンピックを契機に派生したホテル・ブームのなかで、建て替えの動きに巻き込まれた。いうまでもなく、帝国ホテルは、アメリカを代表する建築家フランク・ロイド・ライト（1867-1959）の代表作として知られ、わが国の貴重な建築文化財であるだけでなく、世界に知れわたった傑作のひとつであった。その建物が、ホテル・ブームのなかでより多数の客を収容できるように超高層のホテルにつくり替える動きが起こったのである。おりしも、わが国の建築界は霞が関ビルという超高層建築の実現をめざして突き進んでいた時代であり、高層化は、当たり前のように受け入れられていたのである。このような現象を桐敷真次郎は「関東大震災と戦災という二つの災厄を幸運にも免れて生き残った明治大正の建築遺構の多くが容赦なく破壊されていっ

帝国ホテル

*1 「明治村開村二十周年を迎えて」『明治村通信』183・184号　1985年10月

再生建築小史

た。修理可能、維持可能な建物であっても、修理費がかさむ、不便で使いにくいという理由で簡単に取り壊され」しかも、「こうした近代文化財の破壊に対して、建築家の大半が冷淡であった」と述べている[*2]。

　この帝国ホテルの保存運動は、国内の大勢の人々の協力とともに海外の建築家の協力も寄せられるなど国際的な保存運動と化していった。しかしながら、建物の所有権の問題や帝国ホテル本館を保存するための資金力はもとより、どのような方法で維持していくのかの具体策もまとまらず、保存運動は行き詰まり、ようやく玄関ロビー部分を明治村に移築保存することで最終決着をつけたのであった。

　一方、1967年、わが国の建築界の父といわれるジョサイア・コンドルの作品で、わが国最初期のオフィス・ビルである〈三菱一号館〉の建て替え計画が起こった。これに対して、文部省文化財保護委員会から保存の配慮の申し入れがあった。これを受けて三菱地所では、建物の耐久性の調査を行ったが、耐久性に限界があること、壁厚が80〜100cmの建物の移築は困難であることを理由に取り壊しを決定し、一部を移築保存する方針を発表した。しかしながら、その後の移築場所などの問題から移築は実現せず、保管していた部材も大半が廃棄処分されたという[*3]。

## 2-2 取り壊されたふたつの建物の残した問題

　1960年代に起こったふたつの建築保存運動は、どちらも失敗に終わった。稲垣栄三は、その経験から、「保存の理論をどう構築するか、市民や建築家の賛意と協力をどのようにして獲得するのか、修復・改築・移転・買取り・敷地の確保などのための資金や運動のための基金をどのように調達するのか、アピールやキャンペーンの効果的な進め方はどうあるべきか」といった問題をどう解決していくのかという課題が表出したと述べている[*4]。

　稲垣の指摘したこの基本的な問題は、今でも解決の糸口さえつかめないままにある。保存運動は常にこの問題に直面し、大半が失敗に至っているのである。それでも、繰り返される保存運動の結果、保存の意義が少しずつではあるが理解され浸透しつつあり、稲垣の指摘している「修復・改築・移転」の課題も多様な方法が試みられはじめたといえる。また、帝国ホテルの運動の時点で、「現地保存」、全体の完全な移築から部分的な移築による保存、あるいは記録による保存、という保存の基本的方法が議論されており、三菱一号館の運動では、「移築保存」が検討されていた。その意味では、このふたつの歴史的建築物の保存運動のなかで、その後の建築保存の基本的方法が既に明示されていたのである。

　そしてまた、このふたつのわが国の象徴的な近代建築の取り壊しを機に、日本建築学会では、貴重な建築の喪失を防ごうと明治期の洋風建築の調査を開始し、1969年には『全国明治洋風建築リスト』をまとめている。そして、この動きがやがて1980年のわが国の近代建築の台帳であり、また、保存建築の台帳ともなる『日本近代建築総覧』[*5]の刊行へと発展したのである。

*2「帝国ホテル回想」『明治村通信』183・184号 1985年10月
*3 三菱地所株式会社『丸ノ内百年のあゆみ 下』1997年
*4「『帝国ホテルを守る会』のころ」『明治村通信』183・184号 1985年10月
*5 日本建築学会編『日本近代建築総覧──各地に遺る明治大正昭和の建物』技報堂出版 1980年

## 2-3 再生建築の開始

　世論や海外の建築家たちを巻き込んだ保存運動とほぼ同時に、新しい試みの再生建築が出現していた。〈三菱一号館〉が取り壊された1968年、函館では、〈ホテルニュー函館〉が完成していた。この建物は2階建てRC造の〈旧富士銀行函館支店〉(1932年竣工)で、内部を改造してホテルとしたものであった。外観はそのまま残しながら、内部を大きく変更した建物は、銀行からホテルという大胆な用途変更から話題となった。こうした現地に建物の外観だけを残しながら、内部を変更して使っていくという方法──「外壁全面保存」は、〈ホテルニュー函館〉以降、民間の建築にしばしば見られる手法で、大規模建築としては、1983年竣工の〈九段会館〉(1934年竣工)が代表的事例といえる。この外観を優先した保存方法は、現地での保存を考えると最善の方策であったし、当時は、こうした外観の保存による景観の維持がめざされ、そのことが高く評価されていた。

　一方、この時期になると、都市の発展に伴う破壊行為から近代建築を守るため、歴史性や地域性・文化性の観点から近代建築を文化財として指定し、こうした歴史的建造物を再利用する動きが確実に進展しはじめていた。例えば、神奈川県では妻木頼黄設計の〈旧横浜正金銀行本館〉(1904年竣工)を、1967年から〈神奈川県立歴史博物館〉に転用することを決定し、保存しつつ活用する方法が実践された。ちなみに、この建物はその後の1969年に国の重要文化財に指定された。また、熊本では1969年に〈熊本洋学校教師館〉を移築し、資料館として再利用していた。両者ともに用途は変更されたが、前者は現地で保存、後者は移築保存の事例であり、ともに軽便な改修と復元を行う「完全保存」をめざした再生建築であった。同様に1969年に重要文化財となった辰野金吾設計の〈旧日本生命保険株式会社九州支店〉(1909年竣工)は、1966年まで社屋として使われていたが、指定後は〈福岡市歴史資料館〉として再利用され、現在では〈赤煉瓦文化館〉として使用されている。再生にあたっては、文化財指定を受けた建築に共通することであるが、創建時の姿をめざした復元的改修が行われた。

　いずれにせよ、主に民間所有の歴史的建造物では、内部を一新して外観の完全な保存(「外壁全面保存」)が行われる一方で、重要文化財などに指定された建物では、価値ある建物をできるだけ変えずに耐震補強などを施しながら復元し、資料館や博物館に転用して使い続けていく流れ(「完全保存」)が着実に浸透し、国立の施設においても行われるようになったのであった。例えば、こうした事例の代表例として、〈東京国立近代美術館工芸館〉が挙げられる。1972年に国の重要文化財に指定された旧近衛師団司令部の建物(1910年竣工)は、1977年から〈東京国立近代美術館工芸館〉に転用され、保存・活用が試みられたのである。

　ところで、この旧近衛師団司令部では用途変更に伴い、煉瓦造の耐震補強工事が必要となり、RC壁式構造を新設して補強した事例の最初期のものでもあった。こうした文化財としての存在を意識した補強方法もその後いろいろ試みられ、1979年に重要文化財に指定された〈同志社彰栄館〉(1884

ホテルニュー函館

九段会館

神奈川県立歴史博物館

赤煉瓦文化館

東京国立近代美術館工芸館

再生建築小史

年竣工）では、鉄骨による構造補強が試みられた。ここでの煉瓦造の補強方法は、鉄骨の柱を密に配置して内部に鳥かごのような構造体を注入したものであり、補強材として鉄骨を使用した最初の事例でもあった。また、1990年に完成した重要文化財〈山形県会議事堂〉（1916年竣工）は、外壁の煉瓦壁を補強するために鉄骨のバットレスを設けて補強するという方法を採用して話題となった。一般には、外観を損なわない方法を採るのが常識であったが、ここでは外部に露出するバットレス補強を採用したからである。当然、採用するバットレスについては、後設であることを明確にするために本体と素材の異なるものとする、本体との接合部を出来るだけ小さいものとする、装飾的意味のないように単純化したデザインとする、といった方針のなかで実践されたのであった[＊6]。こうした創意工夫された技法や技術が、その後の再生建築の中で生かされることになる。

＊6 木村勉『近代建築解体新書』中央公論美術出版 1994年

## 3 建築保存の開始──1970・80年代

### 3-1 再生建築の多様化の開始

1974年、浦辺建築事務所が手掛けた古い倉庫群を再利用した作品〈倉敷アイビー・スクエア〉が話題となった。この建物は、旧倉敷紡績工場の建物を再利用しながら宿泊施設を持つ研修センターとしたもので、倉敷紡績工場の煉瓦の外壁などを新しい建築の一部に取り入れたものである。ただ、現時点から振り返れば、歴史性や工場地であったという特徴を実物の建築を通して伝えるという意識はやや希薄で、どちらかといえば歴史性や地域性のイメージを伝えることが優先されるあまり、古い建物の要素をデザインの一部として取り入れるにとどまっている。それでも煉瓦壁などの古さをデザインとして利用できることを示した意義は大きく、その後に展開された工場建築の跡地利用の計画である〈サッポロビール開拓使麦酒記念館〉（1987年）、〈サッポロファクトリー〉（1993年）、あるいは、豊田紡績本社工場跡地を利用した〈産業技術記念館〉（1994年）、〈横浜赤レンガ倉庫1号館・2号館〉（2002年）などの先駆的役割を果たした。

倉敷アイビー・スクエア外観

倉敷アイビー・スクエア内観

サッポロファクトリー

### 3-2「外壁保存」の出現

1960年代後半から出現しはじめた文化財指定建造物の資料館・博物館などへの転用による保存・活用の浸透とは裏腹に、日本建築学会からの建築の保存要望書は、1970年代の6件から、1980年代には27件へと急増している。これは、公共建築はもとより一般企業などの建築の建て替えが相変わらず進んでいたことを意味している。しかしながら、建物の保存は、見方によっては民間にとっては利潤追求の自由を奪う死活問題でもあり、簡単に現地保存という方法が採用されることはなく、あっても移築保存が現実的解決方法であったのである。その点、公共施設の場合はそれなりに保存を訴える住民の要請に応える余裕があり、全面的な保存とは異なる部分的な保存の方法が模索された。そうした中で、提示されたのが外壁の何

横浜赤レンガ倉庫1号館・2号館

中京郵便局庁舎

中京郵便局庁舎

面かに限って保存する「外壁複面保存」であった[*7]。

　この外壁の保存の成果を明快に示した事例は、京都の〈中京郵便局庁舎〉であった。取り壊しの対象となった中京郵便局は、1902年竣工の煉瓦造2階建ての建物で、前面道路が狭く車両の発着場がないことなど利用者のクレームが多く、1963年頃から別の敷地を求めて新築する計画が起こっていたという。1973年には現在地に建て替えという方針が定まり、計画を進める最中に郵政内部や日本建築学会などから保存要望がなされた。特に学会の要望書では、「建物自体の価値が高いのと同時に、都市景観の重要なポイントとなっている。……局の機能の上から、全面的な保存は困難と思うが、都市景観を保持出来るように、部分的でも良いから保存されるよう、強く要望する」と主張した。この主張を受け、郵政では外壁保存を考えたが、一方で、郵政側から外壁を残すことが保存する方法として意味があるのかの疑問が出された。この疑問を投げかけられた学会側では、保存の方法として、完全保存の他に「1：記録を残す、2：一部のディテールを残す（窓の1ブロックとか、柱など建物の部位を一単位として）、3：建物の外壁を残す、4：建物の一部を残す」というものがあるとし、「全部残すことが理想であっても、それにこだわっていては、所有者の切迫した必要により、古い建物は逐次破壊され、結局何一つ残らぬことになるだろう。それを避けるためには、歩みよって部分的に保存し、両者にとって不本意であろうと、先祖の遺産を少しずつなりとも蓄積していくべきではないか」と回答し[*8]、外壁を残すことの意味を再度強調したのであった。ちなみに、その当時学会側から提示された保存の方法は、本稿の表現に改めれば、1「記録保存」、2「部位保存（エレメント保存）」、3「外壁複面保存」、4「部分保存」、ということになるであろう。

　いずれにせよ、こうした学会の指導もあって1978年、レンガ造外壁の一部を保存しながら内部を全面的に新築した〈中京郵便局庁舎〉が完成した。中京郵便局の場合、外壁はもとよりマンサード屋根やドーマー窓といった部分もかつて使用されていたオリジナルの材料や部位を再利用するという極めて丁重な配慮がなされた。そうした配慮もあって、中京郵便局で採用された外壁の保存は高い評価を受け、「中京郵便局庁舎の外壁保存と景観の保持」として1978年度の日本建築学会賞を受賞した。この受賞に端的に見られるように、景観を維持できたことは万人の認めることであり、この中京郵便局に見る「外壁複面保存」は、多少の経費のリスクは生じるものの、手軽で、かつ、現地で建て替えができることもあって、その後、しばしば採用されることになる。ただ、建築が本来、外部とともに内部空間を伴うものであることを考えれば、景観は維持されつつも建築は消え去ったという根本的な批判を、その後受けることにもなるのである。

　ところで、中京郵便局の場合は、新築建物の高さを従前と同じものとして計画されたのに対し、高さもボリュームも従前の建物を超えるような大規模な計画でも、外壁保存の手法を取り入れた事例も現れた。すなわち、1989年の〈日本火災横浜ビル〉（旧川崎銀行横浜支店、1922年竣工）では、3階

再生建築小史

*7 ちなみに、本稿では、外壁を保存した建築についてその壁量をもとに、すべての面の外壁を保存したものを「外壁全面保存」、何面かに限って保存したものを「外壁複面保存」、正面だけを残したものを「外壁正面保存」、そして、一部の壁だけを保存したものを「外壁部位保存」、と呼んでいる
*8 『建築記録／中京郵便局』郵政大臣官房建築部 1979年

179

建ての外壁を9階建ての建築に取り込んだのである。ちなみに、この建て替え計画に関しては、地元から外壁の全面保存の要望が寄せられていたが、経済的な問題などから日本火災横浜ビル側は当初全面解体の方針で計画を進めていたという。それを外壁の保存へと方向転換させたのは、「横浜市市街地環境設計制度」の「歴史的建造物の保存修復に対する特例」を適用することで、外壁の保存のための出費を斜線制限の緩和などによる建築容積の増加で補うことができたことによる[*9]。当時、こうした歴史的建造物を残すために行政側もいろいろな制度を整備しはじめていたのである。

さて、この計画では3層分の石造の外壁をどのように残し、また、9階建ての新しい建築とどのようにして調和を図るかの検討に時間を割き、その結果、単に外壁を張り付けるのではなく、垂直方向のモジュールは旧ファサードに揃えるといった全体を一体化させるシステムを考案している。その意味では、単なる復元にとどまらず、建築デザインの追求という新しい創造的行為としての可能性を示した事例でもあった。このように外壁の保存といっても、基本的には新築建物の容積は大きくなる方がむしろ一般的であり、それゆえ、保存された外壁部分と新しい建物の外壁の折り合いがデザイン上の大きな課題となる。外壁保存で知られる1990年の〈神戸地方・簡易裁判所合同庁舎〉もその完成後の姿を見ると、新旧の壁の処理について不連続で、新旧部分の一体感が感じられない。

また、1997年に完成した〈大手町野村ビル〉も低層部は〈旧日清生命館〉(1932年竣工)の外観デザインを残している。しかしながら、厳密にいえば、その窓割りは創建時のものとは明らかに異なるし、材料も新しいものが使用されている。設計者は形態復元の手法と称しているが、中京郵便局と比べると「イメージ保存」[*10]に限りなく近いものといえる。

こうした動きの中で、1998年には、〈海岸ビル〉(旧三井物産神戸支店:1919年)が完成した。この建築でも創建時の外観が保存された。そこでは新しいデザインの処理が試みられた。すなわち、新築建物と低層部の創建時の外壁部分を明快に分離させることを意図したデザインが中央部に採用されていることである。これは、保存した外壁と新築部分の外壁の取り合わせの処理に対する新しい試みといえるであろう。このように、単に外壁の保存といってもその内容は、この方法に内在する固有の問題を克服すべくいろいろな方法が試みられていたのである。

## 3-3「外壁保存」のバリエーションとしての「建築部位保存(エレメント保存)」の出現

「外壁保存」は、どの程度の外壁を残すかによってその建物の印象は大きく異なる。1984年の〈京都三井ビルディング〉(旧三井銀行京都支店:1914年)の場合、外壁の一部、すなわち、四条烏丸角の列柱と外壁の保存および烏丸通側入口アーチなどの1階石造外壁の一部が残された。外壁が保存されているものの、印象としては外壁の一部分だけであり、私見では建築の要素の保存という「外壁部位保存」と呼ぶ方がふさわしいように思う。「外

*9「石造外壁を化粧材として再生」『日経アーキテクチュア』1987年5月18日号
*10「イメージ保存」とは、従前の建物の雰囲気だけを残したものの総称である

日本火災横浜ビル
(現・日本興亜馬車道ビル)

神戸地方・簡易裁判所合同庁舎

大手町野村ビル

海岸ビル

京都三井ビルディング

*11 外壁の一部分を保存したものを「外壁部位保存」、窓や玄関部などの建築の部位を残したものを「建築部位保存(エレメント保存)」と称している

建築会館

交詢ビルディング

日本銀行大阪支店

壁保存」とは一面以上の壁面全面の保存を前提とするのに対し、一部分のものはあくまでも建築の部位の保存と考えられるからである[*11]。なお、1982年に日本建築学会の〈旧建築会館〉の解体と新築が行われた。その際、旧建築会館のメダリオンなどの装飾の一部を切り取り、新建築会館に取り付けている。こうした事例は、まさに典型的な「建築部位保存(エレメント保存)」といえるし、また、2004年に完成した〈交詢ビルディング〉(1933年竣工)もエントランス部分の「建築部位保存」といえるであろう。

いずれにせよ、建物の容積を増やすことが求められる歴史的建造物の再開発にあたって、「外壁保存」をとるならば、必然的に再建された建築の全面に古い建築の外壁を再現することはできず、結果的には部分的な外壁の保存となってしまう。こうしたなかで、外壁の保存の限界が見え、その方法の簡略化としての「建築部位保存(エレメント保存)」を採用する事例も出現しはじめたのである。

なお、歴史的建造物の保存方法として、建築部位だけを切り取って新しい建築の外壁に取り付けるという方法の出現は、建築デザインの流れからみれば、ポストモダニズムの流行という当時の建築界の動向の影響も見逃すことができない。1982年、マイケル・グレイヴスがモダニズムのなかで否定されていた古典主義的要素を大胆に採用したポートランドビルを完成させて話題をさらっていたし1984年にはフィリップ・ジョンソンがAT&Tビルでモダニズム建築の流れに衝撃を与えていた。日本でも、1983年に磯崎新がつくばセンタービルでポストモダニズム建築を完成させていた。ポストモダニズムの流行のなかで、古典主義的要素をデザインに取り入れることが新しい建築として容認されていたのである。こうした動きが、いわば、保存手法の流行にも影響を与えていたように考えられるのである。

## 3-4 内部空間の保存とその試み

この時期に普及しはじめた「外壁保存」は、繰り返すが、あくまでも外部の保存であり、景観の維持が最優先されたものであった。それは言い換えれば、建築の内部空間が欠如した保存の方法であったのである。こうした批判を受け、内部の部分的保存も試みられはじめることになる。前述した〈京都三井ビルディング〉では、貴賓室の再現が行われているし、また、〈交詢ビルディング〉も談話室や中庭部分を再現し、特に談話室は解体前の部位を再利用してインテリアを再現している。こうした内部の保存は、強いて呼ぶならば、「室内保存(インテリア保存)」と称されるものである。

一方、外壁保存の批判としてしばしば指摘される内部空間の欠落という問題を克服するため、外壁とともに内部も一緒に一部残す方法も試みられた。こうした試みの代表的事例が、1982年の〈日本銀行大阪支店〉(1903年竣工)である。ここは、単に外壁を残すだけではなく、いわゆる「ワンスパン保存」と称される方法が採用された。すなわち、外壁とともにワンスパン部分を残すことにより内部空間も含めて保存し、その背後に新館を建設するという方法である。具体的には、外壁は東・南・北の3面とドーム

再生建築小史

の屋根、内部では記念室と大階段などが復元・保存された。この方法によれば、たとえ新館が高層建築であっても、道路から見える低層部の建物は旧館だけであり、かつ、内部も保存でき、旧館の建物の魅力を継承することができる。また、この事例では外壁保存に見る新旧の建物の壁の処理の問題なども派生せず、ゆとりが感じられるものとなっている。

　ただ、この方法は、現地に古い建物の一部を残すことを意味するため、新築建物のためにも十分な敷地がある場合に初めて可能となるものであった。こうしたより質の高い再生建築の出現は、90年代以降にしばしば大規模建築の計画のなかで見られることになる。

## 4 質の高い再生建築の出現——1990年代以降

### 4-1 公的支援を受けた再生建築の始まり
——「外壁保存」から内部空間を含む「部分保存」へ

　1991年、神田に新しい〈文房堂ビル〉が完成した。7階建てのビルのファサードには、1922年の竣工当時の外壁が採用された。これも地元の要請を受け、実施された建物である。こうした事例に見るように「外壁保存」が現地保存のひとつの解答のように浸透しつつあったなかで、より積極的に保存を謳う建築が現れた。

　1995年完成の〈DNタワー21〉は、古い建物の一部分を残しつつ高層の新築建物を建てるという日本銀行大阪支店に見られた方法を、より積極的に発展・展開させた事例といえる。躯体はもとより部分的に内部空間も残す——まさに従前の建築の一部を残す——という意味から、筆者はこの事例を「部分保存」と称している。ただ、「部分保存」の名称は広い意味で使われており、必ずしも共通の認識された名称ではないかもしれない。

　さて、〈DNタワー21〉の母体は、ふたつの建物からなる。すなわち、〈第一生命館〉（1938年竣工）と〈農林中央金融有楽町ビル〉（1933年竣工）は隣り合うビルで、ふたつを合わせると一街区を形成することから、一体による開発が進められた。そして、そこでは「歴史的建築物保存による特定街区」という都市計画上の手法が採用された。平たく言えば、歴史的建造物の保存を行うことにより、保存建物の面積を含め、本来の容積率よりも容積率の割り増しが適用されるという手法であり、保存することにより実現できなかった容積の拡大を、新築建物の容積率の緩和により補うというものである。現実には、こうしたサポートがなければ、保存はほとんど実践されないのである。先に見た外壁保存の事例といえる日本火災横浜ビルでも、外壁保存を実現するための横浜市独自の制度「歴史的建造物の保存修復に対する特例」を用いたものであったが、こうした保存事業を勧める制度のサポートがあって初めて現地における「完全保存」や「部分保存」が可能となったのである。その意味では、都市計画上の制度の確立のなかで再生建築の道が拡大化されてきたともいえるのである。

　なお、改めて〈DNタワー21〉の様子を見てみると、部分保存とはいい

DNタワー21

ながらも、まったくそのままの状態での保存ではない。たとえば、〈旧第一生命館〉の中央部のふたつの採光用の中庭はアトリウムとして再利用されており、新しい魅力的な空間に生まれ変わっている。一方、貴賓室や占領時代にマッカーサー総司令官が使用した部屋は創建時のまま維持されており、歴史的に貴重と考えられる内部空間は完全保存されている。このように、「部分保存」といっても、単に創建時の状態で残すのではなく、貴重と考えられる部分を吟味しながら保存し、他は新しい機能の場として再利用できるように手が加えられているのである。こうした再利用は、基本的には文化財では行うことのできない独特の手法といえる。その意味では、繰り返しになるが、再生建築は、単なる保存建築ではなく、保存建築の良さを導き出しつつ新しい建築とする極めて創造的な行為といえるのである。ただ、それでもこうした建築を見てみると、どこまでがオリジナルのデザインで、新しい部分はどこなのかが意外に不鮮明であることが多い。しかも、照明器具だけ残して利用したものやイメージを継承しただけのものが混在するとなおさら判断しにくくなる。内部空間を残すならば、その区別がわかるようにデザインにきちんとしたメリハリをつけることも設計者の計画に必要不可欠な基本的姿勢といえるであろう。

　いずれにせよ、DNタワー21の出現を機に、都市計画上の制度を利用した再生建築の計画がいろいろ展開されはじめ、2003年には東京丸の内で「特定街区制度」を利用して、〈日本工業倶楽部会館〉(1920年竣工)と三菱信託銀行本店が共同で、日本工業倶楽部を部分的に保存した一体の開発を行っている。

　また、重要文化財に対しては、その保存を評価するための措置としてさらに別の制度が設けられた。たとえば、2004年に重要文化財に指定された〈明治生命館〉(1934年竣工)は完全保存が実行されたが、ここでは「重要文化財特別型特定街区制度」を適用し、隣接して建つ建物が1500パーセントの容積率を得て建てられた。2005年に完成した〈三井本館〉も重要文化財であり、〈明治生命館〉と同様にこの制度を適用して完全保存が実施された。そしてまた、現在復元工事が行われている〈東京駅〉は、2001年に創設された「特例容積率適用区域制度」を用いて、特定の地域内で建築敷地間の容積移転を認めるという方法で、空中に建つはずであった容積を売却するなどにより復元費用を捻出するなどの措置を講じている。

## 4-2 「完全保存」を求めて

　〈三井本館〉と〈明治生命館〉は、重要文化財であったため現地での「完全保存」が行われた。90年代になると、歴史的建造物の価値を認識しながらできるだけ内外部ともに保存しようとする機運が高まり、重要文化財でなくとも内外ともに残す「完全保存」がめざされ、その実現のための方法が模索された。しかしながら、限られた敷地に建つ建物をそのまま残し、かつ、新たな容積を獲得するための新建築を建てなければならない場合、その解答はすこぶる難解なものとなる。

日本工業倶楽部会館・三菱信託銀行本店ビル

明治生命館

三井本館

再生建築小史

こうした提案の中でもっともユニークな方法のひとつとして知られているのが「鞘堂方式」による保存である。この「鞘堂方式」による保存の初めての事例は、1994年の〈千葉市美術館・中央区役所〉である。この建物の敷地には〈川崎銀行千葉支店主屋〉(1927年竣工)が現存していた。この建物を現地に残しながら新しい美術館と区役所の機能を並存させた建物のあり方が追求された。そうしたなかで、設計者である大谷幸夫から提案されたのが「鞘堂方式」と称された保存方法で、古い建物を被い囲むように新しい建築を建て、新旧の建物を共存させるというものであった。ただ、この方法でも新しい建築を建てるためには地下工事が必要なため、一時的に古い建物を曳家し、必要な地下工事に対応したのである。また、曳家して残した建物は文化財指定を受けていなかったため、現行法規に準じなければならず、防火防煙シャッターや防火戸、天井にはスプリンクラーなどの工事も必要であった。いずれにせよ、現地に保存するために、伝統的な建物の維持方法である鞘堂という考え方と、移築のための曳家という方法を現代に用いたことは興味深いことである。そして、この「鞘堂方式」は、近年、東京大学の工学部新2号館でも応用されており、ひとつの方法として定着し始めているし、また、曳家に関しては、1997年に〈旧横浜銀行本店別館〉(元第一銀行横浜支店、1929年竣工)の保存にあたって、RC造であったが現地保存ができないため、従前の建築の一部を170mほど伝統工法である曳家を用いて移築し話題となった。

千葉市美術館・中央区役所

一方、渋沢栄一の記念館である〈誠之堂〉(1916年竣工)・〈清風亭〉(1926年竣工)の深谷市(渋沢の出身地)への移築保存では「大ばらし工法」と称される方法が採用された。すなわち、誠之堂は煉瓦造、清風亭はRC造の建物で、短期間で行える移築方法が検討された結果、誠之堂は煉瓦壁をおよそ70個のピースに切断し、それを移築現場で再度組み立てるという方法が取られた。再建では、煉瓦造建築の補強も必要で、その結果、基礎にはRC造の基礎、壁頂部にはRC造の臥梁を設け、切り分けたレンガ壁をそれらの間に挿入して固定するという方法を取り入れている。

誠之堂

また、清風亭は、RC造であることから、装飾のある暖炉まわりの壁や出窓などの一部だけを切断して運び出し、新しいコンクリート造の建築の躯体の一部として再利用した。こうした「大ばらし工法」の建築の評価はいろいろ見られるが、誠之堂は移築後に重要文化財に指定された。この切断して移築するという荒業も、短期間でローコストな保存の追求の結果であり、今後も採用される方法のひとつといえるであろう。

いずれにせよ、「鞘堂方式」も「大ばらし工法」も、基本的には内外のデザインはもちろんのこと、材料を含めた構造体ともにオリジナルな空間をできるだけ残すことをめざしたもので、今後、ますますこうした新しいアイデアによる保存の手法の開発が展開されるものと思われる。

### 4-3 景観維持のための「外観再現保存(レプリカ保存)」の出現

文化財に指定された建物だけではなく、無指定の建物であってもその歴

みずほ銀行京都中央支店

史的建造物の価値を伝え残そうという模索が続くなかで、2003年、〈みずほ銀行京都中央支店〉では、1906年竣工の〈旧第一勧業銀行京都支店〉の外観を模したレプリカ建築が建てられ、話題となった。この旧第一勧業銀行京都支店の建て替えには、貴重な建物として保存運動も起こったが、景観を守る立場から指導を行った京都市は、同じ形態での新築を景観が維持できることを理由に許可した。その結果、外観だけを再現した「レプリカ建築」が出現したのである。この「レプリカ建築」による保存をめざそうという方法を、筆者は「外観再現保存（レプリカ保存）」と称している。この「外観再現保存」という手法は、同じ2003年に出現した〈旧新橋停車場復元駅舎〉のように、既に壊されて現存しない建物を何らかの理由で再現するという場合には、致し方ない方法であるが、現存する建物を壊して外観だけ再現して建てるというのは、理解に苦しむ方法といえる。ただ、保存を意識して「レプリカ建築」の方法を採用したのは、〈みずほ銀行京都中央支店〉が初めてではない。1987年竣工の〈お茶の水スクエア〉（旧主婦の友社ビル、1925年竣工）もオリジナルな部位を一部用いた「レプリカ建築」であった。お茶の水スクエアの場合は、外壁保存の予定で計画を進行していた最中、保存する予定のコンクリートの外壁の強度が足りず、急遽、創建時の図面を元に外壁を復元した結果による。今から振り返れば、旧外壁の裏側に新たなコンクリート壁を打ち込むなどの方法で残せたように思うが、まだ、保存手法の積み重ねの最中のことであり、致し方なかったことである。また、1990年には近江の〈八幡小学校〉（1917年竣工）の建て替えの際に、木造建築の姿をRC造で復元した建物を建てている。

いずれにせよ、このような「レプリカ建築」を保存と称するかどうかはいろいろな見解があろうが、個人的には保存とは異なるものと考えている。景観を維持するための方策としても、「レプリカ建築」は疑問符を拭い去ることはできない。

### 4-4 増改築を伴う再生建築

2002年上野に〈国際子ども図書館〉（旧帝国図書館、1901年竣工）が竣工した。この建物は、機能的には新たな建物として再利用されている。それを満たすために、玄関部および背後には現代の材料と工法による建物が増築されている。その様子は、基本的には外観は維持され、内部は特徴的な部分を創建時の状態に復元している。そして、増築部分のデザインは、ガラスとスチールを用いていることから、一見して増築であることがすぐ理解できるものとなっている。このように、母体としての歴史的建築物の維持を目指しつつも、現代の用途に対応できるように増築を伴う再生建築は、今後ますます増えるものと思われる。その際、増築部分の処理をどのようにするかは、きわめて重要な問題となる。その点、この建物では、新旧のデザインを対極的に理解できるような行き届いた設計が行われており、こうしたデザインの配慮が、再生建築の質を高めていくことになる。その意味で、この建物は、増築を伴う再生建築の見本のひとつとなるものといえる。

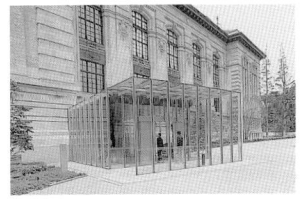

国立国会図書館国際子ども図書館

再生建築小史

また、この建物の中心部分は煉瓦造建築であり、耐震補強が必要であった。そこで、採用された方法は地下階を利用した免震工法であった。免震方法を導入すれば、建築本体の壁量などを大量に増やす必要がないため、内外のデザインを変えることなく建物を維持できる。そのため、コストは高いものの、建物の文化的価値の維持が必要な文化財指定を受けた建物でも積極的に採用されている。ちなみに、重要文化財で初めて免震工法を用いたものが、阪神淡路大震災後に復元された〈旧神戸居留地15番館〉(1881年頃竣工)であり、近年では2002年竣工の〈大阪市中央公会堂〉(1918年竣工)でも免震工法が採用されている。

旧神戸居留地15番館

大阪市中央公会堂

東京駅

## 5 近年の再生建築の動向と保存運動

現在、丸の内周辺が、いろいろな意味で騒がしい。例えば、丸の内の玄関といえる〈東京駅〉(1914年竣工)の復元工事が佳境に入りつつある。東京駅の保存そして重要文化財指定にあたっては、その保存を強く訴えてきた市民活動の力も大きかった。1999年、JR東日本と東京都が駅舎の保存復元に同意し、その後、文化財指定され、また、2001年に創設された「特例容積率適用区域制度」により建設経費の捻出もスムーズに行うことができるようになるなど、制度の追い風もあった。ただ、この保存にあたっては、文化財的には創建時の3階建ての姿に復元する方針に対し、現在の2階建ての姿こそ太平洋戦争という歴史的事実の存在を示すものであり現状のまま保存すべきという議論であった[*12]。前者が、建築文化という範囲でその価値を捉えたものであるのに対し、後者の主張は日本近代史のモニュメントとしてその価値を捉えるというものといえ、建築文化財の解釈やレゾンデートルを深化させる議論であり、こうした議論は今後も大いに行う必要があるものであった。

また、東京駅に対峙して建っていた〈丸ビル〉(1923年竣工)は、2002年、新しい丸ビルに生まれ変わった。保存運動もあって、かつての丸ビルの面影を残すために、低層部分は旧丸ビルと同じ高さでデザインも似たものとしている。まさにイメージ保存の典型的事例といえるデザインである[*13]。

そして、現在、東京駅の横に建つ〈東京中央郵便局〉(1931年竣工)の建て替え計画が起こっている。これに対し、日本建築学会はもとより日本建築家協会さらにはモダニズム建築の保存を強く訴える国際組織であるドコモモ(The Documentation and Conservation of buildings, sites and neighborhoods of the Modern Movement)が保存要望書を提出し、国会議員を含めた市民による保存運動が展開されている。この建物は、わが国のモダニズム建築の導入者のひとりである吉田鉄郎の設計で、わが国のモダニズム建築の最初期の事例として知られている。ちなみに、文化庁でもこの建物は重要文化財に匹敵する価値を有する建物であると見解を述べているが、よく知られているように、わが国の文化財指定は、所有者の同意がなければ文化財指定ができない。そのため、一般の人々が熱望しても、

*12「東京駅・赤レンガ駅舎を3階建てに」『日経アーキテクチュア』1999年11月1日号

*13「旧丸ビルの面影残して再生」『日経アーキテクチュア』2002年9月16日号

また、学識経験者がその価値を声高に主張しても、所有者が首を縦に振らない限り、文化財指定はできないのである。こうした基本的な文化財指定にかかわるシステムの問題点を露呈させたものでもある。現状では、建築の「部分保存」が提示されているが、「部分保存」では従前の建物の魅力を伝えきれない場合があり、問題を残したままに再開発だけが進んでいる。なお、吉田鉄郎の作品としては〈大阪中央郵便局〉の建て替え問題も起こっており、様式主義の建築だけではなく、モダニズム建築の保存のあり方も大きな問題として注目されている。

いずれにせよ、こうした多様な価値の維持を求めて保存運動が展開されたにもかかわらず、取り壊された建物は実に多い。とりわけ、2003年に〈大塚女子アパート〉、〈江戸川アパート〉、〈青山アパート〉がたて続けにとり壊された旧同潤会アパートは、市民による保存運動が展開され、また、マスメディアでも保存運動の動きは紹介された。そうした保存運動で特に注目されるのは、大塚女子アパートの取り壊しにより東京都の財産が失われたとして、学識経験者らが所有者である石原慎太郎東京都知事に対して損害賠償を求める住民訴訟、ならびに、取り壊しの差し止めを提訴したことである。東京地裁は、「都の損害は発生していない」として原告側の請求を却下したが、建物の文化的価値に対しては「専門家の判断によってその歴史的・芸術的価値が認められている。文化財保護法の文化財の用件を実質的に満たしていた可能性は高い」と指摘し、文化財ではないと判断して壊したことを「専門でなくいわば素人判断」であり「裁量権乱用の疑いがある」と断じている。この判断は、文化財に指定されていなくとも、建築には文化的価値がある可能性が高いことを示したもので、公共建築の場合は、国民の財産として建築の価値を確認する必要性があることを意味し、建物は所有者だけのものではないことを示した貴重な判決であった[*14]。また、旧同潤会青山アパートは、設計者は安藤忠雄ということで注目された。建物全体の高さを低く抑えたことや「同潤館」と称されるレプリカ建築が建てられたが、実物を残すという保存運動の成果は出せなかった。

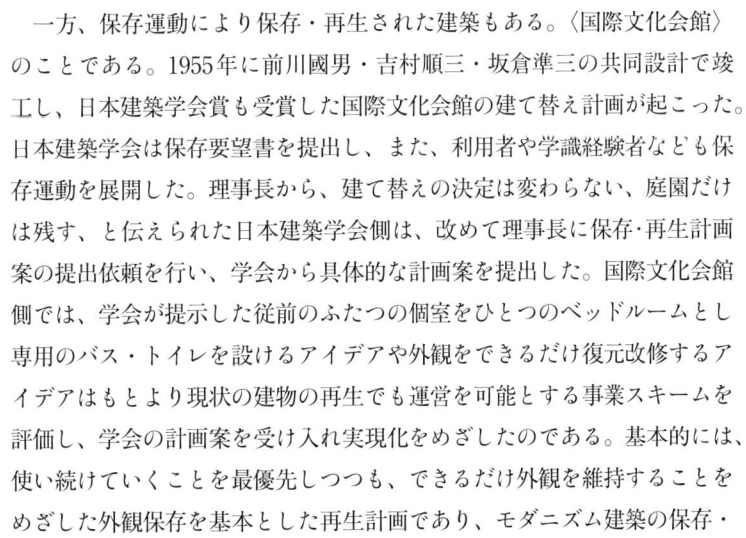

一方、保存運動により保存・再生された建築もある。〈国際文化会館〉のことである。1955年に前川國男・吉村順三・坂倉準三の共同設計で竣工し、日本建築学会賞も受賞した国際文化会館の建て替え計画が起こった。日本建築学会は保存要望書を提出し、また、利用者や学識経験者なども保存運動を展開した。理事長から、建て替えの決定は変わらない、庭園だけは残す、と伝えられた日本建築学会側は、改めて理事長に保存・再生計画案の提出依頼を行い、学会から具体的な計画案を提出した。国際文化会館側では、学会が提示した従前のふたつの個室をひとつのベッドルームとし専用のバス・トイレを設けるアイデアや外観をできるだけ復元改修するアイデアはもとより現状の建物の再生でも運営を可能とする事業スキームを評価し、学会の計画案を受け入れ実現化をめざしたのである。基本的には、使い続けていくことを最優先しつつも、できるだけ外観を維持することをめざした外観保存を基本とした再生計画であり、モダニズム建築の保存・

国際文化会館

*14「旧同潤会アパートの賠償請求は却下も、地裁が文化的価値を認める」『日経アーキテクチュア』2004年3月26日号

再生建築小史

再生案のひとつのモデルとなるものといえるであろう［＊15］。

　もうひとつ、保存運動で忘れられないのが、〈小笠原伯爵邸〉である。この建物は戦後GHQに接収され、その後東京都の所有となり、都の施設として使用されていたが、老朽化を理由に取り壊しの動きが起こり、1980年日本建築学会から保存要望書が出された。都ではとりあえず倉庫として使用していたが、1990年に東京都生活文化局による「歴史的建造物景観意匠保存事業」の対象建造物に選定され、その建築的価値が広く周知されることとなった。2000年には一般市民の保存運動も高まった。しかしながら、東京都にはこの建物を保存・再生の予算のめどがつかないため、公的建築の保存活用に民間資本を導入するPFI（Private Finance Intiative 民間資本等活用事業）方式を取り入れることにより、建物の保存・再生とともに有効活用することを試みた。建物本来の用途は住宅であったが、10年契約で修復工事の全額負担の条件のもとでレストランとして借り受けたいという企業が現れた。外観の再生ならびに、内部の復元・改修・機能維持といった諸条件のもとで改修工事が行われた。民間の建築や文化財としての建築物の保存・再生のために公的支援の整備の一方で、公的建築の運営や保存・再生のために民間資本を使うPFI方式は、今後ますますその導入が増えるものと思われる。

　いずれにせよ、建築の保存運動は、その建物の価値を再確認させ、また、その保存のあり方を考える契機となる場合が多い。建物は確かに所有者自身のものではあるが、いったんその姿を人々の前に現し、景観の一部に取り込まれたとたん、公共性という社会性をいやがうえにも持つことになるのである。所有者はもとより建築家たちも、建築に内在している社会性という特性について改めて強く意識すべきである。保存運動は、この社会性を問いているのだ。その問いこそ、新しい建築の創出の力にもなるように思う。その意味で、保存運動は、建築の質を高めているように思う。

小笠原伯爵邸

## 6 むすびにかえて

　以上、1960年以降の再生建築の流れを概観してきた。その流れを改めて振り返れば、60年代は、街並みや景観を保持することをめざして、内部は改変しつつも外観をそのまま残した事例——「外壁全面保存」が出現した。一方、文化財指定を受けている建物では、内外の保存が求められ、多くが博物館や資料館といった建物として復元・保存されてきた。また、こうした文化財系の建物では、復元の際に構造補強も行われ、その補強方法も時代とともにさまざまな提案が展開されている。

　70・80年代には、「外壁全面保存」もファサード一面に限定された「外壁正面保存」が提案され、やがて、より簡略的な保存の方法としての外壁の一部といった「外壁部位保存」、さらには当時のポストモダニズムの潮流もあって玄関部や開口部あるいは装飾の一部といった「部位保存（エレメント保存）」といった多様な方法を生み出した。一方、こうした外壁の

＊15「国際文化会館の保存再生」『建築雑誌』2007年8月号

保存は、景観を維持するという目的で行われたが、内部空間の欠落という批判が起こり、内外部を併せもつ「部分保存」の提案が始まった。

90年代になると、歴史的建築物の保存が重要視され始め、都市再開発上の手法として歴史的建築物を内外ともに残しながら再利用する再生建築の計画を公的に支援する制度が制定され、都心部では歴史的建築物を残しつつ背後に高層建築を一街区で一体的に建てる方式が浸透することになる。また、現地に建物を残すための手法としての「鞘堂方式」の提案、あるいは、移築保存せざるを得ないときの煉瓦造建築の「大ばらし工法」による切断移築の提案など、内外を保存していく方法も多様化していた。また、こうしたなかで、景観を守るための方法として「外観再現保存（レプリカ保存）」も出現し、"保存とは何か？"を議論する場を提供した。

このレプリカ建築に関しては、近年、1968年に取り壊された〈三菱一号館〉の復元が進行している。保存していた部位は破棄しており、基本的にはレプリカ建築がつくられることになる。なぜ、かつて取り壊して保管していた部材さえも破棄したという建物を今頃復元するのか？と素朴に思うが、一方で、取り壊しから40年が経ち、ようやく、捨て去った建築の価値が理解されたのであろうとも感じている。それでも、レンガ造の建築が創建時の姿で蘇った。どのようなデータがあれば、創建時の建築が再現できるのかという問いの答えが、この〈三菱一号館〉の出現により得られたことは意味あることであろう。

いずれにせよ、保存・再生の結果としての再生建築の動向は、外観だけの再生建築から、内部を含む再生建築へと大きく変化してきた。とりわけ、オリジナルの建築そのものを残すということは、都市計画上の再開発の手法としてとりわけ重視され、新旧の建築の入り混じった歴史性という奥行きの感じられる都市の追求のなかで、より強く求められているように思われる。都市計画上では、景観としての建築と思われがちではあるが、その建築が実態として大きな意味を内在する都市の重石として存在するためには、やはり内部空間も必要なのである。こうした動きは、大都市だけの問題ではなく、やがて、地方都市、そして、地方の市町村へと波及していくものと思われる。その意味で、歴史的建築は、歴史学の研究対象だけではなく、都市計画学や町づくりにとっても重要な研究テーマとなりつつあるし、また、再生建築は建築家の専門領域としても確実に重視されつつあるのである。

ともあれ、時代の変化のなかで、保存の意義、そして、再生建築の意義が確実に浸透してきた。これまでの建築界に浸透していたスローガン「スクラップ・アンド・ビルド」を捨て、新たなスローガンを掲げる時期にきたのである。筆者は、そのスローガンとして「キープ・アンド・チェンジ」を提案したい。それは、まさに、できるだけ現在の建物を維持し続けること（キープ）、そして、必要ならば用途変更（チェンジ）を行いながら使い続けよう、という意味である。こうしたスローガンのもとで、改めて再生建築の多様な方法、多様な事例を整理し、再生工学をも備えた今後の「再生建築学」なるものを構築することが、今、求められているように思われる。

三菱一号館

再生建築小史

［写真提供］

内田青藏　p.186（東京駅）
　　　　　p.187（国際文化会館）
　　　　　p.189
大川三雄　p.177（下4点）
　　　　　p.179（下）
藤谷陽悦　p.178（アイビースクエア内観）
　　　　　p.181（日本銀行大阪支店）

＊特記以外は、pp.194-218より流用

# 再生建築の分類・類型

足立裕司 ADACHI Hiroshi

ここに取り上げる近代建築の保存・再生事例は、1971年以降の約40年間に『新建築』誌と、後年の創刊ではあるが『日経アーキテクチュア』誌に掲載された事例である。両誌に限定した理由は、それらがわが国の建築界の動向を伝える代表的な建築専門誌であることと、保存・再生事例に関して、ほぼ他誌をカバーしているためである。さらに重要なことは、本書の趣旨が建築史の立場から、建築の設計に携わる方々に対してメッセージを送るということにあるため、広く購読されている両誌の事例を対象とした。

取り上げた事例には、国指定重要文化財のような指定文化財も含まれているが、多くは従来のような文化財修復の世界から一歩踏み出した、建築士・建築家が参加した事例が報告されている。そのなかには、建築史の立場からは首肯しにくいものも含まれており、そのどこが問題であるのかを伝えたいという意図で編集した。

おそらく、この他に文化財専門誌が取り上げた事例を加えたとしても、それらは同じような価値判断で修復されていることから、同様のコメントを増やすだけで、現実との葛藤のなかで行われる近代建築の保存・再生の真の問題が、逆に曖昧になると考えられるので除外した。また、取り上げた建物には、現時点では現存しない建物や、文化財の視点からは保存とは言い難い事例も含まれている。しかし、文化財的な保存手法と現実の建築界での試みとの間にある第三の道を模索する意味であえて取り上げた。

以下、選択の指針をまとめる。
①近代建築がある時点で何らかの方法で保存・再生されたもの、及び保存・再生が近い将来に計画されているもの(現時点で存在していない事例も含む)。
②近代建築自体が消滅していても建物の一部、あるいは全体が復元されているか、消滅前の建物の形態的特徴を踏襲しているもの。
③上述の2誌どちらかにトピックス的な扱いではなく、設計趣旨など基本的なデータが公開されているもの。

抽出した対象事例は全117例に上り、それらを個々の保存・活用の状態を分類し、類型化を行った。

## 保存・再生事例と類型

取り上げた事例には、建築概要とともに保存・再生の範疇を付した。まず保存・再生における変化の指標として、機能の転化が行われているか否かが重要なポイントとなる。さらに近代建築の趨勢に大きな影響を及ぼしてきた「床面積の増減」に着目して分類を行っている。当然のことながら、文化財指定を受けている事例には、用途の転用はあっても増改築という大きな変更は少なく、逆に文化財指定を受けていない事例には、増改築し建築家の作為が加わっているものが多い。特に、限られた空間を有効に活かすために、床面積を増すためのさまざまな工夫がなされている。

増床の確保のためには歴史的建造物に何らかの変更が必要となる。そのとき、歴史的建造物の保存に関して、「何が守られなければならないか」については固定的な価値基準は存在しない。文化財保存の分野では、オーセンティシティという言葉で、この守られるべきものが表現されるが、現実の活動においては、すべての与条件との調整から得られる複雑かつ高度な行為にこそ注目すべきであろう。経済的制約のなかでの素材や構法、設備や法律など、さまざまな側面から問題と向き合い、異なる次元の問題を限られた空間のなかに統合していくことが求めら

れる。しかし、その結果として選択された保存手法は、その時点では最善と思われても、未来へと引き継いでいくべき時間の尺度から振り返ると必ずしも最善とは言えない場合も散見される。

ここでは、それらの評価をなすための客観的な指針として、建築上の行為から分類して、「新築」「増築」「改築」「修復」「移築」に分類した。増築については、建築基準法上は別の工事であっても、保存にかかわるプロジェクトとして一体的になされた場合を含んでいる。

さらに増築と改築については、その再生の方法として、「併置型」「融合型」「積層型」にわけている。また、もとの状態の戻すことができるかどうかで、「可逆型」「非可逆型」に分類できるが、ここに示した事例の多くは一度の再生に対応しているだけで、改修前の時点に立ち返ることができるような方策は採られていない。今後、より創造的に可逆的改修が検討されるべきである。

### (1)建築工事の種別
#### ①新築
すでに消失しているか、既存の建築物を取り壊した後に復元したものや、窓や柱といった部位のみを取り込んで建てられた事例をいう。既に失われてしまった建物を復元する常識的な行為のみだけでなく、現存する建物を取り壊し、外観を似せて新築する事例もみられ、時に「外観保存」「景観保存」といったネーミングによって意図的に意義が強調される場合も散見される。保存の手法としては、復元、レプリカ保存、部位保存（要素保存）など。

#### ②増築
既存の建築物全体のボリュームに変化を加えて床面積を増加させているもの。都市部に位置する多くの近代建築は容積率に余裕を残していることから、残地を利用した増築や、既存の建造物の一部を壊してまで増床が図られることになる。

#### ③改築
既存の建築物全体のボリュームには変化を加えずに内外部を変更したもの。内外部の残存状態によって多くのバリエーションが想定され、内外部の主要部を残す「部分保存」から、壁の何面かを残して内部をすべて変えてしまう「外壁保存」までこの範疇に含まれる。外壁も正面1面だけの場合（通称：ファサード保存）や、建物正面の1スパンだけを残す場合（通称：ワンスパン保存）など、保存される割合によって様々な名称が用いられているが、統一した名称が定められているわけではないのが実情である。各事例内では細かく名称を分けず、外壁のみの保存は「外壁保存」、内部・外部の主要な一部分が保存されるものは「部分保存」とする。なお、公共工事等の用語では、解体後に新たな建物を建てる場合も改築と呼ぶことがあるが、ここでは既存の建物が残ることを前提として「改築」としている。

#### ④修復
文化財の保存において用いられる手法であり、既存の建物の内外部の状態を維持するために補修がなされる場合をいう。粗雑に改変された部位の復原、目立たない方法による構造補強なども含まれ、全面保存、文化財保存などと呼ばれたりする。事例内では「文化財的保存」とする。これらの手法は一定の根拠をもって旧状に復するという意味で「復原」という字を当て、推測と想像により滅失した建物を再現させた「復元」と区別して用いられる場合がある。

#### ⑤移築
別の敷地あるいは、同一敷地内において建築物を移転し保存するもの。その多くに増改築が伴っているが、併記せずにコメント内で説明した。

### (2)増床の有無と保存方法による種別
#### ①増築・併置型
既存の建築物に併置するかたちで別棟として増築したもの。渡り廊下の接続や一部の壁を取り込む程度の事例も含む。

#### ②増築・融合型
一部撤去した既存部分を利用して建築面積や床面積を大幅に増す場合をいう。併置型に対し、新旧の空間・構造が一体的に処理されているものを指し、一部のウイングやいくつかのスパンを残して増床を行う場合もこれに含める。ただし、既存建築物のボリューム内で中二階を設けたり、吹き抜けなどを塞いで増床を行っている場合は、改築に含まれる。

#### ③改築・併置型

[凡例]

既存：

増築：既存の建物の範囲を超えて増床された事例

改築：既存の建物の範囲内で処理された事例

併置：既存の建築に影響しないように離れて増床された事例

融合：新旧が一体的に処理された事例

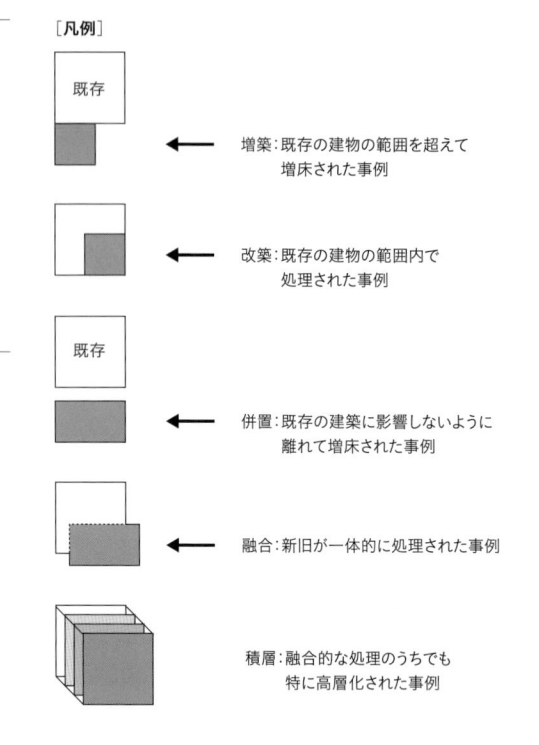

積層：融合的な処理のうちでも特に高層化された事例

既存の建物のボリューム内でスパンやウイング、間仕切り壁などで、既存部分との空間的な分離を図りながら独立的に変更したり、新たなデザインで置き換える場合を指す。

④改築・融合型

既存のボリュームに大きな変更を加えず、撤去された既存部分を利用して新しいデザインで置き換えること。内装だけを変える場合から、間仕切りや階段を変えたり、極端な場合、外部を現状のままに躯体の一部または全体を撤去し、新しい躯体に変更する場合などかなり幅広い手法がみられる。機能変更に伴う改修はコンバージョンと呼ばれ、近年建築家の脚光を浴びている。

⑤積層型

増築の場合について、併置・融合のいずれにおいても既存建物との著しい対比を生じる高層建築を採用した場合を別途表記した。オーバーハングやスーパーストラクチュアを用いた、かなり大胆な手法を用いたものを指している。「鞘堂形式」と称される手法もこの範疇に属する。

改築・増築型に分類される建物のなかでも特に高層部分を伴う場合を指す。

(3)変更の様態による種別

①可逆型

加えられた改修工事が元に戻しうる場合。

②非可逆型

加えられた改修工事が元に戻せない場合。

## 残存率――保存の量的評価

「保存」という場合には、何らかの意味で古い歴史的な価値が実体として残されることを前提としているが、にもかかわらず保存を巡る言葉はきわめて感覚的に用いられている。保存とは言い難いパーツだけが再利用された場合にも「要素保存」と呼ばれ、もっと極端にすべて壊されて実体が失われたというのに調査がなされると「記録保存」といった言葉が紙上を賑わしている。

保存を巡る問題は、常に残すべきか否かという質の評価をめぐる論争であるが、上記のような情緒的な風潮を考えると、もう少し明確な指標が必要と思われる。そのひとつが保存された部分がどの程度であるかを元の全体と比較した「残存率」という数値である。既存建物の壁1面（1/4）よりは立体的に見える3面（3/4）が保存された方が良いはずであるし、壁だけよりも奥行きの感じられる1スパン（1/全体のスパン数）だけでも残す方が望ましい。こうした評価は、実は残存率という数値で意外とシンプルに表現しうる。より客観的にみるには検討すべき区域を分けて考える必要があり、立面図上、平面図上、そして展開図や各階平面図上での比率として抽出しうる。なお、これは数値には表れないが、上階は改修してもパブリックな性格をもつ1階はできるだけ保存することが望まれるということはある。

## 文化財制度等の適用

保存の制度としては、国宝から重要文化財までの制度があり、1996（平成8）年以降、国登録文化財制度ができたことにより、文化財イコール保存という構図に載らない事例が増している。また、文化財指定された建物でも近代建築という領域では、いかに使い続けていくかという再生・再利用という発想が求められることから、近年、大規模な近代建築が

資料編

新たな法的優遇策を利用してよみがえっている。保存・再生にかかわる法的な措置をそれぞれ掲げる。

### 国宝・国指定重要文化財

国宝・国指定重要文化財は建築基準法第3条の適用により、法の適用が除外される。また、指定後に修復がなされる場合は、文化財的な価値を損なわないように文化庁との調整が必要となるほか、修復にあたっては「重要文化財建造物修理工事主任技術者」の承認を受けた者が設計監理を行う必要がある。しかし、国指定登録文化財や地方公共団体の文化財には適用除外の規定はなく、用途変更や改修に伴い建築基準法等の規定が課せられる。

### 特定街区制度

特に都市部において歴史的建造物の保存・再生を行う際には、土地の有効利用との両立が課題となる。指定を受けた文化財は、修復に際して経済的補助を与えられ、所有者の負担を軽減する手法がとられるのに対し、未指定の歴史的建造物に対しては容積率の規制緩和することで保存・再生のインセンティブとする手法がとられることがある。特定街区制度は、市街地の整備改善を図るため、一定条件を満たす街区レベルの建築計画について、一般的な形態制限を除外する制度である。例えば〈DNタワー21〉がこの制度を利用している。

### 総合設計制度

敷地内に一定規模以上の空地を確保し、建築物の建蔽率や容積率、高さ等の形態について総合的な配慮がなされていることにより、市街地の整備改善に資すると認めて許可された場合に、高さ制限、容積率の制限を緩和できる制度(建築基準法第59条2項)。事例としては〈大手町野村ビル〉などがある。

### 重要文化財特別型特定街区制度

東京都が1999年に制定。国の重要文化財に指定されている建築物を保存した敷地に特定街区を適用するケースで、容積率割り増し制度を新設し、保存する建築物の床面積相当分も割り増し容積として加算することを認めるものである。この適用第一号となったのが1998年に重要文化財の指定を受けた〈三井本館〉である。

### 特例容積率適用区域制度

2001年創設。商業区域内にあり十分な公共施設を備えた区域内で、総指定容積の範囲内で建築敷地間の容積の移転が特例として認められる制度である。事例としては〈東京駅〉がある。

### 連担建築物設計制度

1998年創設。既存建築物を含む連担する複数の敷地を、建築基準法上はひとつの敷地とみなして容積率の移転が可能となるものである（建築基準法第86条2項）。

### その他地方公共団体の定めるもの

地方公共団体が独自に定める容積率緩和に関する制度はさまざまであるが、近代建築の保存を対象とした初期の制度の事例としては、横浜市の取り組みが代表的である。横浜市は1985年から「横浜市市街地環境設計制度」に基づく「歴史的建造物の保存修復に対する特例」を適用し、容積率の割増による優遇措置を行っている。適用第一号が1989年に竣工した〈日本火災横浜ビル（現在は日本興亜馬車道ビルに改称）〉である。外壁を保存しながら高層化を図るのに際して、1階部分に公開空地を設けることで容積率の緩和による優遇措置を受けている。

# 再生建築117



［凡例］

建築名(旧称)

①所在地　⑦建築主／原建築主
②改修竣工年／竣工年　⑧指定等
③主用途／旧用途　⑨増築形式
④改修設計者／原設計者　⑩行政支援等
⑤施工者／元施工者　⑪備考
⑥規模、構造／旧構造　⑫掲載誌

**【北海道】**

## 1 BAYはこだて(日本郵船倉庫)

①北海道函館市豊川町11-5
②1988年／1号館1912(明治45)年、2号館1909(明治42)年
③レストラン・店舗／倉庫
④岡田新一設計事務所／不詳
⑤清水建設／不詳
⑥地上1階一部2階、レンガ造S補強・木造小屋組／レンガ造
⑦エヌアンドエス社／日本郵船
⑧函館市伝統的建造物(1988年)
⑨改築・融合型
⑫『日経アーキテクチュア』1988.9.5
1907年頃建設の日本郵船倉庫群のうち、老朽化の著しい2棟を撤去して駐車場とし、残り2棟を多目的スペースやレストランに改装したものである。残された2棟とも大がかりな構造補強を必要とし、1棟(2号館)は大部分の小屋組を撤去し、外壁のみの保存としている。中央の堀割りを活かした再生計画は高く評価できるが、2棟の再生を持て余し気味の印象を受ける。(KY)

## 2 SEC電算センタービル(百十三銀行)

①北海道函館市末広町18-15
②1987年／1926(大正15)年
③事務所／銀行
④日本電気システム建設／関根要太郎
⑤加藤組土建／不詳
⑥地上3階塔屋1階、RC造／RC造
⑦南北海道電子計算センター／百十三銀行
⑧函館市景観形成指定建築物(1989年)
⑨改築・融合型
⑫『日経アーキテクチュア』1988.9.5(掲載時の名称：南北海道電子計算センター)
百十三銀行は北海道で最初の地場銀行として1926年に建設された。改築の方針は、銀行営業室吹抜け部分に2階を増築し、オフィススペースを充実させる一方、階段室、金庫、倉庫は建設当時のままの状態で利用されている。ユーゲントシュティル的なデザインを得意とした関根要太郎の代表作品のひとつで、波形のパラペットや正面中央の小窓などの特徴的な外観をよく残しているが、銀行建築の特徴である営業室の吹抜けを潰している点は惜しまれる。(KY)

## 3 明治館(函館郵便局)

①北海道函館市豊川町12-12
②1983年／1911(明治44)年
③店舗・工房／郵便局
④工芸家協同組合クラフトマン・ユニオン／逓信省
⑤工芸家共同組合クラフトマン・ユニオン／猪之橋組
⑥地上2階、レンガ造／レンガ造
⑦函館ユニオン・スクエア／逓信省
⑨改築・融合型
⑫『日経アーキテクチュア』1983.12.5(掲載時の名称:ユニオン・スクエア)
旧函館郵便局は、1961年民間に払い下げられ、倉庫として使用されてきたが、1983年、地元の工芸家協同組合「クラフトマンユニオン」が中心となって、主にクラフト製品の展示販売を目的としてユニオンスクエアとして開館した。函館の再生事例の先駆けともいえる。郵便局時代の空間構成が再生にプラスにはたらき、中央旧郵便課の木造トラスをあらわした吹抜け空間が十分に活かされている。(KY)

## 4 ホテルニュー函館(安田銀行函館支店)

①北海道函館市末広町23-9
②1968年／1932(昭和7)年
③ホテル／銀行
④函館ドック造船設計部艤装設計課(チーフ：林森男)／安田銀行営繕係
⑤函館ドック造船設計部艤装設計課・東海興業／大林組
⑥地上2階塔屋1階、RC造／RC造
⑦函館商船／安田銀行
⑧函館市景観形成指定建築物(1989年)
⑨改築・融合型
⑫『日経アーキテクチュア』1982.3.15(掲載時の名称：ホテル・ニュー函館)
1968年に商船会社「函館商船」が買い取り、外観はそのままに、内部を改造してホテルとして活用したもの。銀行がホテルに変身した先駆的な転用例である。2層吹抜けの営業室には新規に2階が設けられ、大きさの異なる既存の窓と柱に合わせ、間取りが決定されている。1986年には吹抜けに天窓を設けるなどの改修工事が行われた。2度目の改修工事で縦長窓サッシや内部の空間構成が変更され、初代改修者である函館ドック艤装設計課の仕事の痕跡がほぼ一掃された点が惜しまれる。(KY)

## 5 函館ヒストリープラザ（金森倉庫）

①北海道函館市末広町14-16
②1988年／1909(明治42)年
③多目的ホール・店舗・ビアホール／倉庫
④岡田新一設計事務所／不詳
⑤清水建設／不詳
⑥地上1階、レンガ造／レンガ造・木造小屋組
⑦金森商船／金森商船
⑧函館市伝統的建造物(1988年)
⑨改築・融合型
⑫『日経アーキテクチュア』1988.9.5

明治末期に建設された倉庫群の4分の3は現状のまま倉庫として使用し、残りの4分の1を利用して、多目的ホール、店舗、ビアホールにしたものである。構造体の状態が良好であったために、躯体自体にはほとんど手を加えていない。現役の倉庫として機能しながらの転用はユニークで、転用のさまざまな可能性を示唆している。(KY)

## 6 LOFT（日本製網船具倉庫）

①北海道函館市末広町4-11
②1985年／1915(大正4)年頃
③アート・ギャラリー／倉庫
④アルパ工房／不詳
⑤野辺工務店／不詳
⑥地上1階、レンガ造・木造小屋組／レンガ造・木造小屋組
⑦310／個人
⑨増築・並置型
⑫『日経アーキテクチュア』1988.9.5(掲載時の名称：ギャラリーロフト)

旧製網船具倉庫を利用して、オーナーのコレクションであるアメリカ絵画を展示するギャラリーとして活用したもの。「古いレンガや木の小屋組をそのままに、現代のセンスをプラスする」保存方針はオーナーによって提案され、設計者が選ばれた。倉庫内には既存部分からは全く独立した構造としてRC造中2階が増築され、喫茶スペースになっている。再生されたばかりの内部は薄暗いレンガの空間にアンディ・ウォーホルの作品が実にマッチしていた。現在はアウトレットショップ。函館ではこうした再生事例でのテナントの移り変わりが激しい。再生当初のコンセプトが失われている例も見られ、今後の大きな課題であろう。(KY)

## 7 サッポロファクトリーレンガ館（サッポロビール第一製造所札幌麦酒会社醸造所）

①北海道札幌市中央区北二条東4、5
②1993年／1894(明治25)年、赤レンガ建築群・煙突：1915(大正4)年
③複合施設／醸造所
④大成建設／不詳
⑤大成建設 伊藤組土建 西松建設 地崎工業 前田建設工業 三井建設 鴻池組 日本国土開発 飛鳥建設 岩田建設 日産建設 カブトデコム／不詳
⑥地下2階地上6階塔屋2階、RC造・S造／レンガ造
⑦サッポロビール／札幌麦酒会社
⑨増築・融合型
⑫『新建築』1993年6月

1876年につくられた旧開拓使麦酒醸造所跡地の再開発として、敷地内にある赤レンガ建築群と煙突を保存・再生してつくられた都市型複合施設である。赤レンガ建築群と煙突部分の保存方針は補修を部分的なものにとどめ、工場時代に使われた設備や備品もそのままインテリアとしている。大規模な再開発にもかかわらず、レンガ建築群の再生や工場内で使用された機器類の部品を活用したサルベージアートなどを開発事業のキーワードとして大切にした点は評価できる。(KY)

## 8 サッポロビール園ビール博物館・開拓使館（札幌麦酒第二工場）

①北海道札幌市東区北7条東9-384-18
②1987年／1890(明治23)年
③飲食店舗・資料館／工場
④大成建設／基本設計：サンガーハウゼン社　実施設計北海道庁建築課
⑤大成建設・伊藤組／不詳
⑥地上5階、S造／レンガ造
⑦サッポロビール／サッポロビール
⑨改築・融合型
⑫『新建築』1987年12月(掲載時の名称：サッポロビール開拓使麦酒記念館)

札幌製糖工場として建設され、1961年にビール工場の製麦工場として買収、内外部とも増改築し、1965年まで操業した。改修までは1階部分をビアレストランおよび工場見学者用接待所として利用していたが、全館を利用し、内容の充実と拡大を図るための改修を行っている。外観は旧状をとどめるが、内部は大規模な改修を行った。内外ともレンガ建築の魅力を堪能できる建物で、内部では防火床などの特徴的な構造も視認できるが、歴史的建造物である点への配慮がやや欠けており、建物内部の魅力も引き出せる利用方法が望まれる。(KY)

## 9 太郎吉蔵

①北海道滝川市栄町2-8-9
②2004年／不詳
③ホール・ギャラリー／蔵
④中村好文+レミングハウス／不詳
⑤上田組／不詳
⑥平屋、蔵：木骨石造、事務棟：木造
⑦NPO法人アートチャレンジ滝川／個人
⑨増築・並置型
⑫『新建築』2007年9月

太郎吉蔵はこの地域に分布する木骨組積造の蔵のひとつである。事務棟を別棟で付加した、併置型再生の好例。床を張り、ステージを設けた以外にあまり手を加えず、設計者の中村好文によれば、「暗闇を宿した内部空間の圧倒的な迫力」[註1]を残せたという。伝統の力や時間を経て残すことの意味をわきまえた建築家

の見識が伝わってくる作品といえる。建物は地域のデザインやアートの発信基地として利用されている。(AH)

【山形県】

### 10 金山町街並み交流サロン・ぽすと(金山郵便局舎)

①山形県最上郡金山町金山365-1
②2002年／1932(昭和7)年頃
③事務室・図書館・休憩室
④林寛治／不詳
⑤金山工務店／不詳
⑥地上2階、木造
⑦金山町／不詳
⑨改築・融合型
⑫『新建築』2005年10月

地域に親しまれてきた洋風の郵便局の外観を残しながら、内部は間取りを大きく変更して街並み交流センターとして再生した事例。階段を含めて当初の間取りは完全に設計しなおされ、図書コーナー、休憩室、工房など新たな諸室が設けられている。広がりのあるモダニズムのデザインであるが、木の材質感を活かし、親しみのある提案となっている。(NT)

【宮城県】

### 11 原阿佐緒記念館(原邸 白壁の家)

①宮城県黒川郡大和町宮床八坊原19-2
②1990年／明治10年代
③記念館／住宅
④松本純一郎設計事務所／不詳
⑤松井建設東北支店／不詳
⑥地上2階、木造・増築部：RC造／木造
⑦大和町／原家
⑨増築・融合型
⑫『日経アーキテクチュア』1991.11.11

地元では「白壁の家」として知られ、女流歌人・原阿佐緒の生家でもある。原阿佐緒記念館は「歴史体験村整備構想」の一環として保存・再生された。保存方針は既存部分の修復と、記念館として利用するため事務所、便所、展示室を兼ねたロビーの増築、当初から存在したと推定されるむくり破風をつけた吹き放ちの玄関ポーチ庇の復元である。既存部分の修復は土壁の傷みが激しく、土台、柱下部、根太の大部分が腐食していたため、新たにRC造の布基礎を設けるなどかなり大がかりな改修が行われている。(FY)

【栃木県】

### 12 旧イタリア大使館夏季別荘<br>(イタリア大使館夏季別荘)

①栃木県日光市大字日光奥日光国有林 林小班1126イ2
②2000年／1928(昭和3)年
③別荘(公園施設)／別荘
④レーモンド設計事務所／アントニン・レーモンド
⑤東武建設／不詳
⑥地上2階、木造／木造
⑦栃木県／イタリア大使館

⑧国登録有形文化財(2001年)
⑨改築・融合型
⑪中禅寺湖周回歩道附帯施設整備計画の一環
⑫『新建築』2000年10月

1998年に栃木県に譲渡され、中禅寺湖周回線歩道付帯施設整備計画の一環として改修された。改修の方針は公開活用を前提とした計画である。建物はいったん解体され新しく布基礎が設けられた。主要室は原状に復元しているが、活用のために一部プランを変更するなど、かなり大がかりな改修工事が行われた。(OM)

【群馬県】

### 13 群馬会館(群馬会館)

①群馬県前橋市大手町2-1-1
②1982年／1930(昭和5)年
③迎賓館・賃貸ホール・会議室／公会堂
④群馬会館改修設計共同企業体 坂倉建築研究所東京事務所・群馬県建築設計センター／佐藤功一
⑤井上・佐田群馬会館改修工事共同企業体／井上工業
⑥地下1階地上4階、RC造一部S造／RC造一部S造
⑦群馬県／群馬県
⑧国登録有形文化財(1996年)
⑨改築・融合型
⑫『新建築』1983年3月

竣工以来、機能の面で付加、更新が度々行われて外観が覆い隠されていることに加え、1970年の改修に伴いホール客席は大幅に変更された。外観は「50年間の間に付加されたものを除去し、損傷部は修復し、外壁のクリーニングを行うことで当初のシンメトリーの美学を甦らせる」[註2]ことを基本方針とし、内観については躯体には手を加えず、ホール客席を除いた部分をほぼ全面的に改修することとなっている。(FY)

【千葉県】

### 14 千葉市美術館・中央区役所(川崎銀行千葉支店)

①千葉県千葉市中央区中央3-10-8
②1994年／1927(昭和2)年
③美術館・事務所／銀行
④大谷幸夫・大谷研究室・千葉市建設局建築部営繕課／矢部又吉
⑤清水・西松・ナカノ・三菱建設共同企業体／不詳
⑥地下3階地上12階塔屋1階、地上部：S造 地下部：RC造一部SRC造／地上部：S造 地下部：RC造(SRC造)
⑦千葉市／川崎銀行
⑨積層・融合型
⑪曳家保存、鞘堂方式
⑫『新建築』1995年4月

旧川崎銀行千葉支店は、1990年まで中央地区市民センターとして利用されてきた。しかし、この敷地に区役所と美術館の建設が決定し、既存建物の存続が不可能と考えられていたが、市は

「鞘堂方式」と呼ばれる大谷幸夫氏の提案を受け、千葉市美術館・中央区役所として竣工した。大谷氏の提案する「鞘堂方式」とは、平面計画上の問題と構造上の耐力の問題を同時に、あるいは総合的に解決する方法」であり、増築部分が既存部分を包み込むように配置されている。保存再生の新たな方法として注目されるが、鞘堂として取り囲んだ新棟の柱が接近しすぎ、旧棟の円柱が織りなす古典的な調和が失われているのは残念である。正面の平面残存率は64%であるが、内部の旧営業室が修復されホールとして活用されている。(FY)

## 15 佐倉市立美術館(川崎銀行佐倉支店)

①千葉県佐倉市新町210
②1994年／1918(大正7)年
③美術館(玄関ホール)／銀行
④坂倉建築研究所大阪事務所／矢部又吉
⑤奥村組／不詳
⑥地下2階地上5階塔屋1階、既存部：組積造 新築部：SRC造／組積造
⑦佐倉市／川崎銀行
⑧千葉県指定有形文化財(1991年)
⑨増築・併置型
⑫『新建築』1995年2月

旧川崎銀行佐倉支店の2階を取り去り(一部ギャラリーは残存)、美術館のエントランスとして利用している。美術館施設として必要な空間は新棟に求めている。新旧の棟は完全に分離されているが、限られた敷地の中での増築であるため、結果として新築部分は南側にそびえたつようなかたちになっている。施設全体の立面に対する旧立面の割合は正面部分(北側)で7%と、増築部分の大きさが窺える。(FY)

**【埼玉県】**

## 16 誠之堂(誠之堂)

①埼玉県深谷市起会110-1 大寄公民館内
②1999年／1916(大正5)年
③記念館／記念館
④吉岡設計事務所／田辺淳吉
⑤清水・古郡JV／清水組
⑥平屋、レンガ組積造／レンガ造
⑦深谷市／第一勧業銀行
⑧重要文化財(2003年)
⑨移築・保存修復型
⑪レンガ造の躯体を大きなブロックに切る「大ばらし」の手法で解体・移築
⑫『日経アーキテクチュア』2000.2.21

渋沢栄一の出身地・深谷市が建物を引き取ることとなり、東京都世田谷区より移築された。レンガ造の従来の保存方法である「小ばらし」ではなく、大きなブロックに切る「大ばらし」の手法が用いられ、室内においては天井部の漆喰のレリーフもそのまま移築された。レンガ造の基礎は安全性の確保からRCに変更され、レンガ欠損部分については基礎部分に使われていたレンガを使用し、当初材との調和を確保している。新しく取り替えた部分には「1999・補修」と刻印し、オリジナルと区別している。(FY)

## 17 清風亭(清風亭)

①埼玉県深谷市起会110-1 大寄公民館内
②1999年／1926(大正15)年
③記念館／記念館
④吉岡設計事務所／西村好時
⑤清水・古郡JV／清水組
⑥平屋、RC造／RC造
⑦深谷市／第一勧業銀行
⑧埼玉県指定有形文化財(2004年)
⑨移築・保存修復型
⑫『日経アーキテクチュア』2000.2.21

誠之堂に隣接して建つ清風亭は、渋沢栄一の後継者・佐々木勇之助の古希を記念して建てられた。この建物の一部を深谷市に移築、復元したものである。建物はRC造のためベランダ部分(外壁アーチと屋根)を複数のピースに分割して運搬し部分保存、新規RC躯体に取り付けて復元を行っている。また、マントルピース、建具、出窓、屋根瓦などそのまま利用している。周辺にあった樹木も移植し、周辺環境にも配慮したという。(FY)

## 18 昭和の洋館

①埼玉県与野市
②1995年／1931(昭和6)年
③ゲストハウス／事務所
④日影良孝＋日影良孝建築アトリエ／不詳
⑤西部建工／不詳
⑥地上2階、木造／木造
⑦個人／個人
⑨移築・融合型
⑩歴史的建造物保存による特定街区
⑪オリジナルの部材を利用しプランを新しくする
⑫『日経アーキテクチュア』1995.11.27

元法律事務所の洋館が、マンションに建て替えられることから、洋館の持ち主と親戚関係にある施主がこの洋館を引き取ることとなった。「この洋館の一部を施主の家の裏庭に移築・再生し、ゲストハウスとして使うこと」、「敷地が狭くなるのでプランを新しく練り直し、「洋風スタイルを残す」[註3]ことをテーマとしている。(FY)

**【東京都】**

## 19 中央合同庁舎6号館赤レンガ棟(法務省本庁舎)

①東京都千代田区霞ヶ関1-1
②1994年／1895(明治28)年
③事務所／事務所
④改修設計者：建設大臣官房官庁営繕部・復元監修：村松貞次郎 堀内正昭／基本設計：エンデ&ベックマン 実施設計：河合浩蔵
⑤不詳／臨時建築局
⑥地上3階、レンガ造／レンガ造
⑦建設省／法務省

⑧重要文化財(1994年)
⑨改築・融合型
⑪竣工時の姿への復元。天然スレート葺きの屋根・軒蛇腹・屋根飾りの復元
⑫『日経アーキテクチュア』1994.10.24

戦災による被害を受けたが1950年に復旧し、法務省本庁舎として使われてきた。保存改修計画は、旧法務省本庁舎を竣工時の姿に復元すると同時に、霞ヶ関司法ブロック整備計画として周辺の敷地と併せて7.2haを一体的に整備し、容積を超高層建築で充分に活用する計画である。復元された天然スレート葺の屋根・軒蛇腹・屋根飾りは資料の不足からエンデ&ベックマンや河合浩蔵の手がけた建物や当時の様式から推定された。(OM)

## 20 明治安田生命ビル丸の内MY PLAZA
（明治生命館）

①東京都千代田区丸の内2-1-1他
②2004年／1934(昭和9)年
③事務所・店舗(飲食・物販)・ホール・駐車場／事務所
④三菱地所設計／岡田信一郎
⑤竹中・大成共同企業体／竹中工務店
⑥地下2階地上30階塔屋2階、S造・一部SRC造／S造(RC造)
⑦明治安田生命保険相互会社／明治生命
⑧重要文化財(1997年)
⑨増築・並置型
⑩重要文化財特別型特定街区制度適用(東京都1999)・容積率1,500%(増築部＋既存部)
⑫『新建築』2004年10月

昭和期の近代建築としては初めて重要文化財に指定されているため、文化財型の保存修復工事が適用された主要部と、地下室などの活用を図る部分とに分けられている。背後の明治安田生命ビルに明治生命館の容積率を移転する特定街区制度が適用されている。個々の建物ではなく、街区全体で保存を試みることで、古い資産を残しながら、新たな資産を加えることを可能とした都市内での併置型の事例。設備の更新・増設に当たり、隣接のビルから供給する方法が試みられている。(OM)

## 21 日本工業倶楽部会館・三菱信託銀行本店ビル
（日本工業倶楽部会館）

①東京都千代田区丸の内1-4-5, 6
②2003年／1920(大正9)年
③事務所・倶楽部・店舗／倶楽部会館
④三菱地所設計／横河工務所
⑤清水建設・大成建設／直営
⑥倶楽部棟：地上6階、SRC造・RC造(免震構造) タワー棟：地下4階地上30階塔屋2階、S造・一部SRC造・RC造
⑦日本工業倶楽部・三菱地所／日本工業倶楽部
⑧国登録有形文化財(1999年)
⑨積層・融合型
⑩特定街区制度適用(都市計画)
⑫『新建築』2003年5月

外観保存ではあるが、西側壁面以外は復元。関東大震災時の被害や不同沈下の調査をもとに、躯体ごと残すことが可能な範囲を定め、他は仕上げ材をいったん取り外して躯体の更新を行った。具体的には倶楽部棟大ホールと2階大会堂を含む西側3分の1が躯体ともども保存された。構造補強による内部空間の改変を避けるため免震装置を採用している。歴史的なインテリアのシークエンスを重視し、玄関ポーチ・各階広間・大階段・ラウンジは再現、大会堂・大食堂などの主要部は完全保存された。(OM)

## 22 DNタワー21
（第一生命館、農林中央金庫有楽町ビル）

①東京都千代田区有楽町1-13
②1995年／第一生命館：1938(昭和13)年、農林中央金庫有楽町ビル：1933(昭和8)年
③事務所／事務所
④清水建設一級建築士事務所 ケビン・ローチ ジョン・ディンケルー アンド アソシエイツ アーキテクツ／第一生命館：渡辺仁、農林中央金庫有楽町ビル：渡辺仁・松本興作(第一生命営繕課)
⑤清水建設／清水組
⑥地下5階地上21階塔屋2階、S造・SRC造・RC造／S造・SRC・RC造
⑦不詳／第一生命・農林中央金庫
⑧東京都選定歴史建造物
⑨積層・融合型
⑪歴史的建築物保存による特定街区・容積率1,230%(増築部＋既存部)
⑫『新建築』1996年1月

第一生命館と農林中央金庫のふたつの建築は、設計、施工を同じくし、隣接してひとつの街区を形成しているだけでなく、戦後GHQによりひとつの建物のようにして使われてきたという歴史的経緯をもつ。このことから「ふたつの建物を現在の最先端のオフィスに再構築しながら、歴史的建築の保存再生を実現するという困難な目標を、両社がひとつになって街区全体を総合的に再開発することにより達成させる」[註4]こととなった。(OM)

## 23 丸の内ビルディング（丸ノ内ビルチング）

①東京都千代田区丸の内2-4-1
②2002年／1923(大正12)年
③事務所・店舗・ホール・駐車場／オフィス
④三菱地所設計／フラー社(アメリカ)
⑤丸ビル建築工事共同企業体／不詳
⑥地下4階地上37階塔屋2階、地上部：S造、地下部：SRC造／鉄骨レンガ造
⑦三菱地所／丸ビル
⑨新築
⑫『新建築』2002年10月

旧丸ビルは、三菱合資会社地所部の設計、米国のフラー社により設立されたフラー建築株式会社の施工により竣工した。低層部の三層構成と軒高を31mにすることで、旧丸ビルのイメージを継承し、行幸通りに面したオフィスエントランスには旧丸ビル

の三連アーチが再現されている。(HT)

## 24 大手町野村ビル(丸の内野村ビル日清生命館)

①東京都千代田区大手町2-1-1
②1997年／1932(昭和7)年
③事務所／事務所
④大成建設一級建築士事務所／佐藤功一
⑤大成・清水・野村・長谷工・白石建設共同企業体／不詳
⑥地下5階地上27階塔屋1階、地上:S造一部SRC造 地下:RC造／地上:S造(SRC造) 地下:SRC造
⑦東京生命／日清生命
⑨新築
⑩総合設計制度
⑪旧建物の外観デザインを新築部分のファサードの一部として取り込む形態復元
⑫『新建築』1997年5月
旧日清生命館の外観を保存する計画。敷地形態などの制約から旧建物をいったん解体する必要があること、四国産北木錆石が使われていた外壁は戦時の火災で著しく劣化し、無傷で取り出すことがほとんど不可能であることなどの理由から「旧建物の外観のデザインを新設部分のファサードの一部として取り込む」[註5]方法が採用されている。総合設計制度の計画手法を採用し、166%の容積割り増しを受けている。(HT)

## 25 参議院参観・テレビ中継施設

①東京都千代田区永田町
②2004年／1936年
③見学・テレビ中継施設
④監修岡田新一設計事務所、国土交通省大臣官房官庁営繕部＋NTTファシリティーズ
⑤直営／フジタ
⑥地下3階地上2階、RC造＋一部S造、SRC造
⑦帝国議会／参議院
⑨増築・併置型
⑫『新建築』2005年9月
歴史的建造物の本体を傷めずに併置的に増築を行った事例。国会議事堂の背面を利用した増床であるが、施設本体は地下に埋め、地上の立ち上がりは、設計者がキャノピーと呼ぶ本館との接続部分と既存の陸橋からのアクセスのためのエントランスのみに限定している。キャノピーも本館とはわずかなクリアランスを設けているので旧状の維持に意を尽くした設計となっている。キャノピーの高さもベースメントに合わせている。(AH)

## 26 霞が関コモンゲート・中央合同庁舎第7号館(文部省庁舎他)

①東京都千代田区霞が関3-2-1〜3
②2008年／旧文部省庁舎:1933(昭和8)年
③事務所、店舗、駐車場／官庁
④久米設計事務所＋大成建設＋新日鐵エンジニアリング／旧文部省庁舎:旧大蔵省営繕管財局
⑤大成建設＋新日鐵エンジニアリング日本電設＋三菱重工パーキング建設／大林組
⑥地下3階地上38階塔屋1階、RC造・SRC造

⑦国土交通省文部科学省、会計検査院金融庁、独立行政法人都市再生機構／大蔵省営繕管財局
⑧国登録有形文化財(2007年)
⑨積層・融合型
⑫『新建築』2007年12月
旧文部省庁舎の再生というよりは、霞ヶ関3丁目全体の再開発である。PFIにより、超高層2棟、低層棟などを効率的に配することによって増床を確保、合同庁舎だけでなく、店舗、貸事務所を新たに設けた。東京の中心という環境で、ひとつの建物だけでは解決できない経済的な論理を、国の所有地とはいえ、所轄が異なる敷地を一体化することで解を得た事例として重要であろう。
旧文部省は、外観を維持しており、内部は旧の間取りを残しつつ仕様などを新しくしている。(FY)

## 27 山の上ホテル本館(佐藤新興生活館)

①東京都千代田区神田駿河台1-1
②1980年／1937(昭和12)年
③ホテル／会館
④アトリエ・アイ(阿井和男)／W.M.ヴォーリズ
⑤鴻池組／清水組
⑥地下2階地上5階塔屋1階、RC造・一部S造／RC造
⑦山の上ホテル／佐藤新興生活館
⑨改築・融合型
⑫『新建築』1980年9月
1921年に東京都美術館の建設に100万円の寄付を行った九州の石炭王・佐藤慶太郎は、1935年には150万円を投じ「険悪な世相と不安な生活の諸問題に対して革新と解決の一歩を進めること」を目的に生活改善運動の場として佐藤新興生活館を設立した。戦時中から戦後にかけて軍の接収を受け、1953年から山の上ホテルとして利用されている。アール・デコ様式の東側ファサードを尊重しつつ、外壁の一部と内装はほぼ改められている。(OM)

## 28 文房堂(文房堂)

①東京都千代田区神田神保町1-21-1
②1990年／1922(大正11)年
③店舗・事務所／店舗・事務所
④佐野建築研究所／手塚亀太郎(1929年の修繕時の設計者)
⑤前田建設工業／不詳
⑥地下1階地上7階塔屋1階、SRC造・S造／RC造
⑦ジャパン・アーツ／文房堂
⑨改築・融合型
⑫『日経アーキテクチュア』1991.2.18
竣工した翌年に関東大震災で被災したが、RC造のため倒壊は免れた。近年、経年変化による耐久性の不安や、容積が使いきれていない不経済性、会社の再スタートと旧建物とのイメージのズレなどから建替えが検討された。保存を求める区や街の人々の要望を検討した結果、通りに面した外壁1枚だけが保存され、背後の建物は新築された。在りし日のすずらん通りの雰囲気を伝える。(OM)

## 29 お茶ノ水スクウェア（主婦の友社ビル）

① 東京都千代田区神田駿河台1-6
② 1987年／1925（大正14）年
③ 事務所／事務所
④ 磯崎新アトリエ／W.M.ヴォーリズ
⑤ 大林組・日本国土開発JV／大林組
⑥ 地下3階地上13階、SRC造／RC造
⑦ 主婦の友社／主婦の友社
⑨ 増築・融合型（壁面復元）
⑫『日経アーキテクチュア』1987.7.27

当初の保存方針は「駿河台の坂道に面したAB両棟の正面外壁と側面外壁の3スパンを残し、内部から補強して新しい建物と接続する」[註6]ことであった。しかし、解体作業に入り、コンクリート壁の強度が基準より大幅に低く、バラつきがあることが明らかになった。ちょうどその頃、ヴォーリズの設計のオリジナル図面が見つかったことから、オリジナル図面に基づく復元が決定された。内部にメモリアルホールが再現されている。(OM)

## 30 九段会館（軍人会館）

① 東京都千代田区九段南1-6-5
② 1983年／1934（昭和9）年
③ 集会場・宿泊施設／軍人会館
④ 梓設計／伊東忠太・川元良一
⑤ 大成・飛鳥JV／清水組
⑥ 地下1階地上4階、SRC造／SRC造
⑦ 財団法人日本遺族会／在郷軍人会
⑨ 改築・融合型
⑫『日経アーキテクチュア』1983.12.5

1930年に行われた設計競技において1等当選となった川元良一案をもとに、伊東忠太が顧問となって設計された。2.26事件では戒厳令司令本部として使われ、戦後はGHQに接収、1957年に現在の九段会館となり、宿泊施設および結婚式場として使用されている。当初からの南東部の宿泊者用入口と会館ホール入口に加え、近年、宴会用ロビー入口が加わり、全体を3つの用途に使い分けている。内部は全面的に間仕切りが変更、改修されている。(OM)

## 31 日本橋東海ビル（村井銀行）

① 東京都中央区日本橋1-5-1
② 1975年／1913（大正2）年
③ 事務所／銀行
④ 日建設計／吉武長一
⑤ 竹中・大林・戸田JV／戸田組
⑥ 地下3階地上11階塔屋2階、SRC造・一部S造／S造 側壁：レンガ・石積 床：RC造
⑦ 東海銀行／村井銀行
⑨ 新築
⑫『新建築』1975年5月

建て替えに際し、さまざまな案が検討されているが、「関東大震災・太平洋戦争による災害からはまぬがれたものの、両火災の影響による花崗石の傷みが予想以上に大きく、広い範囲の面としての復元は不可能であることがわかり、各部単体をビルの要所に組み込む方法で復元」[註7]された。具体的には半円筒形の「オーダー」を合わせ、独立柱として1階中庭に設置、「バルコニーの手摺」と「オーダー」一部を10階中庭に設置、東北側の通用玄関に旧建物の南面入口の復元などが行われた。(HT)

## 32 三井本館・日本橋三井タワー（三井本館）

① 東京都中央区日本橋室町2-1-1
② 2005年／1929（昭和4）年
③ 事務所・ホテル・店舗／事務所
④ デザインアーキテクト：シーザー・ペリ＆アソシエーツ・ジャパン、設計：日本設計／トロープリッジ・アンド・リビングストン社
⑤ 鹿島・清水・三井住友・銭高・東レ・佐藤共同企業体／ジェームズ・スチュアート社
⑥ 地下4階地上39階塔屋1階、S造、RC造、SRC造／地下2階地上7階、SRC造
⑦ 三井不動産、千疋屋總本店／三井不動産
⑧ 三井本館：重要文化財（1998年）
⑨ 積層・併置型
⑩ 重要文化財保存型特定街区制度
⑫『新建築』2006年1月

重要文化財保存型特定街区制度が適用された第一号の事例。重要文化財・三井本館を動態保存しながら、背後に地下4階、地上39階の超高層を建て、本館の空中権移転により街区全体を有効に活用できることから、その制度の実施が望まれていた。中央道路に面した超高層の足下は一部低層化し、本館の列柱、コーニス、アティックなどの高さやリズム感などを合わせることにより、街区としての調和を図っている。本館の背面で超高層部分と繋げられているが、ガラスを多用した透明なアトリウム形式を採用することにより、本館と分節しながら雰囲気を取り込んでいる。(FY)

## 33 交詢ビルディング（交詢社ビルディング）

① 東京都中央区銀座6-8-7
② 2004年／1929（昭和4）年
③ 交詢社倶楽部・賃貸事務所・賃貸商業施設／倶楽部・事務所・店舗
④ 清水建設／横河時介（横河工務所）
⑤ 清水建設／清水建設
⑥ 地下2階地上10階塔屋2階、地上部：S造 地下部：RC造／SRC造
⑦ 財団法人交詢社／交詢社
⑨ 新築（部屋単位で復元あり）
⑫『新建築』2004年11月

立面残存率15％の部分保存。ダブルスキンファサードシステムと称される構造により、保存部分と改築部分は構造的には一体となっているが、内部フロアとは遮断され、モニュメントとしてのみ存在する。最上階にあたる9、10階に談話室、中庭、小食堂などの諸室がパッチワーク的に移築保存され、照明器具なども旧状に復された。主要部分の保存に徹し、独立性の高い部屋を単位として空間を再アレンジする方法は、厳しい経済原理との妥協

が求められる保存策のひとつの選択肢なのであろうか。(OM)

## 34 旧新橋停車場復元駅舎(新橋停車場)

①東京都港区東新橋一丁目5番地
②2003年/1872(明治5)年
③ギャラリー・レストラン/駅舎
④旧新橋停車場復元設計共同企業体(日本設計・JR東日本建築設計事務所)/不詳
⑤旧新橋停車場復元駅舎新築工事共同企業体(鹿島・大成・竹中)/不詳
⑥地上2階、RC造・一部S造/RC造(S造)
⑦東日本鉄道文化財団/不詳
⑧国の史跡
⑨新築
⑪旧新橋停車場の遺構が残存
⑫『新建築』2003年4月

駅舎とプラットフォームの完全な遺構が発見されたことから、1872年鉄道開業時に撮られた複数の写真により「外観復元」を試みた計画。復元に際して「復元作業においては、客観的資料に忠実に従う一方で、勝手な憶測によってデザインを行わないことが、歴史を正しく表現するという意味できわめて重要である」[註8]とし、不明な部分は復元部分とは異なる意匠・材料とすることで明治のデザインでないことを明確にしている。(HT)

## 35 迎賓館(赤坂離宮)

①東京都港区元赤坂2丁目
②1974年/1906(明治39)年
③迎賓館/御所
④建設大臣官房官庁営繕部・村野・森建築事務所/東宮御所造営局　片山東熊
⑤大林・鹿島・清水・大成・竹中JV/宮内省直営
⑥地下1階地上2階、鉄骨補強レンガ造・一部石造/レンガ造(S造)・(石造)
⑦宮内省/宮内省
⑨保存修復型
⑫『新建築』1974年6月

東宮御所として建てられ、1963年に迎賓館として使用されることが決まり、村野藤吾の指導のもとに改修された。「改修にあたっての重要な課題は、美術工芸の粋ともいえる宮殿建築をできるかぎり原型どおりに修復しながら、滞在する国賓、公賓が快適に過ごせる居住空間につくりかえ、また今日における国の迎賓館というイメージを創り出すことであった。そのために(中略)かなり思い切った変更もなされている」[註9]このことから活用を前提にした村野氏による創造的な改修であったことがわかる。(FY)

## 36 在日アメリカ大使館大使公邸 (在日アメリカ大使館大使公邸)

①東京都港区赤坂1-10-5
②1995年/1931(昭和6)年
③大使公邸/大使館
④RTKL/H.van Buren Magonigle
⑤大林組/大林組
⑥地下1階地上2階塔屋1階、RC造/RC造
⑦アメリカ政府/アメリカ政府
⑨改築・融合型
⑫『新建築』1995年8月

アメリカの建築家によって建てられたこの大使館は、昭和天皇とダグラス・マッカーサーとの歴史的な会談の場となるなど、激動の舞台として使われてきたが、老朽化が著しく保存改修することとなった。構造補強に関しては木造小屋組に若干の補強がなされたが、RC造の躯体の状態は良好とされた。外部はキャノピーが取り替えられた以外は、原設計に準じている。一方、内装に関しては「白色で単調な以前のものを、さまざま技法や大胆な色彩によってインパクトのあるものにかえています」[註10]とあるように、壁面や天井、柱には特殊塗装が施された。(FY)

## 37 東京都庭園美術館(朝香宮邸)

①東京都港区白金台5-21-9
②1983年/1933(昭和8)年
③美術館/邸宅
④久米建築事務所/宮内省内匠寮営繕課 内装:H.Rapin
⑤小川建設/戸田組
⑥地下1階地上3階、RC造/RC造
⑦東京都/宮内省
⑧東京都指定有形文化財(1993年)
⑨保存修復型
⑫『日経アーキテクチュア』1983.12.5

終戦とともに国有となり、一時は外務大臣の官舎として使われたこともある。その後、民間に払い下げられたが、1982年に東京都が買い上げた。アール・デコ様式の優れたデザインを有し、建築自体に高い芸術的価値があることから、美術館として保存修復されることとなった。新しい設備も当初のグリルの背後に隠すなど、極力旧状を保持する努力がなされている。(OM)

## 38 高輪プリンスホテル洋館(竹田宮邸)

①東京都品川区高輪3-13-1
②1973年/1910(明治43)年
③宴会場/邸宅
④村野藤吾/片山東熊
⑤大成建設/不詳
⑥地上2階、鉄骨補強組積造/組積造(S造)
⑦高輪プリンスホテル/竹田宮
⑨保存修復型
⑫『新建築』1973年3月

赤坂離宮(迎賓館)と同様、設計は宮内省内匠寮(片山東熊)、改修は村野藤吾という組み合わせによる宮廷建築の保存改修事例。時期も同じで、迎賓館での経験が活かされている。内部改装を主眼として行われ、復元的改修が試みられたが、絨毯や壁布はすべて新しいものが製作され、全体の意匠を乱すことなく設備機器の拡充が図られている。(OM)

## 39 慶応義塾記念図書館(慶応義塾図書館)

①東京都港区三田2-15-45
②1982年/1912(明治45)年
③図書館/図書館
④槇総合計画事務所/曾禰中條建築事務所
⑤安藤・清水・戸田JV/戸田組
⑥本部・第1,2書庫:地下1階地上4階 第3書庫:地下2階塔屋2階、本館・第1書庫:レンガ造一部S造第2書庫:SRC造 第3書庫:RC造
⑦慶応義塾/慶応義塾
⑧重要文化財(1969年)
⑨増築・併置型(本館は保存修復型)
⑫『新建築』1983年3月
関東大震災で被災したおり、鉄骨による補強、改修が行われた。また震災の教訓から、RC造の第2書庫が増築された。戦時中、図書館本館部分が全焼、改修により内装は全面的に変えられた。その後、第3書庫が増築。1982年、槇文彦設計の新館の開館により、本館は記念図書館および研究図書館として改修された。1969年に、外観、玄関ホールおよび大階段室のみが重要文化財に指定。(OM)

## 40 高輪消防署二本榎出張所

①東京都港区高輪2-6-17
②1985年/1934(昭和9)年
③消防署/消防署
④東京都消防庁総務部施設課/警視庁総監官房会計課営繕係・越知操
⑤間組/間組
⑥地上3階、RC造 塔屋:S造/RC造(S造)
⑦高輪消防署/高輪消防署
⑨改築・融合型
⑫『新建築』1985年6月
現在もなお消防活動の拠点として現役。保存方針は「外観は基本的に復元、内部は記念性の高い円筒部分について復元保存し、それ以外の部分は実用機能に合わせる」[註11]というものであった。1977年、望楼からの常時見張り勤務が廃止される際に、構造的に欠陥をもつ鉄塔を含め、望楼から上は撤去されたが、1985年の修復で望楼が復元、鉄塔に関しても構造的欠陥を改善した上で復元されている。(OM)

## 41 建築会館(建築会館)

①東京都港区芝5-26-20
②1982年/1930(昭和5)年
③事務所/事務所
④秋元和雄設計事務所/矢部金太郎(コンペ原案)
⑤清水・大林・鹿島・大成・竹中JV/不詳
⑥地下1階地上5階塔屋2階、RC造+SRC造/レンガ造(RC造)
⑦日本建築学会/日本建築学会
⑨新築
⑫『新建築』1983年3月
旧建築会館の設計者は、1928年に日本建築学会の会員を対象に行われた設計競技によって選ばれ、当時の当選案である矢部金太郎案に基づいて建てられた。建替えにあたり、新「建築会館」も学会の会員を対象とした設計競技によって決定された。旧館部分は完全に取り壊される予定であったが、着工まもなく部分的に保存することとなった。具体的にはファサードを想起させる部分の移設および、外装タイルのテクスチャーの再現を行っている。(HT)

## 42 国立国会図書館国際子ども図書館
### (国立国会図書館支部上野図書館 旧帝国図書館)

①東京都台東区上野公園12-49
②2002年/1906(明治39)年
③図書館/図書館
④安藤忠雄建築研究所+日建設計/真水英夫・久留正道
⑤鴻池組/不詳
⑥地下1階地上7階、レンガ組積造一部RC造・SRC造・S造/鉄骨レンガ造
⑦国土交通省関東地方整備局/不詳
⑧東京都選定歴史的建造物(1999年)
⑨改築・融合型
⑫『新建築』2002年7月
日露戦争による中断で、1906年には第1期工事の一部のみが竣工、1929年に増築が行われ、近年まで上野図書館として使用されてきた。今回の改修は、正面はそのままに、斜めに差し込まれたガラス張りの玄関部とその背後にガラス張りの廊下を設け、動線の処理を行っている。内部の主要部は、木製のブースを付加的に置くことによって旧状を残す工夫がなされ、光天井や床の嵩上げを必要とする改修も、柱礎や柱頭を見せることで、旧状との取り合いを処理している。(OM)

## 43 東京藝術大学音楽部奏楽堂
### (東京音楽学校奏楽堂)

①東京都台東区上野公園8-43
②1987年/1890(明治23)年
③コンサートホール・資料展示館/講堂・音楽ホール
④文化財建造物保存技術協会/山口半六・久留正道
⑤大林組/不詳
⑥地下1階地上2階、地上:木造 地下:RC造/木造
⑦東京芸術大学/東京音楽学校
⑧重要文化財(1988年)
⑨移築・保存修復型
⑫『新建築』1987年5月
老朽化した奏楽堂は、1972年に明治村への移築がいったん決定していたが、建築関係者や音楽家たちによる現地での保存活用を訴える活動が展開された結果、上野公園内にコンサートホールとして保存活用されることになった。敷地の関係から、翼家の胴部を約19m切り縮めた形とし、間取りを新たに設計。旧状を復元するとともに、失われていた玄関車寄せなどが復元された。(OM)

## 44 国立科学博物館(国立科学博物館本館)

①東京都台東区上野公園7-20
②2007年/1930(昭和5)年
③博物館/博物館
④香山壽夫建築研究所+国立科学博物館/文部省
⑤大林・ナカノフドー特定建設工事共同企業体/大林組
⑥地下3階地上4階、SRC造・RC造・S造/SRC造+RC造
⑦独立行政法人国立科学博物館/文部省
⑧重要文化財(2008年)
⑨増築・融合型(一部復元)
⑫『新建築』2007年11月

場当たり的な改修で醜くなった建物の修復と今後の利用を考慮した増築からなる。ヒマラヤスギで見えなくなった正面をサンクンガーデンで開放し、増築は建物の翼棟の間が利用され、内部の旧状の保全に配慮している。圧巻は中央ホール上部のドームを見上げる空間である。当初の姿に戻すことで、保全することの意義を暗黙のうちに語っているかのようである。サンクンガーデンを設けることによって、主動線を地下階から導くことが可能となり、地下のエントランスホールに接してラウンジ、ミュージアムショップを設けている。問題は、半地下階に設けられた小窓をさらに切り下げて設けられた新しい立面であるが、あえて旧状に合わせるのではなく、現代的な処置としている。(FY)

## 45 東京大学総合研究博物館小石川分館(東京医学校本館)

①東京都文京区白山3-7
②2001年/1876(明治9)年
③博物館(大学)/研究施設
④東京大学キャンパス計画室+工学部建築計画室/工部省営繕局
⑤丸一田中建設/不詳
⑥地上2階、既存部:木造 増築部:RC造/木造
⑦東京大学/東京医学校
⑧重要文化財(1970年)
⑨増築・併置型
⑫『新建築』2001年9月

東京医学校本館として建てられ、2度目の移築で現在の小石川に移転している。旧状が完全に残っているのは正面側のみ。さらに複数回の移築のために内装はすべて失われ、部材の転用が多くみられる。保存方針としては「建築のミュージアムとして(利用するに当たり)、移築され生き続けてきた歴史をそのままで見せること」[註12]を基本方針とし、エレベータ、トイレなど活用のための設備を収めたRC造の増築棟のボリュームは最小限に抑えられ、建物裏に設けられている。保存立面の新立面に対する割合は正面部分(南側)で100%、それ以外の面は資料の不足から算出できなかったが、大きい値になると考えられる。(HT)

## 46 求道会館(求道会館)

①東京都文京区本郷6-20-5
②2002年/1915(大正4)年

③展示室・飲食店舗/宗教施設
④復元工事設計管理:文化財工学研究所/武田五一
⑤戸田建設/初代戸田利兵衛(戸田組)
⑥地上2階、レンガ造一部RC造/レンガ造
⑦近角真一/近角常観
⑧東京都指定有形文化財(1994年)
⑨保存修復型
⑫『新建築』2003年3月

浄土真宗大谷派の僧侶近角(ちかずみ)常観が説教場として建設。大震災直後に大規模な改修が行われたが、その後は老朽化が進み、東京都指定有形文化財の指定時に、常観の孫にあたる近角真一(文化財工学研究所)により竣工時の姿に復元が試みられ、説教所のみならず広く文化活動全般に供せられることを目的に修復された。後方に建つ求道学舎も新しい集合住宅として生まれ変わった。(OM)

## 47 求道学舎(求道学舎)

①東京都文京区本郷6丁目
②2006年/1926(大正15)年
③共同住宅/寄宿舎
④近角建築設計事務所+集工舎建築都市デザイン研究所/武田五一
⑤戸田建設/戸田組
⑥地上3階塔屋1階、RC造/RC造
⑨改築・融合(全改修)型
⑦求道会+求道学舎リノベーション住宅プロジェクト建設組合/近角常観
⑫『新建築』2006年8月

求道会館のみならず求道学舎も残すことで、創設者の思想を体現する空間を維持していくことが目論まれた。外部は窓まわりを除き、旧状を維持、内部はRC造の骨組みを残し、設備・間取りは全く新しく改装された。1室くらいは畳敷の寮室を残し活用する方法はなかったのであろうか。中性化、鉄筋の腐食により耐力を落とした構造を、RC造の打ち替えではなく、不良部分の削り落としと吹付けによって旧状を回復するという手仕事的な方法が採用された。(OM)

## 48 東京大学工学部6号館(東京大学工学部6号館)

①東京都文京区本郷7-3-1
②1975年/1940(昭和15)年
③大学/大学
④香山アトリエ/内田祥三
⑤鴻池組/不詳
⑥地上5階、RC造 増築部:S造/RC造
⑦東京大学/東京大学
⑨改築・融合型
⑫『新建築』1975年5月

増築の設計者・香山壽夫は「我々に課せられた課題は、この様式によってつくられている建物の屋上に、その建物の調和を守りながら、あるいは望むらくは高めながら、1階分の増築を行うことであった」[註13]。この課題に対し、既存の様式の形態的語彙を読み取るなかで、「意味の共通性による連続によってではなく、

それとは反対の意味の対比による連続」[註14]の方法により解決を試みている。具体的には鉄骨ラーメン構造にALC版のスラブという躯体に、耐候性鋼板、およびガラスブロックのカーテンウォールを取り付けるという構法で、その形態を「西洋の建築物の屋根階」[註15]とするものである。保存立面の新立面に対する割合は正面(西面)で89％、正面を除く3面で83％。(HT)

## 49 東京大学工学部新2・3号館（東京大学工学部二号館）

①東京都文京区本郷7-3-1
②2000年／1924(大正13)年
③大学／大学
④東京大学施設部・東京大学工学部建築計画室／内田祥三
⑤清水建設／不詳
⑥地下1階地上3階、RC造・耐震補強壁増設／RC造
⑦東京大学／東京大学
⑨増築・融合型
⑪工学部2号館南側部分を保存、工学部3号館と合わせた再開発計画
⑫『新建築』2000年10月

東京大学工学部2号館は本郷キャンパスの骨格をつくった内田祥三が構内で初めて実現した建物。計画案の要点は「2号館の光庭を含む南側半分を保存し、残りを隣接する3号館ともども高層の研究棟に改築すること」[註16]である。平面残存率は67％、保存立面の新立面に対する割合は正面(南面)で10％、西面で14％と改築部分がかなりのボリュームを占めている。(HT)

## 50 東京拘置所（小菅刑務所）

①東京都葛飾区小菅1-35
②1983年／1929(昭和4)年
③拘置所／刑務所
④法務大臣官房営繕課／司法省会計課営繕係 蒲原重雄
⑤不詳／直営
⑥地上2階一部3階、RC造／RC造
⑦法務省／司法省
⑨改築・融合型
⑫『日経アーキテクチュア』1983.7.4

1983年、東京拘置所を補う役割を担っていた中野刑務所(旧豊多摩監獄)が廃庁となったため、東京拘置所の機能の拡充が必要となり、旧舎の後方に高層の建物が建てられた。1983年に行われた本館部分の具体的な保存改修は、外壁が当初の明るい鶯色に化粧直しされ、内部は部屋の模様替え、冷暖房など設備機能の充実が図られ、構造的に耐震壁の付加が行われた。本館の裏手に建つ房舎は2008年夏に解体された。(OM)

## 51 原美術館（原邦造邸）

①東京都品川区西五反田1-31-1
②1973年／1938(昭和13)年
③美術館／住宅
④不詳／渡辺仁
⑤不詳／清水組
⑥地下1階地上2階塔屋1階、木造部分：地上2階、RC造＋木造／RC造・木造
⑦原俊夫／原邦造
⑨増築・融合型
⑫『新建築』1981年1月

戦前期までは隣接して和館が建てられていた。歴史主義の最後を飾る建築家の設計であり、ル・コルビュジエの影響やアール・デコの影響を強く受けている。戦後、GHQに接収、解除後は大使館として使われた時期もある。10年あまり放置されたのち美術館として改修された。改修に当たっては、内外ともに住宅建築としての雰囲気を損なわぬよう配慮された。中庭側に磯崎新によるカフェテリアが増設されている。(OM)

## 52 レストラン小笠原伯爵邸（小笠原伯爵邸）

①東京都新宿区河田町10-10
②2002年／1927(昭和2)年
③飲食店・ギャラリー／住宅
④ワンプラスワンアソシエイツ（現ワンプラスワン）、監修：建文／曾彌中條建築事務所
⑤戸田建設・アコースティックアート／直営
⑥地下1階地上4階、RC造／RC造
⑦インターナショナル青和／小笠原長幹
⑧東京都選定歴史的建造物(1990年)
⑨保存修復型（一部改築）
⑫『日経アーキテクチュア』2003.2.3

敗戦後はGHQに接収、解除後は東京都の所有となり児童相談所として使用されてきた。一時、取り壊しが決定されたが、1990年に東京都の歴史的建造物景観意匠保存事業の対象建造物150棟のひとつに選ばれたことから、保存活用のための調査が行われ、2000年にはPFI方式による保存活用の方針が打ち出された。10年契約の貸付、修復工事の全額自己負担、修復工事にあたっては細かく指示されたグレードを守ることなどが条件とされた。(OM)

## 53 早稲田大学内藤多仲博士記念館（内藤多仲邸）

①東京都新宿区若松町22-6
②1986年／1926(大正15)年
③記念館／住宅
④早稲田大学施設部 鈴木恂／内藤多仲・木子七郎
⑤清水建設／清水組
⑥地上2階、RC造壁式構造／RC造壁式構造
⑦早稲田大学／内藤多仲
⑨保存修復型
⑫『日経アーキテクチュア』1986.8.11

旧内藤多仲邸は内藤多仲本人のほか、木子七郎、安井武雄、今井兼次らが設計に参画している。1970年に内藤氏が没したあと、遺言により早稲田大学に寄付された。改修は1986年同氏の生誕100周年を記念して行われ、資料室と会議室、応接室を持つ記念館として完成。保存方針は昔の姿を損なわずに改修を行うこととし、保存状態が良好な躯体はもちろん屋上の防水にさえ手を加えていない。唯一かつての厨房、勝手口の部分には手を

加え、ホール的な明るさを確保している。(FY)

## 54 早稲田大学会津八一記念館
（早稲田大学図書館／早稲田大学2号館）

①東京都新宿区西早稲田1-6-1(他)
②1998年／1990年／1925(大正14)年
③学校(博物館)／図書館
④早稲田大学古谷誠章研究室 早稲田大学総合企画部／今井兼次
⑤西松建設／不詳
⑥地下1階地上7階塔屋1階、RC造／RC造
⑦早稲田大学／早稲田大学
⑧東京都選定歴史建造物(1999年)
⑨復元修復型(一部改築)
⑫『新建築』1998年7月

図書館機能の移転に伴い会津八一記念博物館として活用。保存の主眼は1階エントランスホールおよび2階ロビーの復元と元閲覧室の改修。改修にあたっては「元閲覧室であった2階の大空間を、いかに空間性を損なわないで改修し、展示空間化する」[註17]かが設計者の課題であった。床配線システムを組み込んだ床の全面改修、既存の壁や天井に触れずに設置でき、かつ読書用スツールを内蔵した展示ケースが考案された。(OM)

## 55 早稲田大学大隈講堂（早稲田大学大隈講堂）

①東京都新宿区戸塚町1-104 稲田鶴巻町538
②2007年／1927(昭和2)年
③講堂／講堂
④早稲田大学＋佐藤総合計画／佐藤功一
⑤戸田・熊谷建設共同企業体
⑥地下1階地上3階塔屋1階、SRC造・RC造
⑦早稲田大学／早稲田大学
⑨保存修復型
⑫『新建築』2007年11月

旧状を大きく変えるような改修はほとんどなく、エレベータの設置や小講堂の天井に一部現代的な処置が施されたくらいである。当初のデザインに沿った修理の場合、設備や仕様に問題が集中することが多い。この計画では空調の吸排気口を座席下部におくことで、元のホールの雰囲気を維持している。外部のスクラッチタイルの復元では、一部、手仕事を導入して当初の雰囲気の維持に努めている。(OM)

## 56 自由学園明日館（自由学園明日館）

①東京都豊島区西池袋2-31-3
②2000年／中央棟・西棟：1922(大正11)年、東棟：1925(大正14)年
③各種学校／学校
④文化財建造物保存技術協会／フランク・ロイド・ライト
⑤大成建設東京支店／不詳
⑥地上3階、木造／木造
⑦自由学園／自由学園
⑧重要文化財(1997年)
⑨保存修復型
⑪遠藤新設計の講堂ができた1927年の状態に戻す
⑫『新建築』2001年11月

ライト設計の中央棟・西棟は1922年に完成、さらに遠藤新の手で東棟と講堂が増築された。一時は老朽化による建替えが検討されたが、80年代後半から保存運動が展開され、1997年に重要文化財に指定された。保存方針は次の3点。文化財的価値の保存・調査をもとに復元、構造上の補強、活用のための改善(空調・トイレなどの設置)。さらに本館の機能を補完するかたちで新たに工芸棟・消費経済棟、厨房棟を増築。(OM)

## 57 立教大学第1食堂

①東京都豊島区西池袋3-34-1
②2002年／1916(大正5)年
③学生食堂／食堂
④立教大学管財部施設課・坂倉建築研究所東京事務所／マーフィー＆ダナー建築事務所
⑤清水建設／清水組
⑥地上2階、既存：レンガ組積造(壁内RC柱梁)・木造小屋組／レンガ組積造(壁内RC造柱・梁)・木造小屋組
⑦学校法人立教学院／立教大学
⑧東京都選定歴史建造物(2001年)
⑨増築・併置型
⑫『新建築』2002年6月

「メモリアルゾーン」を形成するレンガ造建築群を保存するための耐震改修のひとつ。保存方針は、「食堂ホール」を建設当初に近づけるため、食事に必要な最小限の機能のみに純化させ、他は背後に建て替えた厨房棟でサポートさせている。厨房棟に地震力を負担させることで「食堂ホール」では細い引張材のみで補強する耐震改修が行われ、空調、EV、設備ピット、機械室も厨房棟に集約されている。(OM)

## 【神奈川県】

## 58 大倉山記念館（大倉精神文化研究所）

①神奈川県横浜市港北区大倉山2-10-1
②1984年／1932(昭和7)年
③会議所・ホール・ギャラリー・図書館／研究所
④環境開発研究所／長野宇平治
⑤竹中工務店／竹中工務店
⑥地上3階塔屋1階、SRC造／SRC造
⑦横浜市／大倉山精神文化研究所
⑧横浜市指定有形文化財(1991年)
⑨改築・融合型
⑫『日経アーキテクチュア』1984.12.3

関東大震災後に建設されたRC造ということもあり、大規模な工事は必要なく、補修を中心とした計画となっている。平面変更は、座禅道場として使われていた1階回廊部分とホールのみである。回廊と中庭は開放的に一体化され、ギャラリーとして再生されて

いる。市では大倉山記念館の運営を横浜ボランティア協会に委託している。用途は変更されているが、空間とその利用形態に大きな変化がない活用がなされている。(FY)

## 59 桐蔭学園メモリアルアカデミウム
### (横浜地方裁判所特号法廷 陪審法廷)

①神奈川県横浜市青葉区鉄町桐蔭学園内
②2001年/1929(昭和4)年
③記念館/陪審法廷
④栗生明+栗生総合計画事務所/大蔵省営繕管財局横浜出張所
⑤清水建設横浜支店/大倉土木
⑥地下2階地上2階、RC造・一部S造/RC造(S造)
⑦学校法人桐蔭学園/横浜地方裁判所
⑨移築・融合型
⑪横浜地方裁判所特号法廷(陪審法廷)の学園内への移築・復元・保存
⑫『新建築』2001年7月

1928年に陪審法の施行に基づき、横浜地方裁判所内に1930年に設置された。終戦後はGHQに接収され、戦犯裁判にも使用された。その横浜地方裁判所の建て替えに伴い、取り壊しも考えられたが、桐蔭学園がその歴史的意義を認め、創立35周年記念事業として同学園に移築復元した。「学園キャンパスへの移築に際し、法廷のインテリアを保存するため、周囲を廊下で囲み、一種の鞘堂建築として計画」[註18]されている。(FY)

## 60 横浜市開港記念会館(開港記念横浜会館)

①神奈川県横浜市中区本町1-6
②1989年/1917(大正6)年
③記念会館/記念会館
④横浜建築局・清水建設/山田七五郎・佐藤四郎
⑤清水建設/清水組
⑥地下1階地上2階、レンガ造・一部RC造/レンガ造
⑦横浜市/横浜市
⑧重要文化財(1989年)
⑨保存修復型
⑫『日経アーキテクチュア』1989.1.9

福田重義による設計競技当選案をもとに、山田七五郎と佐藤四郎の実施設計によって建てられた。関東大震災で屋根および内部が消失したため、1927年に内部が修復され、RC造の陸屋根が設けられた。当時の建築関係者の家族が実施詳細図の一部を横浜市に寄贈したことで、市政100年、開港130年が契機となり、保存・再生が企画された。主たる修復は屋根とドームの復元に向けられ、重要文化財に指定された。(FY)

## 61 横浜開港資料館(英国領事館)

①神奈川県横浜市中区日本大通り3
②1981年/1930(昭和5)年
③資料館/英国領事館
④浦辺建築事務所/英国工務省
⑤清水建設/清水組
⑥地下1階地上3階、旧館:RC壁式構造 館:RC造/RC造壁式構造

⑦横浜市/英国領事館
⑧重要文化財(1990年)
⑨増築・併置型(旧館は保存修復型)
⑫『日経アーキテクチュア』1981.8.17

大桟橋の入口である横浜開港のゆかりの地に建つ旧英国領事館は、関東大震災の教訓が活かされ、強固につくられており、今後の利用に耐えうること、歴史的にも価値があることから、1972年にイギリス領事館が廃される際にイギリス、神奈川県、横浜市が保存する意向で一致した。保存方針は内部改修と外壁補修程度にとどめ、1階ホール、領事室、会議室の一般公開が行われる。一方で南側に既存部分と中庭を囲むように新館を増築し、収蔵、展示部門を入れている。結果的には旧館は内外ともに1面になり存在感が薄れたが、施設としての一体感はよく保たれている。(FY)

## 62 ホテルニューグランド(ホテルニューグランド)

①神奈川県横浜市中区山下町10
②1992年/1927(昭和2)年
③ホテル/ホテル
④清水建設/渡辺仁
⑤清水建設横浜支店/清水組
⑥地下5階地上19階塔屋1階、地上部:S造 地下部:SRC造/SRC造
⑦ホテルニューグランド/ホテルニューグランド
⑧横浜市認定歴史的建造物(1992年)
⑨積層・融合型
⑩横浜市の都市計画レベルの指導
⑫『新建築』1992年8月

渡辺仁設計により竣工し、その後、アメリカ人建築家J.H.モーガンらが部分的な増改築を行ってきたが、近年になって根本的な新館建設が必要となった。これに伴い、旧館をできる限りオリジナルに復元し、新館は旧館とは対照的に今日的にデザインすることとなった。増築部については保存立面の新立面に対する割合は大通りに面する北立面で47%程度となっている。(FY)

## 63 横浜赤レンガ倉庫一号館・二号館
### (赤レンガ倉庫)

①神奈川県横浜市中区新港1-1-1、1-1-2
②2002年/一号館:1913(大正2)年 二号館:1911(明治44)年
③一号館:劇場・展示・物販・飲食店 二号館:物販・飲食店/倉庫
④新井千秋都市建築設計/妻木頼黄
⑤一号館:竹中・小松建設共同企業体 二号館:竹中工務店/大蔵省直営
⑥地上3階、組積造一部S造/組積造(S造)
⑦横浜市港湾局・横浜市市民局/大蔵省
⑧横浜市認定歴史的建造物(2001年)
⑨改築・融合型

⑫『新建築』2002年6月
1992年、市が国から倉庫を取得し、市の再開発事業「みなとみらい21」の一環として保存を決定。1994年から市によって外観保存を前提とした屋根の改修と構造補強が行われ、その後の保存活用計画を新居千秋都市建築設計が行った。「この倉庫の生まれた時代＝The First Machine Ageの時代の精神や時代感覚を現在の技術を使って蘇らせる」[註19]ことを全体構想とし、階段室やエレベータはガラス越しに背面のレンガ壁、鉄の庫室扉が見えるようにデザインされ、古い階段を保存し、その上にガラスの階段を設置するなどさまざまな工夫が見られる。(FY)

## 64 日本興亜馬車道ビル（川崎銀行横浜支店）

①神奈川県横浜市中区弁天町5-70
②1989年／1922(大正11)年
③事務所／銀行
④日建設計／矢部又吉
⑤熊谷・東急・間・鉄建JV／矢部工務店
⑥地下2階地上9階、SRC造／レンガ＋石
⑦日本火災海上保険／川崎銀行
⑧横浜市認定歴史的建造物(1988年)
⑨積層・融合型
⑩横浜市市街地環境設計制度の歴史的建造物の保存修復に対する特例適用
⑫『日経アーキテクチュア』1987.5.18(掲載時の名称：日本火災横浜ビル)
隣接する埼玉県立博物館(旧正金銀行、1904年、重要文化財)とともに市の歴史的景観をつくりだしていた。市は所有者側にインセンティブとして「横浜市市街地環境設計制度」に基づく「歴史的建造物の保存修復に対する特例」を用意し、その適用により各種制限の緩和を受けられることとなり、この特例の適用第一号である。内部は旧状を留めていなかったため、歴史的景観を保存する意味で外観を重視した保存としている。既存建物のレンガと石を、新しいRC造の躯体に外壁を積み直す方法がとられた。(FY)

## 65 横浜税関本館（横浜税関本館）

①神奈川県横浜市中区海岸通1-1
②2003年／1934(昭和9)年
③税関事務庁舎／税関
④香山・アプル設計共同体／大蔵省営繕管財局
⑤戸田・銭高特定建設工事共同企業体／戸田組
⑥地上7階塔屋5階、SRC造 増築棟：S造一部SRC造／SRC造
⑦国土交通省関東地方整備局／横浜税関
⑧横浜市認定歴史的建造物(2000年)
⑨増築・融合型
⑫『新建築』2004年1月
公開プロポーザルによって選ばれた香山・アプル設計共同体の保存方針は「公道に接する3面は修理して原型に戻し、隣地に接する1面と中庭に置かれた低層部は撤去、増築しようとするもので、中庭に面する壁面を用いて設備更新を行い、外周部の保存部分と対比的な空間をつくり出す」[註20]というものである。残存率は84%、保存立面の新立面に対する割合は、大通りに面する南面で90%、一方、隣地に接する西面は立面残存率が39%、保存立面の新立面に対する割合は34%である。インテリアは竣工時の図面をもとに旧特別会議室・旧総務部長室・旧総務長応接室・旧税関長室が復元された。(FY)

## 66 横浜アイランドタワー（第一銀行横浜支店）

①神奈川県横浜市中区本町6-50-1
②2003年／1929(昭和4)年
③事務所・店舗・ギャラリー／銀行
④都市基盤整備公団 槇総合計画事務所／西村好時、清水組設計部
⑤竹中・清水・戸田建設工事共同企業体／不詳
⑥地下3階地上27階塔屋2階、S造一部SRC造・RC造／RC造
⑦都市基盤整備公団／第一銀行
⑧横浜市認定歴史的建造物(2003年)
⑨積層・融合型(主要部は新築)
⑪部分曳家／新築復元
⑫『新建築』2004年5月
南端のバルコニー部分のみ曳家によっているが、その他は旧状を復元しており、移築は部分的であるため、改築・積層型に分類した。保存方針は部分曳家と残りの新築復元である。具体的には先端バルコニー部分と正面玄関の一部を移築保存し、南北両面の形態復元を行っている。なお、復元によって元の形態が保たれてはいるが、オリジナル部分の割合は16%にとどまっている。内部も漆喰仕上げであった装飾天井を新材料GRG(繊維強化美術石膏)により忠実に再現し、腰壁の大理石も復元を行うなど現代の技術と材料を用いて可能な限り復元が行われている。一方高層棟では低層部の両ウイングは保存建物の軒高に合わせて、街並みへの連続とスケール感を創出するなど工夫が見られる。保存立面の新立面に対する割合は大通りに面する南北両面では12%と改築部分のボリュームは非常に大きい。(FY)

## 67 旧富士銀行横浜支店 映像文化施設（安田銀行横浜支店）

①神奈川県横浜市中区本町4-44
②2005年／1929(昭和4)年
③大学／銀行
④横浜市まちづくり調整局、槇総合計画事務所／安田銀行営繕課
⑤大成建設／不詳
⑥地下1階地上4階塔屋1階、一部S造／地下1階地上3階、RC造
⑦横浜市／安田銀行
⑧横浜市認定歴史的建造物(2003年)
⑨増築・融合型
⑫『新建築』2005年10月
大学施設としてコンバージョンするために既存建物に接して増築がなされている。中心となる営業室はそのまま多目的ホールとし、増築部に必要な諸室を配している。増築部分は旧状の石積みをそのまま踏襲し、コーニスなども合わせている。しかし、一方だけでっぱった外観は、様式建築の基本であるシンメトリーを破っている。増築部の壁面を後退させれば、旧状のイメージを

維持できるが、背後に余裕がないためになされた処置であろう。旧状の高さと揃えて壁面を突き出すか、高さは揃わなくとも旧状の外観を守るために壁面を後退させるか、意見は分かれるところであろう。(FY)

## 68 鎌倉市立御成小学校(御成尋常小学校)

①神奈川県鎌倉市御成町19-1
②1998年/1933(昭和8)年
③小学校/小学校
④久米設計/不詳
⑤竹中・大洋・清興特定建設工事共同企業体/蔵並長勝・鈴木富蔵・三橋幾蔵
⑥地上2階、木造 木造+S造 木造+RC造/木造
⑦鎌倉市/鎌倉市
⑨増築・融合型
⑫『新建築』1999年12月

「環境を「守り、継承」してゆくこと、また、地域の人々の「木造校舎への愛着」を大切にすること」[註21]をテーマに、一号棟における旧校舎の意匠の再生であった。旧校舎の特徴的な意匠を尊重しつつ機能向上のために大胆な更新を行った。階段手摺などの造作材や構造部材(2階床梁と小屋組み)など使えるものは再利用し、2階資料コーナーは旧校舎の意匠を再現している。なお、不同沈下による被害から上部構造を保護すること、地震時に液状化を起こすと考えられる地層を拘束することなどの理由からマットスラブを採用。これは地下の貴重な遺構を破壊せずに後世に伝えることを可能にしている。(FY)

**【長野県】**

## 69 ドメイヌ・ドゥ・ミクニ(飯箸邸)

①長野県北佐久郡軽井沢町追分46-13
②2007年/1941(昭和16)年
③レストラン/住宅
④坂倉アトリエ+監修;旧飯箸邸記録と保存の会/坂倉準三
⑤北野建設/直営
⑥平屋、木造/木造
⑦個人/個人
⑨移築・融合型
⑫『新建築』2007年12月

坂倉準三の代表的な住宅作品の移築、再生である。建具や石材などの仕上げ材は旧材を利用し、軸組材は新しい材料に替えて再築された。文化財的な移築保存では、構造材を全面的に取り替えることはありえない処置であるが、建築家のデザイン重視の価値観を窺わせる事例である。水まわりを中心に間取りの変更が見られるが、庭に面した居間や洋間、和室などの主要な間取りはそのまま維持されたが、敷地形状の違いから、以前の和室まわりの高床は通常の高さで処理されている。(OM)

**【富山県】**

## 70 富山市民芸術創造センター(東洋紡績呉羽工場)

①富山県富山市呉羽町2247-3
②1995年、新館増築2002年/1930(昭和5)年
③文化施設/紡績工場
④サンコーコンサルタント/不詳
⑤竹中・林・呉陵建設JV/不詳
⑥平屋一部地上2階、S造・RC造/S造・RC造
⑦富山市/東洋紡績
⑨改築・融合型
⑫『日経アーキテクチュア』1995.11.27

1990年、市がまちづくりの一環として芸術文化環境を向上させる核となる施設の建設を提唱し、旧呉羽紡績呉羽工場(戦後東洋紡績合併)跡地で富山市舞台芸術パークの整備が行われた。「慣れ親しんだ原風景を残したい」と保存を望む声[註22]が多く、市は改修して活用することとした。保存方針は工場時代の雰囲気を残そうとのこぎり屋根の形状を継承した外観とし、RC造の外壁、S造の柱、梁、屋根の架構、基礎部分を残している。基礎部分を補強し、老朽化のため瓦はスチールで葺き直し、屋根トラス部分の鉄骨の斜材を両側から挟み込み、1.5mの積雪加重に耐え得るように補強されている。2002年にメイン玄関を含めた新館が増築された。(NT)

**【石川県】**

## 71 金沢市立玉川図書館近世史料館(専売公社C-1号工場)

①石川県金沢市玉川町2-20
②1978年/1913年(大正2)年
③図書館/工場
④谷口・五井設計共同体/大蔵省臨時建築部
⑤大成建設・岡組JV/不詳
⑥地下1階地上2階塔屋1階 旧館:RC造 新館:RC造一部S造/レンガ造+S造
⑦金沢市/大蔵省
⑧国登録有形文化財(1996年)
⑨改築・融合型
⑫『新建築』1979年7月

1913年建設のたばこ工場である。かなり大規模であった建物のうち、正面部分のみが切り離されて保存、改修され、郷土文化資料のための古文書館として活用、それに軒を合わせるかたちで市立図書館本館が増築された。既存建物の外観は部分的な復原以外は現状維持としているが、屋根は切り離された部分のスケールに合わせて新設された。内部は、旧構造体はすべて取り除かれ、RC造の躯体が新設され、外壁を支持している。現在、市立図書館が別途新築されたため、分館として利用されている。(NT)

## 72 石川県立歴史博物館(金沢陸軍兵器庫)

①石川県金沢市出羽町3
②第1棟:1985年 第2棟:1986年 第3棟:1990年/第1棟:1914(大正3)年 第2棟:1913(大正2)年 第3棟:1909(明治42)年
③博物館/兵器庫
④五井建築設計研究所/陸軍省
⑤第1・3棟:岡組・出戸建設JV、第2棟:治山社・ミツワ建設JV/長組
⑥地上2階、第1棟:RC造 第2棟:S造 第3棟:木造/レンガ壁・

木造骨組
⑦石川県／陸軍省
⑧重要文化財(1990年)
⑨改築・融合型
⑫『日経アーキテクチュア』1985.12.30
3棟からなる旧金沢陸軍兵器庫は、3棟でひとつの県立博物館として保存再生がなされた。棟ごとに用途を分担するため、構造補強も棟ごとに異なった方法が採られている。第1棟は資料展示空間として利用されるため、安全性が重要視され、構造補強にはRCを用いている。第2棟の3分の1は展示部門、残りの3分の2は管理部門として利用。展示部門は2階から下が鉄骨補強した木造、2階部分の木造柱および小屋組みは復元している。一方、管理部門は木造部分を解体撤去し、鉄骨柱とデッキプレートで新たに構造体をつくり、レンガ壁は外装材として扱う。第3棟は収蔵庫として、木造部材の補修程度にとどめ、原形の復原を行う。これは配置計画上の理由のほかに、3棟のなかで一番改造箇所が少なく状態が良好なためである。(NT)

## 73 金沢市民芸術村(倉庫6棟、紡績工場跡地)

①石川県金沢市大和町1-1
②1996年／大正〜昭和初期
③練習場(演劇・音楽)・アトリエ・レストラン・事務所／倉庫
④水野一郎＋金沢計画研究所／不詳
⑤松本・斉藤建設工事共同企業体／不詳
⑥地上2階一部平屋建、木造一部レンガ造・RC造 鉄骨支柱・梁・RC壁で補強／木造・レンガ造・RC造
⑦金沢市／大和紡績
⑨改築・融合型
⑫『新建築』1997年5月
旧紡績工場跡地を市が取得し、若者やアマチュアを対象とした創作活動の場とし、利用者自主管理型の企画、運営を行うプログラムが計画、実行されたのが金沢市民芸術村である。6棟がそれぞれ異なった大きさと形態をしており、すべて木造であるがそのうちの3棟がレンガ壁、残りの3棟がRC壁である。RC壁だった部分はレンガタイル貼りとし、小屋組みは破損の著しいものを除いてほとんど保存され、構造補強は大空間を必要とするアート工房は外壁補強の鉄骨を外部に露出させるなど、工房ごとに空間と用途に合わせて異なる方法で解決が試みられている。(NT)

**【愛知県】**

## 74 産業技術記念館(豊田紡織本社工場)

①愛知県名古屋市西区則武新町4-1-35
②2004年(第2期工事)、1994年(第1期工事)／1912(明治45)年
③記念館／工場
④竹中工務店／豊田紡績建築部など
⑤竹中・大林・清水・伊東JV／清水組、大林組など
⑥地上2階一部平屋、繊維機械館：木造・S造・RC造 自動車館・エントランス・大ホール：S造・RC造・SRC造 テクノランド：RC造(既設)／レンガ壁・木造骨組)
⑦産業技術記念館／豊田紡織
⑧名古屋市都市景観重要建築物(1996年)
⑨改築・融合型
⑫『日経アーキテクチュア』1994.10.24
産業技術記念館は、旧豊田紡織本社工場を保存・再生、増築した第1期工事部分と、刈谷市にあった旧豊田自動織機製作所関係の工場や材料試験室の一部を移築・復原、再現した第2期工事部分からなる。1994年竣工の第1期工事部分(20,091㎡)の中心となった旧豊田紡織本社工場は1912年に自動織機の試験工場として操業を開始した。保存・再生の契機となったのは、1987年に日本建築学会の調査委員会が建物を調査し、保存の良好性が確認されたためであり、トヨタグループはその発祥の地でもあるこの工場の再生に踏み切った。保存方針について設計者は「古くても良さを感じる部分は保存し、中途半端な部分は手を加えて再生する。さらに、昔なかった機能は新しく付加した。」[註23]と述べている。レンガ壁はできるだけ残すと同時に、工場になじみの深い「のこぎり屋根」のフォルムを活かして現代の素材で再生している。一方で機械繊維館は保存状態が良好であったことから木造トラスまで保存している。第1期工事での施設全体に占める旧建物の残存率は29%と低い値を示しているが、新棟や古いRC造を改修したテクノランドもレンガタイルで補修されているので、全体としての一体感は維持されている。一方、2004年末竣工の第2期工事(6,755㎡)では、トヨタグループの自動車事業発祥地である旧豊田自動織機製作所自動車部(現愛知製鋼刈谷工場)の材料試験室と試作工場(いずれも1934年竣工)の一部を移築・復元し、自動車製造のルーツを示す展示を行った。特に材料試験室では、防火壁も移築されている。さらに、敷地北東部分に、豊田自動織機刈谷工場内にあった旧第一鉄工場(1926年竣工、鉄筋コンクリート造＋木造屋根)の一部を再現した旧鉄工場が建てられた。ここでは、旧第一鉄工場の木造屋根の一部をそのまま使い、鉄筋コンクリート造の外壁の一部を建物内部に展示している。(NY)

## 75 名古屋市公会堂(名古屋市公会堂)

①愛知県名古屋市昭和区鶴舞1-1-3(鶴舞公園内)
②1980年／1930(昭和5)年
③公会堂／公会堂
④名古屋市建築局営繕課、山下設計／名古屋市土木部建築課(設計顧問：武田五一、佐野利器、鈴木禎次)
⑤戸田建設／大林組
⑥地下1階地上4階、SRC造／SRC造
⑦名古屋市／名古屋市
⑧名古屋市都市景観重要建築物(1989年)
⑨増築なし
⑫『新建築』1981年2月
戦時中は日本陸軍の防空部隊の司令部として接収され、戦後は連合国軍の娯楽施設として接収される時期を経て、1956年に名古屋市に返還された。その後内外装の劣化が著しく、会館50周年に際し、大改修を行うこととなった。外観は保存することとし、内部は機能的要求を満たすために一部を除き改修が行われた。その後も、名古屋市は内部改修や舞台設備、空調設備の改修などを施し、維持管理に務めている。(NY)

## 76 帝国ホテル中央玄関(帝国ホテル)

①愛知県犬山市大字内山1 博物館明治村
②1985年／1923(大正12)年

③公開施設／ホテル
④鹿島建設＋博物館明治村（指導）／F.L.ライト
⑤鹿島建設／大倉土木（工事運営）
⑥地上３階、S＋RC＋SRC造／RC造＋組積造
⑦博物館明治村／帝国ホテル
⑧国登録有形文化財（2005年）
⑨移築・保存修復型
⑫『日経アーキテクチュア』1985.12.2

旧帝国ホテルに建替えの話が持ち上がったのは1967年のことである。当時の状況は「昭和39年の東京オリンピックを契機に昭和45年の大阪万国博へ向け空前のホテルブームがおこり、この名門ホテルもとうとう、そうした高度経済成長下における列島改造の波に押されてしまった」[註24]ようである。このような状況下で保存運動が国内外で盛んになり、明治村への玄関部分の移築というかたちで決着した。「仕上げ材料のうち残せるものは残し、意匠的にはオリジナル通りに復元」[註25]を保存方針としている。1985年10月から一般公開されている。（NY）

**【京都府】**

## 77 京都三井ビルディング（三井銀行京都支店）

①京都府京都市下京区四条烏丸東入ル長刀鉾町
②1984年／1914（大正3）年
③貸事務所／銀行
④久米建築事務所／鈴木禎次
⑤三井・竹中JV／竹中工務店
⑥地下1階地上8階塔屋2階、SRC造／石造・レンガ造
⑦三井銀行／三井銀行
⑨増築・融合型
⑩京都市風致課から街並みの景観を重視する旨の指導
⑫『新建築』1985年1月

旧三井銀行京都支店は「老朽化し改築されることを契機に商業施設と貸事務所を包含した複合建築として計画」され、建て替えが決定した。歴史的な価値の高いこの建物の一部だけ残すことにどれだけの意味があり、残されたコーナー部壁面の象徴的な処理をどの程度評価するか、意見の分かれるところであろう。残された部分があまりに小さいので、保存・再生という範疇で取り上げるべきか迷うところである。基本的な計画方針はコーナー部の外壁の保存と貴賓室の保存、復元であるが、「西口主入口回りは（中略）古い材料を使いながらも新しい形に組み替える」[註26]方法によってアーチを残している。（IJ）

## 78 同志社大学彰栄館（同志社大学彰栄館）

①京都府京都市中京区烏丸東入玄武町601
②1981年／1884（明治17）年
③校舎／校舎
④建築研究協会・設計指導：金多潔／D. C.グリーン
⑤伸和建設 木工事：府文化財保護課直営／棟梁・小島佐兵衛
⑥地上2階一部3階、レンガ造＋鉄骨骨組補強／レンガ造
⑦同志社中学校／同志社
⑧重要文化財（1979年）
⑨保存修復型

⑫『日経アーキテクチュア』1982.3.15

同志社彰栄館は、アメリカ人宣教師D.C.グリーンが描いたスケッチをもとに、棟梁小島左兵衛によって建設された。同志社大学の今出川キャンパスに残る5つの重要文化財建築のなかで、最も古いものである。老朽化が著しく地震による倒壊を避けるために構造補強が必要となった。補強に用いられた構造は鉄骨によるものであり、レンガ造の補強としては国内最初の例となる。（NO）

## 79 NTT京都中支店西陣営業所（西陣電話局）

①京都府京都市上京区油小路通中立売下ル甲斐守町97
②1985年／1921（大正10）年
③電話局／電話局
④日本電信電話公社近畿電気通信局第一建築局／逓信省経理局営繕課・岩本禄
⑤松井建設／安藤組
⑥地上２階一部３階、RC構造＋レンガ帳壁・一部木造／RC構造＋レンガ帳壁一部木造
⑦日本電電公社／逓信省
⑧国登録有形文化財（1997年）
⑨改築・融合型
⑫『日経アーキテクチュア』1985.3.11

旧西陣電話局は逓信省で活躍した建築家・岩本禄の現存する唯一の作品である。開業以来、たびたび手を加えられてきたため、正確な原形の復原が不可能と判断され、外壁と庇裏のレリーフパネル、トルソー、ライオン像、3階バルコニーの列柱については「現状保存」、これ以外の外壁には全面的に化粧直しが施された。内部は活用のために大幅に手が加えられている。（NO）

## 80 コナミスポーツクラブ／レストランCarnival Times（京都中央電話局上分局）

①京都府京都市上京区丸太町通東入駒之町561
②1982年／1923（大正12）年
③資料館／電話局
④日本電電公社近畿通信局第一建築部／吉田鉄郎
⑤清水建設／清水組
⑥地上3階塔屋1階、RC造ラーメン構造・レンガ壁／RC造ラーメン構造・レンガ壁一部S造
⑦日本電信電話公社／日本電信電話公社
⑧国登録有形文化財（1997年）
⑨改築・融合型
⑫『日経アーキテクチュア』1983.1.17

逓信省で多くのモダニズム建築を手がけた吉田鉄郎の設計による。1980年まで京都電信電話会館として利用されてきた。1983年から、電気通信技術資料館として利用されることとなるが、この時設計図や竣工時の写真などから復原的な改修が行われて

いる。ただし、現在はレストランやスポーツジムとして利用されるようになっており、インテリアはかなり改造されている。(NO)

## 81 大谷大学本部・研究室棟（博綜館・尋源館）

①京都府京都市北区上総町
②1982年／1913(大正2)年
③大学施設／大学施設
④川崎清＋環境・建築研究所／須藤勉・山本八太郎
⑤竹中工務店／不詳
⑥旧館：地上2階 新館：地下1階地上5階塔屋1階、旧館：レンガ外壁RC補強 新館：RC造一部SRC造／レンガ造
⑦大谷大学／大谷大学
⑧国登録有形文化財(2000年)
⑨増築・併置型
⑫『新建築』1983年3月

1913年に東京から移転してきたキャンパスの本館として建てられた校舎が、1982年に修復・再生され、尋源館と命名された。度重なる校舎新設により失われていた本館としてのシンボル性を回復するために、あえて建物の東西両翼部が撤去され、残された中心部を囲むようにL字型の新館(博綜館)が設置された。赤レンガがつくり出す歴史的建物の表情と、新館のコンクリートのコントラストが鮮やかである。(NO)

## 82 京都府文化博物館別館（日本銀行京都支店）

①京都府京都市中京区三条通高倉西入菱屋町
②1988年／1906(明治39)年
③博物館／銀行
④京都府営繕・久米建築事務所／辰野金吾・長野宇平治
⑤竹中・住友・大成・津田・富創JV／直営
⑥本館：地下1階地上7階塔屋1階 別館：地下1階地上2階、本館：SRC造 別館：レンガ造／レンガ造
⑦京都府／日本銀行
⑧重要文化財(1969年)
⑨増築・併置型(旧館は保存修復型)
⑩歴史的界わい景観地区
⑫『日経アーキテクチュア』1989.1.9

1967年から平安博物館として活用され、1969年に重要文化財に指定された旧日本銀行京都支店は、1994年に京都文化博物館の別館として新たに活用されることとなったが、保存状態が良好であったため、創建当時の復原を目指した修復工事が行われた。近隣には、同じ辰野金吾の設計でほぼ同時期に建てられた銀行(旧第一銀行・現みずほ銀行京都中央支店)の遺構が残されていたが、こちらはRC造建築で形態を再現する方法がとられた。(NO)

## 83 新風館 SIN-PUH-KAN（京都中央電話局）

①京都府京都市中京区烏丸通姉小路下ル場之町586番2
②2001年／1926(大正15)年
③物販店舗／事務所
④NTTファシリティーズ+リチャードロジャースパートナーシップジャパン／吉田鉄郎

⑤清水建設／不詳
⑥地下1階地上3階、既存棟：RC造 増築棟：S造、RC造
⑦NTT都市開発／京都中央電話局
⑧京都市登録有形文化財(1983年)
⑨増築・融合型
⑪10年間の暫定プロジェクト
⑫『新建築』2001年3月

旧京都中央電話局は、第1期は1926年に、第2期は1931年に竣工した。「「伝統」と「革新」の対比と融合をテーマ」[註27]とし、大通りに面する部分をL字型に残して外観を保存し、反対側にコの字型に増築部分を設ることで中庭を形成している。増築部分はあえて鉄骨とALC版を使い、新旧の建物を歩廊でつなぐことで新旧の対比と融合を図っている。保存建物部分のアーチ窓は残し、その天井の高さを活かし、床を上げることで、各階の窓を通して通路と部屋とを接続している。京都市の指定文化財第一号である。(AH)

## 84 SACRA（不動貯蓄銀行京都三条支店）

①京都府京都市中京区三条通富小路西入中之町20
②1988年／1916(大正5)年
③店舗・事務所／銀行
④山野設計／日本建築株式会社
⑤大林組／不詳
⑥地下1階地上3階、レンガ造 2・3階木造／レンガ造＋木造(2・3階)
⑦京都和装／不動貯金銀行
⑧国登録有形文化財(1997年)
⑨改築・融合型
⑩歴史的界わい景観地区：景観重要建築物
⑫『日経アーキテクチュア』1989.1.9

旧不動貯蓄銀行京都三条支店として建てられたが、いくつかの所有者を経て、1988年に商業ビルとしてよみがえった。立地する三条通りは、かつての京都のメインストリートであり、多くの近代建築が残されてきたが、そのなかでも、商業利用としての再生として先駆けとなったものである。入居するテナントがそれぞれにインテリアを改造しているが、セセッションを基調とした外観や室内の階段などは旧状をよくとどめている。(NO)

## 85 中京郵便局庁舎（京都郵便電信局）

①京都府京都市中京区三条通東洞院東入ル菱屋町
②1978年／1902(明治35)年
③郵便局／郵便局
④郵政大臣官房建築部／逓信省営繕課 三橋四郎・吉井茂則
⑤大林組／安藤組
⑥地下1階地上3階塔屋2階、RC造一部SRC造／RC造(SRC造)
⑦中京郵便局／中京郵便局
⑧京都市登録有形文化財(1986年)

⑨増築・融合型(全改築)
⑫『新建築』1978年5月
京都郵便電信局として竣工し、1949年に中京郵便局と改称。単体の文化財的な価値の保存という目的ではなく、明治、大正初期の建物が多く残る三条通の街路景観を保全することに主眼をおいた点で、保存問題の新たな解決方法として注目された。三条通側外壁の全面をはじめ延べ約66メートルの外壁と街路側屋根面が保存されており、三条通から望見できる範囲では当初の外観をよくとどめる。昭和53年度日本建築学会賞(業績)受賞。しかし、この壁面保存が、保存のための便法として、妥協的な手法として全国に広まったことは残念である。景観や場所性の維持のための外観の保存はあくまで限定された価値の保存であり、内部空間を含めた歴史的な価値に常に優先するものではないからである。(IJ)

## 86 みずほ銀行京都中央支店(第一銀行京都支店)

①京都府京都市中京区烏丸三条南入饅頭町591
②2003年/1906(明治39)年、1919(大正8)年増築
③銀行/銀行
④山下設計/辰野金吾(増築部分は清水組・田邊淳吉)
⑤清水建設/清水組
⑥地上4階、RC造/レンガ造
⑦みずほ銀行/第一銀行
⑨新築(レプリカ保存)
⑩界隈景観整備地区
⑫『日経アーキテクチュア』2003.2.3
経年変化による建物や設備の老朽化と近年の銀行機能を充足できない空間的限界という理由によって建て替えが決定し、「界わい景観整備地区」に位置することから景観の保存に重点が置かれ、外観の復元が行われた。旧支店は2階建であったのに対し、復元建物はRC造4階建て、旧支店時の屋根裏部分も3、4階とし、機械室などに利用している。現代の材料による複製品であり、「見た目さえ同じにすればいいだろうというご都合主義がまかり通りかねない」[註28]との批判もある。(IJ)

## 87 北大路高野団地集会所(鐘淵紡績京都工場汽罐室)

①京都府京都市左京区高野東開町
②1978年/1908(明治41)年
③集会所/工場
④川崎清+環境・建築研究所 住宅都市整備公団/横河工務所
⑤阪神土木/竹中工務店
⑥地上2階、レンガ壁RC補強/レンガ造
⑦京都市/鐘淵紡績
⑨改築・融合型
⑫『新建築』1983年3月
紡績工場跡地に建つ工場汽罐(=ボイラー)室と鋸屋根の名残を持つ外壁の保存、再生である。跡地には団地が計画され、既存部分は集会所としての役割を与えられることによって団地のシンボルとして再生された。外観はそのままに、内部はRC造の躯体により新しい集会所としてのプランが収められると同時に既存外壁を補強している。また、鋸屋根の名残を持つ外壁には新規に補強用のバットレスが設けられている。(IJ)

## 88 京都大学百周年時計台記念館(京都大学本部本館)

①京都府京都市左京区吉田本町
②2003年/1925(大正14)年
③大学/大学
④川崎清+環境・建築研究所 京都大学施設・環境部/武田五一
⑤清水・大林・鹿島特定建設工事共同企業体/不詳
⑥地階1階地上2階塔屋3階、RC造一部S造/RC造(S造)
⑦京都大学/京都大学
⑨増築・融合型
⑫『新建築』2004年6月
武田五一設計の京都大学本部本館が、2003年に京都大学百周年時計台記念館として整備され、北側に付属していた法・経済学部一番教室部分を撤去して、新たに百周年ホールが新設された。時計台としての外観は旧状をとどめているが、内部は改造が繰り返されてきたため、イメージの復元となっている。百周年ホールには耐震工法を用いたのに対し、既存部分は耐震補強によるレトロフィット免震を採用している。(NO)

## 89 大山崎山荘美術館(加賀邸)

①京都府乙訓郡大山崎町字大山崎銭原5-3
②1995年/大正〜昭和初期
③美術館/住宅
④安藤忠雄建築研究所/加賀正太郎
⑤大林組/大林組
⑥新築部:地下1階、RC造 既存部:地上3階、木造+RC造/木造+RC造
⑦アサヒビール/加賀正太郎
⑧国登録有形文化財(2004年)
⑨増築・併置型(旧館は保存修復型)
⑫『新建築』1996年7月
旧加賀邸を保存した本館と安藤忠雄の設計により増築された新館からなる。本館は、実業家加賀正太郎が自らの山荘として設計、建てたものといわれ、大正時代に木造で建てられたのち、昭和初期に増築されている。保存方針は、一時改造されレストランとして使用されていたこの山荘を竣工時の姿に復原した上で展示室とすることを基本とするものだった。新棟は、敷地の段差を利用することで山荘の正面への影響を低減させている。そのボリュームもかなり抑えられたものになっている。(IJ)

### 【大阪府】

## 90 大阪市中央公会堂(大阪市中央公会堂)

①大阪府大阪市北区中ノ島1-1-27
②2002年/1918(大正7)年
③公会堂/公会堂
④大阪市住宅局営繕部 坂倉・平田・青山・新日設設計共同企業体/原案:岡田信一郎 実施設計:辰野金吾、片岡安
⑤清水・西松・大鉄特定建設工事共同企業体/大阪市直営

⑥地下2階地上3階塔屋1階、鉄骨レンガ造・RC造基礎免震／Sレンガ造
⑦大阪市／大阪市
⑧重要文化財(2002年)
⑨保存修復型
⑫『新建築』2002年12月

1918年竣工以来、必要に応じて設備、内装などの手が加えられてきた。一時老朽化による取り壊しも考えられたが、大阪市は1988年に永久保存を決定、1995年、プロポーザルによって設計者が選定された。保存方針は、基礎免震化を中心とする耐震改修、外観と主要内部意匠の保存と再生、機能性、利便性の向上の3点を中心に行われた。地下1階に機械室と管理室、さらに地下2階として免震装置ピットと機械室が増築された。(AH)

## 91 大阪ガスビル(大阪ガスビル)

①大阪市東区平野町5-1
②1966年／1933(昭和8)年
③事務所／事務所
④安井建築設計事務所／安井武雄建築事務所
⑤大林組／大林組
⑥既存部：地下1階地上8階塔屋1階 増築部：地下3階地上8階塔屋4階、SRC造／SRC造
⑦大阪ガス／大阪ガス
⑧国登録有形文化財(2003年)
⑨増築・融合型
⑫『日経アーキテクチュア』1982.4.12

ガスの普及とともにその経営規模が拡大するにつれ事務室が不足し、1階上部の吹抜けをふさぐなど、通常のメンテナンスと同時に事務室の増改築を繰り返してきた。とくに1966年、安井建築設計事務所によりフロア面積の根本的解決を図るために既存の規模を超える新棟が増築され、北側に伸びる外観は異なる意匠ながら連続感あるデザインにより、一街区を占有する大型ビルの偉観を誇った。しかしその増築で、本館1階の展示ホールなど特色のあったインテリアの多くが失われた。なお、外壁面50角タイルは2006年に張り替えられ、整備されている。(YM)

## 92 オペラ・ドメーヌ高麗橋(日本教育生命保険)

①大阪府大阪市中央区高麗橋2-6-4
②2002年／1912(明治45)年
③飲食店舗／事務所
④花谷建設／辰野片岡建築事務所
⑤花谷建設／木村音右衛門
⑥地上2階、レンガ造／レンガ造
⑦シェ・ワダ／日本教育生命保険
⑨改築・融合型
⑪建物再生をコンペによって決定
⑫『日経アーキテクチュア』2003.2.3(掲載時の名称：高麗橋ビルディング シェ・ワダ)

本建築は1912年に竣工後、大正生命保険に引き継がれた1918年頃に玄関を設けた南西角の意匠などが改められているものの、外観はよく当初のデザインをとどめ、近くにある中央公会堂に先行したレンガ造建築として貴重なもの。2003年、レストランとして活用されるに際し、内部は全面的に改修され、再び2008年に用途が変わるも外観保存の典型的事例となっている。(YM)

## 93 御堂筋又一ビル(大谷仏教会館)

①大阪府大阪市中央区久太郎町3-5-13
②1985年／1933(昭和8)年
③事務所／仏教会館
④竹中工務店／竹内緑建築事務所
⑤竹中工務店／直営
⑥地下2階地上11階塔屋1階、SRC造／RC造
⑦不詳／大谷仏教会館
⑨増築・融合型
⑫『新建築』1985年8月

旧大谷仏教会館の特色ある西側テラコッタ貼りの外壁と、南側半円アーチ型玄関部分の壁面を保存し、新築される新ビル外観の一部として再生されたもの。新築部分と保存部分との関係は「新築部分を(中略)ここではカーテンウォールを用い、あえてモダニズムを表現することで対比させるという手法」[註29]と設計者が述べているように、新規のビルの一角を欠き込み、既存の外壁を自立させて取り込んだ表現としている。(YM)

## 94 長瀬産業本社ビル(長瀬商店ビル)

①大阪府大阪市西区新町1-1-17
②1982年／1928(昭和3)年
③事務所／事務所
④竹中工務店／設楽建築事務所
⑤竹中工務店／竹中工務店
⑥地下2階地上10階塔屋3階、旧：RC造 新：SRC造・S造／RC造
⑦長瀬産業／長瀬産業
⑨増築・融合型
⑫『新建築』1983年3月

1982年の新本社ビルの計画に際して、社の由緒ある歴史的建築である旧館を保存し、その南東側L字形に新棟増築がなされたもので、事務所としての歴史と新しく必要になった大きなボリュームとを調和させている。旧館での大きな改造はエントランス部分を増築部と一体化したほか、2階では背後の壁が抜かれるなど、増築部分との一体化が図られている。旧棟の平面上での輪郭は残っているが、空間的な変化は大きいために、平面の残存率は算定しにくい。外部においては、保存立面の全体における割合は24%にすぎないが、旧館のもつ歴史的存在感により、均衡が図られている。(YM)

**【兵庫県】**

## 95 神戸税関本関(神戸税関本関)

①兵庫県神戸市中央区新港町12-1
②1999年／1927(昭和2)年
③税関事務庁舎・研修所／税関
④建設省近畿地方建設局営繕部・日建設計／大蔵省営繕課
⑤東急・前田・新井特定建設工事共同企業体／不詳

⑥地下1階地上10階塔屋4階、旧館：RC造 新館：SRC造・S造／RC造
⑦神戸税関／神戸税関
⑨改築・併置型
⑫『新建築』1999年6月
旧神戸税関はゼツェッション様式の影響を感じさせる3層構成の典型的な官庁建築である。隣接する敷地に増築を重ねてきたが、旧神戸税関の保存を機に一体的に整備された。保存方針は「モニュメント的な保存ではなく、実際に生きた建物として再生させる」[註30]とあり、船をイメージしたモダンな高層部は低層部から浮かせて建ち上げ、塔を持つ旧館との対比を試みている。撤去前の通関客溜りの屋根を支えていた独立柱は中庭にそのまま残している。インテリアに関しては研修支所長室・特別会議室を復元・修復している。(AH)

## 96 海岸ビル(三井物産神戸支店)

①兵庫県神戸市中央区海岸通3番
②1998年／1919(大正8)年
③事務所・店舗／事務所
④竹中工務店／河合浩蔵
⑤竹中工務店／竹中工務店
⑥地下1階地上15階塔屋1階、SRC造・S造／SRC造・S造
⑦昭和飛行機工業／三井物産
⑧国登録有形文化財(1998年)
⑨積層・融合型
⑩優良建築物等整備事業適用
⑪震災復旧
⑫『新建築』1998年6月
旧三井物産神戸支店は、神戸の多くの歴史的建造物と同様、阪神淡路大震災により大きな被害を受けた。保存方針は南側3面の外観の復原と高層棟を伴った内部の改築である。外壁を形成する庵治石(花崗岩)はいったん解体された。躯体をSRC造に更新した後、3層部分まで積み直し、4階部分は破損が著しかったためにGRCで復元されている。なお、解体時に石の2割が破損し、庵治石とよく似た中国産の石で補填している。一方内部は、高層棟の導入部として公開空地の指定を受けた4層吹抜けの広場が設けられているが、歴史を積み重ねた空間としての味わいがなく、単に外壁の裏側として処置されているだけであり、歴史的建造物への理解が乏しい処理と言わざるをえない。高層棟については「古いものと新しいものが歴史を積み重ねるような状況をつくり、対比によりそれぞれの時代の持ち味を強調するために、ガラスカーテンウォール外観とし、低層部との間にくびれをつくり、浮いているかのような表現を狙った」[註31]という。保存立面の新立面に対する割合は大通りに面する南立面で37%、東立面では35%と低いが、高層棟が既存部と画然と分節されているので、外観としての旧状は保たれているといえる。反面、平面残存率は外壁だけであるので、実質的には0%(壁面積は5%)である。なお、この改修には「優良建築物等整備事業」の適用を受け、外壁復元のインセンティブの役割を果たしている。(AH)

## 97 旧神戸居留地十五番館(神戸居留地十五番館)

①兵庫県神戸市中央区浪花町15番地
②1998年／1881(明治14)年
③喫茶店／住宅
④文化財建造物保存技術協会／不詳
⑤竹中工務店神戸支店／不詳
⑥地上2階、木骨レンガ造／木骨レンガ造

⑦ノザワ／不詳
⑧重要文化財(1989年)
⑨積層・併置型(保存修復型)
⑩容積率移転(1991年の修復時)・震災復旧(1995年時)
⑫『新建築』1998年6月
旧居留地時代の建物としては現存する唯一の建物として、1991～93年にかけて竣工当時の姿への復原を目的として保存修復工事が行われた。後ろの高層ビルは同一敷地内の居留地十五番館の容積を利用した割増を受けている。修復後は中華レストランとして活用されていたが、阪神淡路大震災により倒壊し、1995年まで災害復旧工事が行われた。免震構造を取り入れることにより、当初材の再利用に努めている。外周のフェンスなども竣工当時の写真に基づいて復元されたが、免震構造の採用により、建物の地盤設定が下げられている。(AH)

## 98 大丸神戸店別館南1号館 リヴ・ラヴ・ウェスト(ナショナルシティー銀行)

①兵庫県神戸市中央区明石町38
②1988年／1929(昭和4)年
③店舗／銀行
④外壁：山陽技研 内装：サザビー／W.M.ヴォーリズ
⑤山陽技研／竹中工務店
⑥地上3階、RC造／SRC造
⑦大丸百貨店／ナショナルシティー銀行
⑨改築・融合型
⑫『日経アーキテクチュア』1989.1.9
旧ナショナルシティー銀行は戦災によって飾り縁が失われ、上階はモルタル仮仕上げとなっていたが、1987年に南面と東面外装の修理復元が決定された。なお、内部はその前年に改装工事が行われ、レストラン、店舗として利用されている。(AH)

## 99 みなと元町駅(第一銀行神戸支店)

①兵庫県神戸市中央区栄町4-4-7
②2000年／1908(明治41)年
③駅舎／銀行
④大林組本店設計部／辰野金吾
⑤大林組神戸支店／不詳
⑥地下1階地上1階、地上：S造 地下：RC造／レンガ造
⑦神戸市営地下鉄／第一銀行
⑨内部無し(壁面保存)
⑫『新建築』2002年5月
旧第一銀行神戸支店は神戸の多くの歴史的建造物と同様、阪神淡路大震災によって甚大な被害を受けた。一時は全面取り壊しが検討されたが、景観保全を図る意図から地下鉄新駅舎として南面、西面の外壁を保存し、利用している。レンガ外壁は裏打ちコンクリートで補強され、鉄骨フレームで支持されている。(AH)

## 100 兵庫県公館(兵庫県南庁舎)

①兵庫県神戸市中央区山手通4-4-1
②1985年/1902(明治35)年
③迎賓館・資料館/県庁舎
④兵庫県都市住宅部営繕課/山口半六
⑤竹中・熊田JV/同和組
⑥地下2階地上3階、S造・RC造・SRC造・石造・レンガ造・木造/レンガ造・木造
⑦兵庫県/兵庫県
⑧国登録有形文化財(2003年)
⑨増築・融合型
⑫『日経アーキテクチュア』1985.6.3
旧兵庫県庁は戦災により被災し、1948年と1951年の2期に分けて復旧工事が行われたが、外観の最大の特徴であったドーム型の屋根が直線的なマンサード屋根に変更された。復旧後、長く県庁分館として使用されていたが、県の生活文化ホール建設構想に伴う撤去が取りざたされ、「神戸の建築を考える会」を中心に保存運動が起こった。最終的に資料館、迎賓館として保存、活用することが決定した。
保存方針は「外観をそのまま残し、内部と中庭を改装して迎賓館、県政資料館として活用を計る」[註32]というものである。北側マンサード型屋根は現状維持、南側大屋根はドーム型の屋根に復元された。外部からは分からないが中庭は地下1階から2層吹抜けの大会議室となり、代わりに屋上庭園が設けられた。内部は活用のために平面計画が変更され、耐震補強や防火対策などとあいまって、大幅に改変されている。(AH)

## 101 神戸市立博物館
### (横浜正金銀行(東京銀行の前進)神戸支店)

①兵庫県神戸市中央区京町24
②1982年/1935(昭和10)年
③博物館/銀行
④神戸市住宅局営繕部・坂倉建築研究所大阪事務所/桜井小太郎
⑤竹中工務店/竹中工務店
⑥地下1階地上5階塔屋2階、RC造 新館:RC造一部S造/RC造
⑦神戸市/横浜正金銀行
⑧国登録有形文化財(1998年)
⑨増築・融合型
⑫『新建築』1983年3月
旧横浜正金銀行神戸支店を博物館にするうえでの方針は、既存建物西側の一部を撤去し、残っていた敷地と合わせて新館を増築すること、およびバンキングフロアをできる限りオリジナルの姿で残すことを中心に行われた。バンキングフロアはエントランスホールとなり、新館には展示室、集会室が設けられている。(AH)

## 102 神戸地方・簡易裁判所合同庁舎
### (神戸地方裁判所)

①兵庫県神戸市中央区橘通り2-2-1
②1990年/1904(明治37)年

③裁判所/裁判所
④建設省近畿地方建設局営繕部建築課/司法省建築技師・河合浩蔵
⑤竹中・安藤・日本国土開発JV/直営
⑥地下1階地上5階塔屋1階、SRC造一部RC造/レンガ造
⑦神戸地方裁判所/神戸地方裁判所
⑨積層・融合型(全改築)
⑪1945年の空襲により外壁だけを残しほぼ全体が消失
⑫『日経アーキテクチュア』1991.7.8
旧神戸地方裁判所は1945年、空襲により外壁だけを残しほぼ全体が消失した。戦後復元工事が行われ、竣工当時の状態が再現された。近年になり、面積的な問題と執務環境の改善を目的とし、建て替える計画が持ち上がり、保存運動が起こった。結果として、北側を除いた3面の外壁を残して新庁舎低層部の外壁に使用することとなった。しかしながら、外壁は保存されたとしても、平面残存率は壁厚分の6%と極めて少ない。また、保存立面の新立面に対する割合は正面(南面)で54%と約半分を上部のガラスのヴォリュームが印象を決定づける。(AH)

## 103 ミュージアムパークアルファビア
### (鐘ヶ淵紡績洲本工場)

①兵庫県洲本市塩屋1-1-8
②1995年/明治末期〜大正初期
③美術館・飲食店(レストラン)/倉庫
④武田光史建築デザイン事務所/横河工務所
⑤竹中工務店/不詳
⑥地上1階 美術館:レンガ組積造+S造+木造 レストラン:レンガ組積造+RC造+S造/レンガ組積造
⑦カネボウ/鐘ヶ淵紡績
⑨改築・融合型
⑩洲本市再開発
⑫『新建築』1996年7月
明治末期から大正初期にかけて建設された工場群である。アルファビアは市の工場跡地再開発のひとつで、同再開発としては「洲本市立図書館」も計画されている。敷地北側の旧原綿倉庫を美術館、南側の旧食糧倉庫をレストランとギャラリーとしている。前者の保存方針は「デザインをしないデザインをする」[註33]という設計者武田光史氏の言葉どおり機能的に必要な事務室や水まわりのバックヤードの増築を行い、2棟をガラスのケースで繋ぐにとどまっている。一方後者は、規模が小さいなどの問題から建物の周りに鉄骨のヴォイドなスペースやソリッドなバックヤードを配置し、機能を満たすと同時に小さな倉庫の内外を巡ることができる空間となっている。(AH)

## 104 洲本市立図書館(カネボウ紡績工場)

①兵庫県洲本市塩屋1-1-8
②1998年/明治末期〜大正初期
③図書館/紡績工場
④鬼頭梓建築設計事務所/不詳
⑤竹中・柴田特別JV/不

詳
⑥地上2階、RC造一部S造／レンガ壁・木造骨組
⑦洲本市／鐘ヶ淵紡績
⑨改築・融合型
⑫『日経アーキテクチュア』1999.3.22

旧鐘ヶ淵紡績洲本工場跡地再開発については前掲のミュージアムパークアルファビアで述べたので詳細は省略する。レンガ造の周壁が保存され、新しいRC造の図書館を取り囲む形になっている。また、解体したレンガは中庭の床に使用されている。(AH)

## 105 六甲パインモール(小泉製麻黄麻紡績工場)

①兵庫県神戸市灘区新在家南町1-2
②1982年／1890(明治23)年
③インテリアマート／紡績工場
④竹中工務店／不詳
⑤竹中工務店／不詳
⑥地上1階、レンガ壁・木造骨組／木骨レンガ造
⑦小泉製麻／小泉製麻
⑨改築・融合型
⑫『新建築』1983年3月

六甲パインモールは、旧小泉製麻黄麻工場をインテリアマートとして活用したものである。既存建物の一部を撤去し、店舗と連続するパティオとして計画された。構造体は現状維持とし、日常の商業空間にはない素朴で味わいのある空間となっている。しかし、阪神淡路大震災で全壊し、現在は失われてしまった。このことはレンガ造の構造補強の重要性が再認識される一方で、既存レンガ建物の持つ独特の空間とそれを破壊しかねない構造補強との困難な両立が不可避であることを示唆している。(AH)

## 106 淀川製鋼所迎賓館(山邑邸)

①兵庫県芦屋市山手173
②1988年／1924(大正13)年
③迎賓館／住宅
④財団法人建築研究協会／F.L.ライト・遠藤新
⑤藤木工務店／女良工務店
⑥地上4階、RC造／RC造
⑦淀川製綱所／八代目山邑太左衛門
⑧重要文化財(1974年)
⑨保存修復型
⑫『日経アーキテクチュア』1983.1.17

フランク・ロイド・ライトによって設計され、ライトの帰国後、弟子の遠藤新、南信らによって1924年に竣工した。施主の八代目山邑太左衛門がここに住んだのはわずか1年で、その後、所有者が変転するが、現在の所有者である淀川製鋼所が購入し、一時期寮として使用するが、建て替え計画が発表されると、日本建築学会を中心とした保存運動が展開され、1974年にはRC造の建物としては最初の重要文化財に指定された。経年変化による老朽化が著しく、保存修理のための調査が行われ、1982年には報告書が完成した。これをもとに1985年から修理工事が行われたが、阪神・淡路大震災で被災したため、1995年に災害復旧工事が行われた。(AH)

## 107 白鹿記念酒造博物館
### (辰馬喜十郎邸・帳場・たつみ蔵・酒大蔵 震災後とり壊し)

①兵庫県西宮市鞍掛町8-21
②1982年／1889(明治22)・1892(明治25)年
③博物館／酒蔵
④大林組／不詳
⑤大林組／不詳
⑥地上2階 新館：RC造／レンガ造・木造
⑦白鹿記念酒造博物館／辰馬本家酒造
⑨保存修復型
⑫『新建築』1982年9月

辰馬本家酒造の創業320年を記念し、明治時代の酒造りの建物によって形成された歴史的景観を保存するため「酒の文化ゾーン」として企画されたが、阪神淡路大震災で被災し、一部を除きそのほとんどが失われた。震災前は、「たつみ蔵」、「酒蔵」、「帳場」、「喜十郎邸」などから構成され、そのうち空間に余裕のある酒蔵が展示施設として利用され、それぞれの棟が一体的に保存活用されるという画期的な内容を有していた。現在は、明治期の擬洋風住宅としては県下屈指の建物である旧辰馬喜十郎邸が県指定文化財として残り、当初の敷地北側にある伝統的な酒蔵が新たに酒造博物館として開館している。なお、旧辰馬喜十郎邸は神戸の英国領事館を模して建てられたものといわれ、1889年の上棟である。(AH)

## 108 武庫川学院第3学舎 甲子園会館
### (甲子園ホテル)

①兵庫県西宮市戸崎町1-13
②1991年／1930(昭和5)年
③教育施設／ホテル
④大林組／遠藤新
⑤大林組／大林組
⑥地下1階地上4階、RC造／RC造
⑦武庫川学院／甲子園ホテル
⑧西宮市都市景観形成建築物(1990年)
⑨改築・融合型
⑫『日経アーキテクチュア』1991.7.8

旧甲子園ホテルは、1965年に武庫川学院に教育施設として利用するために払い下げられた。1990年には西宮市の都市景観形成建築物に指定されている。払い下げ後には教育施設として利用するために客室を教室に変更するなど大規模な改修が行われているが、玄関や廊下、1階両翼の食堂、レセプション室などのパブリックな空間は当初のままである。建物のゾーニングを配慮した利活用案といえる。(AH)

## 109 姫路市立美術館(市庁舎／日本陸軍兵器庫)

①兵庫県姫路市本町68
②1982年／1947年／展示館：1912(大正元)年 本館：1905(明治38)年
③美術館／市庁舎／兵器庫
④乃村工藝社 創設計事務所／展示館：陸軍技手・宮本平治 本館：不詳

⑤鹿島建設／不詳
⑥地上2階、SRC造一部RC造／RC造
⑦姫路市／陸軍省、その後姫路市
⑧国登録有形文化財（2003年）

⑨増築・融合型（全改築）
⑫『新建築』1983年3月
旧陸軍の兵器庫として建設され、1947～80年まで市庁舎として利用されていた。その後、市庁舎の新築移転に伴い、4棟あったうちの2棟を保存改修し、美術館としたもの。保存方針は「城の景観を守り、レンガ壁の外観を保存」[註34]することにあり、これは姫路城の直下にある歴史的景観としての連続性を重要視したためとみられる。外観は現状のまま補修する一方で、内部の既存木造床、柱はすべて撤去され、外壁、屋根は新設されたSRC造の躯体に支持される構造となっている。（AH）

**【岡山県】**

### 110 ルネスホール（日銀岡山支店）

①岡山県岡山市内山下1-6-101
②2005年／1922（大正11）年
③多目的ホール／銀行
④佐藤建築事務所＋岡山県設計技術センター／長野宇平治

⑤大本組／藤木工務店
⑥地上2階塔屋1階、レンガ造＋RC造＋S造
⑦岡山県／日本銀行
⑨改築・融合型
⑫『新建築』2005年10月
大正期、長野宇平治によって設計された銀行建築を、営業室の意匠を維持しながら音楽ホールにコンバージョンした事例である。室内楽ホールに新たに加えられた4本のL字型の巨大な柱で屋根荷重を受けることで耐震対策とし、新設の柱に空調や音響設備などを納めることで、余分な付加を避けている。既存の入口は閉鎖され、エントランスやホワイエが増築されているが、既存部分とのあからさまな対比はなく、現代的な質を保ちながら古典性に同調するデザインである。（SS）

### 111 犬島アートプロジェクト「精錬所」（犬島製錬所）

①岡山県岡山市犬島
②2008年／1909（明治42）年
③美術館／精錬所
④三分一博志建築設計事務所／不詳
⑤大本組／不詳

⑦福武總一郎／坂本金弥
⑨改築・融合型
⑫『新建築』2008年5月
建設後わずか10年の稼働の後に閉鎖され、放置されてきた犬島精錬所の廃墟を再生させた美術館である。遺構といえるものは煙突と、製錬の過程で大量に産出されるスラグの廃棄物やそれを固めたカラミレンガである。設計者はこれらすべての素材を最大限活かし、自然エネルギーの調整機構を利用して、カラミレンガ積みの精錬所跡と新設された半地下の美術館の空間を結びつけ、重層的な時間の風景をつくりながら、「地球に知的にあり続けるための建築」をエコロジカルな手法によって探究している。（SS）

### 112 倉敷アイビー・スクエア（倉敷紡績工場）

①岡山県倉敷市本町
②1974年／1889（明治22）年
③ホテル・文化施設／紡績工場
④浦辺建築事務所／石河正龍・島田覚人

⑤藤木工務店／直営
⑥地上2階一部地下1階、宿泊棟：RC造＋CB造 公共棟：木造／レンガ造・木造小屋組
⑦倉敷アイビー・スクエア／倉敷紡績
⑨改築・融合型
⑫『新建築』1974年7月
倉敷アイビー・スクエアは旧倉敷紡績工場を宿泊施設に転用したものであり、保存・再生の可能性を示したこの建物の影響力は大きい。「間引く」ことによって広場を創出すると同時に、解体された材は各室の造作材として、あるいは老朽化の著しい部分に交換する材として使用されている。この手法が歴史的な建物の魅力を引き出したことは確かである。しかしながら、「間引く」ことによってなされた平面計画は可逆性に乏しい。（SS）

**【鳥取県】**

### 113 わらべ館（鳥取県立図書館）

①鳥取県鳥取市西町3-202
②1995年／1930（昭和5）年
③展示場／図書館
④山本浩三・都市建築研究所／置塩章

⑤間・やまこう共同企業体／新工務所
⑥地下1階地上3階、RC造一部SRC造・S造 展示棟：無梁版構造／RC造（SRC造・S造）
⑦鳥取県・鳥取市／鳥取県
⑨新築（外観復元）
⑪新耐震基準に基づき復元（外観）
⑫『新建築』1995年8月
1989年の市政百周年記念事業の関連事業として、童謡とおもちゃの展示施設として保存再生されることが決定した。しかし新耐震基準によると大規模な構造変更が必要となったため、解体して外観を復元、新耐震基準による構造とし、デザイン的特徴の少ない内部は機能に合わせてすべて変更されている。加えて、新棟の展示棟、イベントホールが計画され、復元棟とコントラストをなしながら、立体的な公園として一体化している。（SS）

**【福岡県】**

### 114 北九州市旧門司税関（門司税関）

①福岡県北九州市門司区東港町1-24
②1994年／1912（明治45）年
③展示施設／税関
④大野秀敏＋アプル総合計画事務所／咲寿栄一

⑤撤去・外壁一部補修工事：山田組 補修・復元・改修工事：清水建設 内外壁補修：中国富士化工建設／清水建設
⑥地上2階塔屋1階、既存部・復元部：レンガ造 新設内部：木造・RC造／組石(レンガ造)
⑦北九州市／門司税関
⑨改築・融合型
⑪妻木頼黄の指導
⑫『新建築』1998年4月

昭和初期まで税関庁舎として用いられた後、民間に払い下げられて事務所として利用され、その後倉庫として転用された。この間に部分的な取り壊しや、床組・内装がすべて撤去されるなど、残った外壁を含め荒れ果てた状態であった。補修・復原工事は、レンガ躯体の補修・補強、不同沈下対策、建物外観の復原の3点を主としている。とくに建物外観の復元については、竣工当時の十分考証ができなかったために、復元は最小限にとどめ、場所によっては倉庫使用時の改変も「時間の痕跡」として残した点が特徴的である。(SS)

## 115 福岡市赤煉瓦文化館
### (日本生命保険株式会社九州支店)

①福岡県福岡市中央区天神1-15-30
②1994年／1902(明治35)年
③文化会館／事務所
④基本設計：福岡市建築局営繕部 実施設計：エグチ設計・建築研究所 設備総合計画／辰野金吾、片岡安
⑤不詳／清水組
⑥地上2階、レンガ造／レンガ造
⑦福岡市教育委員会／日本生命保険株式会社
⑧重要文化財(1969年)
⑨保存修復型
⑪竣工時の姿への復元
⑫『日経アーキテクチュア』1994.10.24

辰野金吾設計による旧日本生命保険株式会社九州支店は、1966年まで社屋として使用された。その後、重要文化財に指定され、1972～94年まで福岡市立歴史資料館として使用されていた。市立博物館が別途設けられたために、市民向けの催事空間に再度用途変更された。赤煉瓦文化館への改修のねらいは、竣工時の姿への復元である。躯体部の大きな変更はなく、細部の復元的改修が行われている。(SS)

## 116 明治の館(大同生命福岡支店)

①福岡県八女郡黒木町大字木屋10904-1 グリーンピア八女
②1986年／1912(明治25)年
③歴史資料館／事務所
④指宿真智雄・建築デザイン／清水満之助本店 田中実
⑤清水建設／清水満之助博多支店
⑥地上2階塔屋2階、RC造／レンガ造・石造
⑦福岡県／大同生命保険
⑨移築
⑫『新建築』1987年3月

清水満之助本店(現清水建設)の技師田中実の設計によって、福岡市西中洲に建設された。県内では、この歴史的建造物の評価は高かったが、老朽化が進んでいたため、1982年に福岡県八女郡黒木町の大規模年金保養基地グリーンピア八女に「明治の館」として移築されることになった。しかし、レンガ造の一体式構造のため、完全な移築は不可能であった。そこで、玄関部分など一部を移築し、主要構造は鉄筋コンクリートとして外観復元に徹することとなった。(SS)

**【長崎県】**

## 117 長崎市立歴史民族博物館
### (香港上海銀行長崎支店)

①長崎県長崎市松が枝町4-27
②1978年／1905(明治38)年
③資料館／銀行
④不詳／下田菊太郎
⑤不詳／不詳
⑥地上3階、レンガ造／レンガ造
⑦長崎市／香港上海銀行
⑧重要文化財(1990年)
⑨保存修復型
⑫『日経アーキテクチュア』1982.11.8

下田菊太郎の作品としては現存する唯一のものである。旧上海銀行長崎支店は1931年に閉鎖され、1940年に長崎県に買収、建て替えの計画が具体化していたにもかかわらず、下田の設計した建物としての価値が評価され、1978年から市立歴史民族資料館として利用されてきた。その後、2階窓飾庇の復元など竣工当時の姿に近づける修復工事が行われ、1996年からは旧香港上海銀行長崎支店記念館として一般公開されている。(SS)

［註］

1 『新建築』2007.9 p.119
2 『新建築』1983.3 p.180
3 『日経アーキテクチュア』1995.11.27 p.108
4 『新建築』1996.1 p.276
5 『新建築』1997.5 p.145
6 『日経アーキテクチュア』1987.7.27 p.173
7 『新建築』1975.5 p.167
8 『新建築』2003.4 p.106
9 『新建築』1974.6 p.187
10 『新建築』1995.8 p.182
11 『新建築』1985.6 p.122
12 『新建築』2001.9 p.173
13-15 『新建築』1975.5 p.156
16 『新建築』2000.10 p.134
17 『新建築』1987.7 p.175
18 『新建築』2001.7 p.207
19 『新建築』2002.6 p.95
20 『新建築』2004.1 p.99
21 『新建築』1999.12 p.177
22 『日経アーキテクチュア』1995.11.27 p.104
23 『日経アーキテクチュア』1994.10.24 p.90
24-25 『日経アーキテクチュア』1985.12.2 p.65
26 『新建築』1985.1 p.89
27 『新建築』2001.3 p.206
28 『日経アーキテクチュア』2003.2.3 p.67
29 『新建築』1985.8 p.105
30 『新建築』1999.6 p.61
31 『新建築』1998.6 p.174
32 『日経アーキテクチュア』1985.6.3 p.122-123
33 『新建築』1996.7 p.263
34 『新建築』1983.3 p.230

［執筆］

| AH | 足立裕司 | KY | 角 幸博 | OM | 大川三雄 |
| FY | 藤谷陽悦 | NO | 中川 理 | SS | 千代章一郎 |
| HT | 初田 亨 | NT | 中森 勉 | YM | 山形政昭 |
| IJ | 石田潤一郎 | NY | 西澤泰彦 | | |

本資料のデータ作成は、高麗憲志（現・遠藤秀平建築研究所、神戸大学大学院前期課程修了）が作成し、上記メンバーによりコメントの補足・修正を行った。

［情報提供・協力］

産業技術記念館
名古屋市住宅都市局
博物館明治村

［写真提供］　　　＊下記の番号は、各作品の通し番号に対応

| 新 良太 | 83, 90 |
| 安達 治 | 9 |
| 足立裕司 | 95, 97, 98, 99, 100, 101, 102, 103, 104, 105, 108 |
| 石田潤一郎 | 77, 85, 86, 87 |
| 内田青蔵 | 35, 50, 67, 115 |
| 大川三雄 | 12, 14, 19, 20, 21, 22, 27, 28, 29, 30, 32, 33, 37, 38, 39, 40, 42, 43, 46, 51, 52, 54, 55, 56, 57, 61, 62, 63, 76, 78, 79, 82, 89, 91, 96, 106, 107, 117 |
| 角 幸博 | 1, 2, 3, 4, 5, 6, 7, 8 |
| 金山町環境整備課 | 10 |
| 産業技術記念館 | 74 |
| 三分一博志 | 111 |
| 千代章一郎 | 110, 112, 113, 114, 116 |
| 中川 理 | 80, 81, 84, 88 |
| 中森 勉 | 44, 70, 71, 72, 73 |
| 西澤泰彦 | 75 |
| 初田 亨 | 23, 24, 31, 34, 41, 45, 48, 49 |
| 日影良孝 | 18 |
| 藤岡洋保 | 58, 68 |
| 藤谷陽悦 | 11, 13, 15, 16, 17, 26, 53, 59, 60, 64, 65, 66, 109 |
| 山形政昭 | 91, 92, 93, 94 |

再生建築 117

## クレジット

[写真撮影]
新 良太　pp.22-43、90-137、150-161
安達 治　pp.162-171
小野吉彦　pp68-77
中田聡一郎　pp.10-21、44-67、78-89、138-149

[写真・図版提供]
秋田市　p.077
足立裕司　p.158、p.159
磯崎新アトリエ　p.156
A.C.T.　p.172
NTT都市開発　p.040、p.043
岡田新一設計事務所　p.099左
角 幸博　p.067
川澄建築写真事務所　p.069下
京都市　p.132、p.133
国土交通省関東地方整備局　p.013
国立国会図書館　p.17上
国立国会図書館国際子ども図書館　p.019上右・上左・下左
清水・西松・大鉄特定建設工事企業体　p.124
白井石材　p.029上右、p.030
自由学園明日館　p.139中、p.147右(4点)、p.148
大成建設　p.060右下、p.061下、p.065
中森 勉　p.112上
名古屋市　p.086左
日建設計　p.045下、p.052下右、p.054
入善町役場　p.112下
初田 亨　p.029上左
発電所美術館　p.107下右・下左、p.110上左
藤岡洋保　p.099中・右、p.100

＊資料編「再生建築小史」の写真提供はp.189、「再生建築117」の写真提供はp.219を参照

[出典]
『秋田県の近代化遺産―日本近代化遺産総合調査報告書』
　　p.070
『生田いまむかし』生田振興連絡協議会刊　p.052下左
『さようなら配水塔の図書館』　p.087
(50音順)

[協力]
『建築知識』編集部
『住宅建築』編集部

## 初出一覧

本書は、『建築知識』連載「リサイクル・アーキテクチュア」、『住宅建築』連載「時を超えて生きる――再生建築探訪録」に掲載されたものを、加筆・再構成したものです。

国立国会図書館国際子ども図書館
　　『建築知識』2002年12月号
石の美術館
　　『建築知識』2003年11月号
新風館
　　『建築知識』2003年6月号
神戸税関本関
　　『建築知識』2002年9月号
サッポロファクトリー
　　『建築知識』2003年2月号
秋田公立美術工芸短期大学・秋田市立新屋図書館
　　『住宅建築』2006年3月号
名古屋市演劇練習館アクテノン
　　『建築知識』2003年1月号
函館ヒストリープラザ
　　『建築知識』2003年8月号
入善町下山芸術の森 発電所美術館
　　『建築知識』2003年10月号
大阪市中央公会堂
　　『建築知識』2003年4月号
京都芸術センター
　　『建築知識』2003年7月号
自由学園明日館
　　『建築知識』2002年11月号
アートプラザ
　　『建築知識』2003年9月号
太郎吉蔵
　　『住宅建築』2006年8月号

# あとがき

❖

## 足立裕司 ADACHI Hiroshi

　建物は建った瞬間から行為の場として人々の記憶を留めていく。長い時間を経た建物は記憶の器であり、現在と過去を結びつけるというもうひとつの重要な側面がある。建物は、時間が経てば物理的な性能は衰え、利用する立場からみれば現実の行為との間に乖離を生み出していく。しかし、もし建築家が新築・更新という視点から、保存・再生の可能性に眼を向けるなら、時間がつくり出したギャップに橋を架けることができるはずである。

　歴史的建造物には、寺社、城郭、民家、近代建築など多様な種別がある。そのなかから特に近代建築を取り上げるのは、近代建築の保存には大きな経済的負担が伴い、実用的な見地からの検討が求められるからである。保存という文化的・学術的な観点からの検討だけでなく、活用という視点からの制度や手法・工法をも視野に置いて論ずることが求められている。

　建築家の言い分にも耳を傾けながら、建築史を専門とする研究者のからの主張も伝えたい。日本建築学会近代建築小委員会の有志を中心として、2002年度から全国に残る近代建築の保存・再生の好例を取り上げ、紹介していくという作業を通して保存という問題に取り組んできた。本書はその成果をまとめたものである。

　この企画に快く協力していただいた建築家の皆さんに感謝申し上げ、さらなる再生名建築が生まれることを期待したい。

著者略歴

**足立裕司**（あだち・ひろし）
神戸大学大学院教授。1949年兵庫県生まれ。神戸大学大学院工学研究科修士課程修了。主著『栄光の残像』（共著、出版社澪）、『関西のモダニズム建築20選』（共著、淡交社）

**石田潤一郎**（いしだ・じゅんいちろう）
京都工芸繊維大学教授。1952年鹿児島県生まれ。京都大学大学院博士後期課程修了。主著『関西の近代建築』（中央公論美術出版）、『湖国のモダン建築』（京都新聞出版センター）

**内田青藏**（うちだ・せいぞう）
神奈川大学教授。1953年秋田県生まれ。東京工業大学大学院理工学研究科博士課程満期退学。文化女子大学・埼玉大学を経て現職。近著『「間取り」で楽しむ住宅読本』（光文社）、『学び舎拝見』（河出書房新社）

**大川三雄**（おおかわ・みつお）
日本大学教授。1950年群馬県生まれ。日本大学大学院理工学研究科博士前期課程修了。主著『近代和風を探る』（共著、エクスナレッジ）、『DOCOMOMO選 モダニズム建築100＋α』（共著、河出書房新社）

**角 幸博**（かど・ゆきひろ）
北海道大学大学院教授。1947年北海道生まれ。北海道大学工学部建築工学科卒業。主著『図説 民俗建築大事典』（共著、柏書房）、『道東の建築探訪』（共著、北海道新聞社）

**千代章一郎**（せんだい・しょういちろう）
広島大学大学院准教授。1968年京都府生まれ。京都大学大学院工学研究科博士後期課程修了。主著『ル・コルビュジエの宗教建築と「建築的景観」の生成』（中央公論美術出版）、『技術と身体』（共著、ミネルヴァ書房）

**中川 理**（なかがわ・おさむ）
京都工芸繊維大学教授。1955年神奈川県生まれ。京都大学大学院博士課程修了。主著『偽装するニッポン』（彰国社）、『風景学』（共立出版）

**中森 勉**（なかもり・つとむ）
金沢工業大学准教授。1954年石川県生まれ。金沢工業大学大学院博士後期課程単位取得退学。主著『近代建築ガイドブック―東海・北陸編―』（共著、鹿島出版会）

**西澤泰彦**（にしざわ・やすひこ）
名古屋大学大学院准教授。1960年愛知県生まれ。東京大学大学院工学系研究科博士課程修了。主著『図説「満洲」都市物語』（河出書房新社）、『日本植民地建築論』（名古屋大学出版会）

**初田 亨**（はつだ・とおる）
建築史家（元工学院大学教授）。1947年東京都生まれ。工学院大学大学院工学研究科修士課程修了。主著『模倣と創造の空間史』（彰国社）、『図説 東京 都市と建築の一三〇年―西洋に学んだ日本の近・現代建築』（河出書房新社）

**藤岡洋保**（ふじおか・ひろやす）
東京工業大学大学院教授。1949年広島県生まれ。東京工業大学理工学研究科博士課程修了。主著『表現者堀口捨己』（共著、中央公論美術出版）、『清家 清』（共著、新建築社）

**藤谷陽悦**（ふじや・ようえつ）
日本大学教授。1953年秋田県生まれ。日本大学大学院生産工学研究科博士前期課程修了。主著『建築のすべてがわかる本』（共著、成美堂出版）、『図説・近代日本住宅史』（共著、鹿島出版会）

**山形政昭**（やまがた・まさあき）
大阪芸術大学教授。1949年大阪府生まれ。京都工芸繊維大学大学院建築学研究科修士課程修了。主著『ヴォーリズの住宅』（住まいの図書館出版局）、『ヴォーリズ建築の100年』（創元社）

## 再 生 名 建 築

時を超えるデザインI

| | |
|---|---|
| 発行 | 2009年9月25日　第1刷発行 |
| 著者 | 足立裕司＋石田潤一郎＋内田青蔵<br>大川三雄＋角 幸博＋千代章一郎＋中川 理<br>中森 勉＋西澤泰彦＋初田 亨＋藤岡洋保<br>藤谷陽悦＋山形政昭© |
| 発行者 | 鹿島光一 |
| 発行所 | 鹿島出版会<br>〒107-0052 東京都港区赤坂6-2-8<br>電話 03-5574-8600<br>振替 00160-2-180883 |
| 造本・装丁 | 伊藤滋章 |
| 印刷 | 壮光舎印刷 |
| 製本 | 牧製本 |

ISBN 978-4-306-04535-4 C3052
Printed in Japan
無断転載を禁じます。落丁・乱丁はお取替えいたします。

本書の内容に関するご意見・ご感想は下記までお寄せください。
http://www.kajima-publishing.co.jp
e-mail: info@kajima-publishing.co.jp

[同時刊行]
# 『再生名住宅』

足立裕司＋内田青藏＋大川三雄＋初田 亨＋藤谷陽悦 編著
石田潤一郎＋角 幸博＋千代章一郎＋中川 理
中森 勉＋中屋菊次郎＋山形政昭 著

B5判／156頁／定価（本体4,500円＋税）

## 現代工法で表現された茅葺き屋根
**宝塚・玉瀬の家**（設計：澤 良雄／アトリエサワ）
旧森脇邸
　　　　　文：足立裕司／澤 良雄

## 建築の履歴、あるいは人生の履歴
**考忠邸／恒見邸**（設計：楢村 徹）
考忠邸／旧大川邸
　　　　　文：千代章一郎／楢村 徹

## 時間を大地の風景にする方法
**丈六の家／日和佐の家／石井重松の家**（設計：新居建築研究所）
丈六の家／日和佐の家／石井重松の家
　　　　　文：千代章一郎／新居照和

## 沖縄民家を現代風にアレンジする
**かんから・カン**（設計：上原武二）
　　　　　文：初田 亨／上原武二

## PFI方式による保存再生の可能性
**小笠原伯爵邸**（設計：ワン プラス ワン アソシエイツ）
小笠原伯爵邸（設計：曾禰中條建築事務所）
　　　　　文：大川三雄／國武陽一郎

## レストランに再生したJ.コンドル縁の建物
**銀河館**（設計：藤木隆男建築研究所＋鈴木千里設計室）
旧湯河原町・吉浜洋館（設計：土田卯三郎）
　　　　　文：大川三雄／藤木隆男

## 来歴を読み解き伝えること
**米原市醒井宿資料館**（設計：林廣伸建築事務所）
旧醒井郵便局舎（設計：W.M.ヴォーリズ）
　　　　　文：山形政昭／林 廣伸

## ヴォーリズ住宅を楽しむ店舗空間
**旧忠田邸**（設計：アーク建築設計事務所）
旧忠田邸（設計：W.M.ヴォーリズ）
　　　　　文：石田潤一郎／堀内恒夫

## 蘇ったもてなし空間――伝統的座敷空間の再生
**山中温泉・芭蕉の館**（設計：パルテノン建築計画研究所）
旧五明館
　　　　　文：中森 勉／喜多英幸

## 移築保存の力は再生支援を表明した市民活動の存在
**旧小熊邸**（設計：三井ホーム北海道）
旧小熊邸（設計：田上義也）
　　　　　文：角 幸博／佐々木知仁

## 震災で被災した洋館の移築再生
**武田薬品工業京都薬用植物園迎賓資料館**（設計：指宿真智雄）
旧田辺邸（設計：野口孫市）
　　　　　文：中川 理

## 復元により再び蘇った大正洋館
**文化のみち二葉館**（設計：伝統技法研究会）
旧川上貞奴邸（設計：あめりか屋）
　　　　　文：内田青藏／大平茂男

## 移築された近代和風建築の典型
**龍興寺客殿**（設計：魚津社寺工務店）
旧藤山雷太邸日本家（設計：武田五一［顧問］＋中里清五郎）
　　　　　文：中屋菊次郎／二村研次